초등학생들이 쓰고 싶은 일기·독서록 표현 모두 담은

엄마표 **영어일기**
영어독후감
표현사전

엄마표 영어일기 영어독후감 표현사전

1판 1쇄 발행 2015년 1월 1일
1판 10쇄 발행 2023년 4월 17일

총괄기획 쑥쑥닷컴
지은이 홍현주(Hyunjoo Hong Ph.D)
집필도움 김서정, 정재희, 최진성, 최영옥, 문주리
발행인 유성권
펴낸곳 ㈜이퍼블릭

출판등록 1970년 7월 28일, 제1-170호
주소 서울시 양천구 목동서로 211 범문빌딩 (07995)
대표전화 02-2653-5131 | **팩시밀리** 02-2653-2455
www.loginbook.com

엄마표 영어, 엄마표 놀이는 **로그인**

초등학생들이 쓰고 싶은 일기 · 독서록 표현 모두 담은

엄마표 **영어일기**
영어독후감
표현사전

쑥쑥닷컴영어교육연구소(홍현주) 저

로그인

아이의 영작이 고민인
'보통엄마'들을 위하여

제가 엄마표 영어 사이트 '쑥쑥닷컴'에 몸을 담은 지 벌써 6년이 되었네요. 이곳을 통해 저는 전국의 많은 훌륭한 부모들과 인연을 맺고, 그분들의 아이들이 성장하는 모습을 지켜 봤습니다. 처음에는 엄마 품에서 영어동화를 듣던 아이들이 CD를 틀어놓고 흥얼거리다가 마침내 스스로 책장을 넘기며 영어로 쫑알거리는 모습을 보면서 '엄마표 영어'에 확신을 갖게 되었고, 지금은 이렇게 엄마표 영어를 전국에 전하고 있습니다.

그런데 엄마표 영어를 진행하는 분들을 옆에서 지켜보면서 엄마들의 마음 한 켠에 늘 영작에 대한 아쉬움이 있음을 발견하게 되었습니다. 그래서 이 책은 이제 '읽기'를 넘어 우리 아이들이 '영어로 자신의 생각을 쓰게 해 보자!'라는 취지에서 시작되었습니다. 2011년 출간된 「엄마표 생활영어 표현사전」에 이어, 이번 책도 모든 한글표현을 쑥쑥닷컴의 엄마와 자녀들이 참여해 모으고 정리하였습니다. 아이들이 쓰고 싶은 생생한 문장들을 담아 내기 위해 참여한 학부형들이 자녀들과 함께 일기와 독후감 표현을 모으기 시작한 게 2012년부터이니 책이 나오기까지 3년이 넘게 걸렸습니다.

아이들이 편하게 쓸 수 있어야 하기에 영어표현 선택에 어려운 점이 많았습니다. 아이들의 한국어 실력과 영어 실력에 차이가 있기 때문에, 아이들이 우리말로 쓰는 말을 그대로 영어로 표현하면 너무 어려워졌습니다. 또한 영어를 좀 '멋있게' 쓰면 아이들이 생각한 것과

달라지곤 했습니다. 말하듯이 구어체로 할 것인가, 글이므로 문어체로 할 것인가 등도 고민스러웠습니다. 최종적으로 본문에 수록된 표현들은 여러 교육자 및 원어민과 무수한 토론 끝에 선정된 표현들이므로 무리가 없을 것으로 생각합니다.

우리말도 쓰기의 기초는 '일기'라고 하지요? 이는 영어도 마찬가지입니다. 아이의 영작이 고민이라면 자기 일상을 영어로 쓰고, 읽은 책에 대해 몇 줄 끄적거리는 것에서 시작해 봅시다. 틀리면 어떻습니까? 쓰는 것이 재미있어 계속 하다 보면 영작에 대한 두려움이 어느새 자신감으로 변할 겁니다. 이러한 시도에 도움이 될까 하여 「엄마표 영어일기 영어독후감 표현사전」을 내놓습니다.

이 책이 세상에 나오는 데 큰 도움을 주신 서울유석초등학교 김서정 선생님(서정시인)을 비롯한 정재희(희서맘), 최진성(호호하하), 최영옥(작은기적), 문주리(주울), 이 다섯 쑥쑥맘들께 고마운 마음을 전합니다. 이 책은 그분들의 것입니다. 또한 이런저런 핑계로 늦어지는 원고를 묵묵히 기다려준 이퍼블릭 로그인팀에도 감사의 마음을 전합니다.

쑥쑥닷컴 영어교육연구소장
홍현주

이 책의 제작에 참여한
엄마표 선배맘 5인의 추천평

아이들이 진짜 쓰고 싶은 일상의 사건과 생각이 생생히 담긴 영어일기·영어독후감 표현집을 만들기 위해, 수년간 엄마표로 아이에게 영어를 직접 가르쳐 온 5인의 엄마들이 이 책의 제작에 함께 참여했습니다. 목차 선정에서 한글표현 수집작업, 영문원고 리뷰작업까지 꼼꼼하고 성실하게 함께해 준 5인의 쑥쑥맘들 덕분에 이 책은 탄생할 수 있었습니다. 다음은 원고를 검토해 주신 5인의 엄마표 영어 선배맘들의 추천평입니다.

● 영어 글쓰기 지도에 가장 효과적인 방법이 영어일기나 영어독후감이라는 걸 알지만, 막상 숙제로 내주고 첨삭하려고 하면 학생은 물론 부모님도 많이 부담스러워하시더군요. 이제 「엄마표 영어일기 영어독후감 표현사전」을 통해 편하게 도전해 볼 수 있을 것 같습니다. 엄마와 아이들이 참여해 만든 표현사전이라 아이들이 쓰고 싶어 하는 표현들이 알차게 수록되어 있으니까요. 특히 국내 최초의 '영어독후감 표현사전'을 통해 우리 아이들이 공책 한 가득 영어독후감을 써오는 흐뭇한 모습을 벌써부터 기대하게 하네요.

– 서정시인 김서정 (유석초 영어전담 교사)

● 영어로 일기를 쓰려고 하면 무엇을, 어디서부터, 어떻게 써야 할지 막막해서 겨우 한두 줄 쓰다가 접어버리게 되는 경우가 많으셨죠? 자, 이제 이럴 때 「엄마표 영어일기 영어독후감 표현사전」을 딱 펼치세요. 영어일기·영어독후감 쓰는 요령부터 상황별 핵심패턴 및 아이들이 실생활에서 실제로 사용할 법한 문장들만 쏙쏙 골라 담은 엑기스 표현들까지 영어일기와 영어독후감의 모든 것을 상세히 알려드려요. 이 책이 내 자녀와 영어일기를 쓰고자 하는 엄마들의 든든한 '영어일기 길라잡이'가 되어 줄 것이라고 확신합니다.

– 희서맘 정재희 (초6맘, 「행복한 영어놀이백과」 저자)

● 큰아이가 초등학교에 입학하면서 아이가 매일 쓰는 일기와 독서록을 영어로 써 보면 좋겠다는 생각이 들었지만, 영어로 글을 쓰는 것은 써 놓고도 이 표현이 맞는지 어떤지 몰라 고민스러울 때가 많더군요. 시중의 교재를 참고하려 해도 아이들의 생활과는 다소 거리가 있는 내용이거나 아이들이 자주 쓰는 표현들이 빠져 있는 경우가 많아 아쉬움이 있었습니다. 그래서 이 책에는 아이들의 하루 일과와 생각, 느낌들을 최대한 살려서 담으려고 노력했습니다. 영작이 고민이거나 영어일기가 막막했던 엄마들께 강력 추천합니다.

– 호호하하 최진성 (초3 · 초1맘)

● 2012년 「엄마표 생활영어 표현사전」의 2탄인 「엄마표 영어일기 영어독후감 표현사전」 프로젝트를 위해 쑥쑥맘들이 모였습니다. 아이들이 정말 쓰고 싶어 하는 일기 및 독후감 내용을 모으기 위한 엄마와 아이들의 방대한 프로젝트가 시작된 것이죠. 아이와 함께 표현을 모으니 어른인 저는 생각지도 못한 표현들이 쏟아져 나오더군요. 아이의 영어일기 · 영어독후감 SOS에 도움을 줄 수 있는 엄마! 이 책이라면 누구나 가능하지 않을까요? 한 줄 한 줄의 표현이 쌓여 이렇게 사전이 되는 것처럼 매일 매일 쓰다 보면 아이들의 영어 쓰기도 한 줄 한 줄 발전해 나가리라 생각합니다.

– 작은기적 최영옥 (초4 · 초1맘)

● 엄마표 영어를 시작했던 유치원 시절, 아이는 엉뚱하고 웃긴 동물 이야기를 지어 영어일기에 자주 쓰곤 했습니다. 글씨는 삐뚤삐뚤한데다 맞는 철자도 거의 없던 아이가 초등 고학년 무렵에는 영어원서를 읽고 독후감도 쓰게 되었지요. 아이의 키가 커가듯이 영어로도 다양한 표현이 필요해지는데 엄마가 아는 표현은 한정되어 있어 참 막막했던 기억이 나네요. 엄마표 영어를 하면서 절실했던 문장들을 이 책에서 찾을 수 있어 반갑습니다. 특히 영어독후감 사전은 단순한 감상문이 아닌 시야를 넓혀주는 다양한 표현들이 장점입니다. 학원이나 사교육 없이 부모가 가정에서 영어 글쓰기를 지도한다는 것은 무척 어렵지요. 이럴 때 「엄마표 영어일기 영어독후감 표현사전」이 엄마들의 든든한 선생님이 되어 줄 것입니다.

– 주울 문주리 (중2맘)

영어일기, 이렇게 도와주세요

1 '영어 글쓰기'도 '영어동화책 읽기'가 우선입니다

'영어일기'란 영어로 쓰는 자유 글짓기(free writing)입니다. 이는 무엇을 쓸지 안다는 것이고, 또 영어로 어떻게 표현할지 안다는 것입니다. 그러므로 영어일기는 엄밀히 말해 아이가 영어에 어느 정도 충분히 노출된 후에 가능한 과제입니다.

이때 말하는 영어란 '좋은 문장으로 된 영어동화책 속 언어'를 말합니다. 잘 쓰여진 영어동화책을 읽으면 사소한 일도 소재가 되는 것을 보고 '일기에 무엇을 쓸지'를 정할 수 있고, 책 속에 등장하는 단어와 표현을 보고 글쓰기에 응용할 수도 있습니다. 그러므로 좋은 문장으로 된 영어동화를 읽고 듣는 것은 당연히 훌륭한 영작의 선행 과제입니다.

2 부담없는 그림일기부터 시작해 보세요

그럼 구체적으로 영어일기는 어떻게 시작하면 좋을까요? 먼저 '무엇을 쓸까'를 정하기 위해 하루의 생활에 대해 아이와 충분히 이야기를 나눕니다. 우리말로건 영어로건 일기를 쓰라고 하면 아이들이 흔히 묻는 말이 "엄마, 나 오늘 뭐 했어?" 또는 "엄마, 나 오늘 일기 뭐 써?"입니다. 그만큼 '무엇을 쓸까?'를 정하는 것도 아이들에게는 만만한 일이 아니라는 뜻입니다.

영어일기의 시작은 부담 없는 '영어 그림일기'가 좋습니다. 처음에는 하루에 있었던 일 중 하나를 골라 그에 관해 그림을 그린 뒤 '중요한 단어 하나'만 써도 충분합니다. 예를 들어 가족이 함께 외식하는 장면을 그리고, 그 밑에 food, ate/eat, family라고 쓰는 것이죠. 아이가 철자를 틀리면 그 밑에 어른이 바르게 쓰고 날짜를 기록합니다. 아이가 한 페이지에 2~3줄 정도 되는 그림책을 읽고 자주 보는 단어를 쓸 수 있다면, 다음 단계로 넘어가 그림 밑에 단어 대신 문장을 써 보게 합니다. 이때 그림에 시간을 들이더라도 재촉하지 말고 놔 두세요. 글로 표현하지 못하는 생각이 드러나는 순간입니다. 언어 능력이 높아지면서 그림이 문자로 바뀌는 때가 옵니다. 그러다 차츰 문장 수를 늘릴 수 있으면 because 등을 활용해 자기 생각을 넣게 유도합니다.

3 틀린 표현을 바로바로 고쳐준다고요?

아이가 영어일기를 쓰기 시작할 때 아이를 돕는다면서 어른들이 흔히 하는 실수가 바로 '틀린 문장 고치기'입니다. 영어로 일기를 쓰려면 '생각의 표현'이라는 글쓰기 본연의 목적도 달성해야 하고, '정확한 영어문장 구사'라는 언어 학습도 해야 하니 아이 쪽에서는 참으로 힘든 과제입니다. 그런데 모처럼 쓴 일기에 엄마가 문법 오류를 샅샅이 지적해 놓으면, 아이 입장에서는 다시 글을 쓰고 싶지 않게 됩니다. 따라서 영작을 시킬 때는 '자유롭게 쓰게 둘 때'와 '정확하게 쓰기의 중요성을 알게 할 때'의 균형이 필요합니다. 꼭 고쳐 주고 싶으면 어른이 바른 문장을 일기 아래 써 놓을 뿐, 아이에게 새로 쓰게 하지는 마세요. 아이가 두 문장을 비교하는 것만으로도 학습이 됩니다.

어른이 고쳐 주지 않더라도 아이가 일기를 꾸준히 쓰다 보면 문장력은 향상됩니다. 영어동화책 읽기를 통해 모범 문장을 접하고, 일기를 쓰기 위해 생각을 모으고 표현을 의식하면 저절로 발전합니다. 단, 이런 효과는 영어일기를 적어도 주 2~3회씩 1년 이상 지속적으로 썼을 때 가능합니다. 한두 달 사이에는 별 효과가 보이지 않겠지만, 6개월 전의 일기와 현재의 일기를 비교하면 차이가 분명합니다. 그래서 작성 날짜를 기록하는 게 좋습니다.

4 모범 문장을 기억해서 쓰는 훈련을 따로 하세요

그렇다고 아이가 틀린 문장을 계속 쓰게 놔두어야 한다는 말은 아닙니다. 그러나 '정확하게 쓰기'를 굳이 일기로 연습할 필요는 없습니다. 영어일기의 틀린 문장을 바로바로 지적해서 아이의 흥을 깨기보다는 영어동화책을 한 권 정해 '모범 문장을 기억해서 쓰는 훈련'을 하는 편이 효율적입니다.

영어동화책에서 그림과 글이 함께 있는 페이지를 고른 후, 그림과 관련된 문장을 2~3개 뽑아서 아이에게 여러 번 읽은 뒤 기억해서 쓰게 하세요. 쓰고 나서는 반드시 책의 문장과 비교해 아이 스스로 오류를 수정하게 합니다. 일기장처럼 노트를 마련해 이러한 훈련을 일주일에 2~3회 꾸준히 한다면 다양한 상황에서 쓰이는 문장을 재미있게 학습할 수 있고, 아이는 이를 자연스럽게 일기에 응용하게 됩니다.

5 초등학생의 영어일기는 '문단 만들기'를 목표로 삼으세요

아이가 우리말로 글짓기를 한 페이지 넘게 할 수 있고, 영어로는 그림이 없고 글밥이 제법 많은 책을 읽는 게 가능해지면 이때 비로소 일기다운 일기를 쓰게 권합니다. 초등학생 영어일기는 문단 만들기를 목표로 삼는 것이 이상적입니다. 문단(paragraph)은 '하나의 주제(topic)와 이를 뒷받침하는 근거 문장(supporting details)'으로 이루어집니다. 일기에서 주제는 하루 중에 있었던 일과 그에 관한 생각입니다. 주제 문장을 쓰고 나서 그 내용을 상세히 설명하는 문장을 몇 개 쓰면 문단이 됩니다. 구체적인 예를 들어 설명해 보겠습니다. 다음은 'The School Field Trip(현장학습)'에 관한 문단 일기입니다.

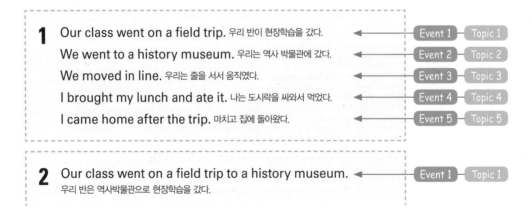

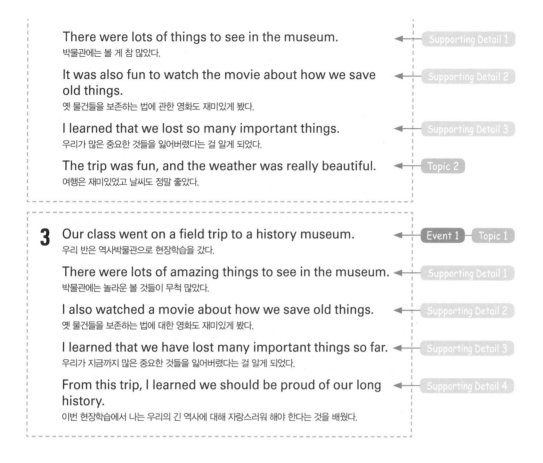

There were lots of things to see in the museum.
박물관에는 볼 게 참 많았다. — Supporting Detail 1

It was also fun to watch the movie about how we save old things.
옛 물건들을 보존하는 법에 관한 영화도 재미있게 봤다. — Supporting Detail 2

I learned that we lost so many important things.
우리가 많은 중요한 것들을 잃어버렸다는 걸 알게 되었다. — Supporting Detail 3

The trip was fun, and the weather was really beautiful.
여행은 재미있었고 날씨도 정말 좋았다. — Topic 2

3 **Our class went on a field trip to a history museum.**
우리 반은 역사박물관으로 현장학습을 갔다. — Event 1 · Topic 1

There were lots of amazing things to see in the museum.
박물관에는 놀라운 볼 것들이 무척 많았다. — Supporting Detail 1

I also watched a movie about how we save old things.
옛 물건들을 보존하는 법에 대한 영화도 재미있게 봤다. — Supporting Detail 2

I learned that we have lost many important things so far.
우리가 지금까지 많은 중요한 것들을 잃어버렸다는 걸 알게 되었다. — Supporting Detail 3

From this trip, I learned we should be proud of our long history.
이번 현장학습에서 나는 우리의 긴 역사에 대해 자랑스러워 해야 한다는 것을 배웠다. — Supporting Detail 4

1번은 온통 사건만 나열한 '일지(time records)'에 불과합니다. 전체적으로 무엇을 말하고자 하는지 알기 어렵습니다. 2번은 잘 써 나가다가 마지막에 '현장학습에서 보고 배운 점'이라는 주제와 무관하게 날씨를 언급했습니다. 마지막 문장은 새로운 문단이 되거나, 아예 글의 주제가 '여행이 왜 즐거웠나'였다면 나올 법한 문장입니다. 3번이 바로 '주제+근거 문장'이라는 문단의 특성을 잘 맞춘 일기입니다.

정리하자면 아이와 대화를 통해 주제를 선택하게 도와주고, 처음에는 그림과 한 단어 쓰기 → 그림과 한두 문장 쓰기 → 모범 문장 외워 쓰기' 등으로 시작해 차츰 한 주제에 몰입해 쓰는 문단 일기로 발전하게 도와줍니다. 꼭 기억할 것은 좋은 일기 쓰기는 몇 번의 작성으로, 혹은 별난 지도법으로 가능하지 않다는 것입니다. 일단 시작했으면 지속적으로 쓰도록 부모님이 이끌어주는 것, 이것이 핵심입니다.

영어독후감, 이렇게 도와주세요

1 책을 질문하며 읽는 습관이 필요합니다

영어를 배울 때 글짓기(Writing)가 가장 어렵다고 합니다. 단순한 문장 쓰기가 아니라 자신의 생각을 조리 있게 정리하여 표현해야 하기 때문입니다. 사실 우리말로 독후감을 쓰라고 해도 아이들은 막막해합니다. 아이들이 독후감 쓰기가 막막한 이유는 '생각하며 책을 읽는 습관' 이 안 잡혀 있기 때문입니다.

독후감을 쓰고자 할 때는 책을 읽는 태도가 재미로 읽을 때와는 달라야 합니다. 즉, 책을 읽을 때 단순히 내용만 기억하는 게 아니라 끊임없이 '자기 자신에게 질문하며 읽는 습관'이 필요합니다. 질문하며 읽는 독서란 '제목이 뭐지?', '주인공은 왜 이렇게 행동을 했을까?', '다음에는 어떤 내용이 나올까?', '여기서 중요한 점은 무엇일까?' 등의 수많은 궁금증을 갖는 것을 말합니다. 이러한 질문에 답을 찾으며 독서를 해야 책에 대해 자기만의 의견(opinions)을 갖게 되며, 그것을 영어로 표현한 것이 영어독후감입니다.

2 그림책을 읽어 주며 다양한 질문을 해 주세요

질문하며 읽는 독서 훈련은 어려서 그림책을 보며 시작합니다. 그림책은 아이의 생각 보따리를 터뜨려 주는 마술을 부립니다. 그림책 작가는 '글과 더불어 '그림'으로 내용을 전달하는데, '그림'은 아이가 표현하지 못하는 생각을 대신해 줍니다. '그림을 통해 글에 없는 내용을 이해하는 것'은 후에 '글로만 된 책을 읽고 중요한 점을 추론하는 것'과 그 과정이 크게 다르지 않습니다. 따라서 아이에게 그림책을 읽어줄 때 부모는 이런저런 질문을 하여 아이의 생각을 돕고, 차츰 아이가 혼자 책을 읽으며 자신에게 그런 질문을 하게 유도해 주는 것이 좋습니다. 이런 독서 훈련이 되어 있는 아이는 독후감을 쓸 때 막막해하지 않습니다.

3 영어독후감의 기본 형식을 알아 두세요

영어독후감을 쓰는 방식이 하나로 정해진 것은 아니지만 기본적으로 독후감은 '서론 – 본론 – 결론'으로 구성됩니다. 서론 – 본론 – 결론이 완벽하게 전개되는 독후감을 완성하기까지는 여러 단계의 훈련이 필요하지만, 아이가 기본적인 형식은 알고 쓰도록 설명해 주는 것이 좋습니다.

서론 (Introduction)

독후감의 시작하는 부분으로서 보통 제목, 작가, 삽화가, 출판사 등에 대한 정보와 책의 장르 등을 밝힙니다. 더불어 해당 책을 선택한 동기를 쓰면 좋습니다. '친구가 추천해서', '수상작이라서' 또는 '숙제라서' 등의 이유를 서론에 씁니다.

본론 (Body)

여러 문단으로 된 수준 높은 독후감이든, 단 몇 줄로 빈칸을 채우는 독후감이든 본론에는 다음과 같은 이야기 구성요소(Story Elements)가 항상 들어갑니다.

● **등장인물 (characters)**
주인공과 주변 인물에 대해, 나아가 그들 사이의 관계에 대해 씁니다. 등장인물 간의 공통점이나 차이점을 쓰기도 합니다.

● **배경 (setting)**
이야기가 발생한 '시간(time)'과 '장소(place)'를 말합니다. 작품에 따라서 수시로 때와 장소가 바뀌거나 시간이 분명하지 않은 경우도 있는데, 줄거리를 소개할 때 중요하다고 생각되는 시간과 장소를 언급하면 됩니다.

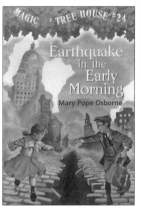

● **줄거리 (plot)**
이야기가 진행되는 과정을 '줄거리'라고 합니다. 소설이라면 등장인물이 일련의 사건(events)을 겪는 과정을 말합니다. 줄거리를 쓸 때는 이야기의 〈시작 – 중간 – 끝〉을 모두 아울러야 하는데 가장 중요한 요소인 〈문제 – 해결〉 구도를 파악해야 합니다.

● **문제 (problem)**

등장인물이 겪는 문제(problem) 혹은 갈등(conflict)을 말합니다. 꼭 심각한 사건을 말하는 것이 아니라 이야기를 재미있게 만드는 요소, 펼쳐진 일 가운데 가장 흥미로운 점 등도 '문제'에 해당합니다. 따라서 〈해리포터〉에서 주인공이 악한의 공격을 받는 것뿐 아니라, 〈배고픈 애벌레〉에서 벌레가 무엇을 먹어야 하는지도 '문제'입니다. 문제가 뭐냐고 물으면 아이들은 막막해 합니다. 그러므로 책을 읽으면서 "무엇이 가장 재미있지?", "왜 주인공이 어렵게 됐지?", "이 일은 어떤 결과를 낳을까?" 등 스스로 질문하며 읽도록 일깨워줘야 합니다.

● **해결 (solution)**

작품에서는 문제가 있으면 반드시 그에 대한 해결이 나오게 돼 있습니다. 이야기의 결말이 나오기 직전 등장인물들이 어려움이나 갈등에서 벗어나는 사건이 나오기 마련인데 이 점을 기술하면 됩니다.

● **주제 (theme)**

작가가 말하고자 하는 바를 파악하여 서술하는데, 반드시 이야기에서 그 근거를 찾아서 "~이므로 나는 ~라고 생각한다"고 해야 합니다. 이를 결론(conclusion) 부분으로 넘겨도 무방합니다. 초등학생에게 요구하는 영어 독후감에서는 이 부분을 크게 강조하지 않고 "I like this story because ~" 정도로 마무리 해도 좋습니다.

결론 (Conclusion)

독후감을 마무리 짓는 문단으로, 앞 내용을 종합해서 요약하고 중요한 부분을 강조합니다. 이 책이 좋았는지 안 좋았는지 의견을 쓰기도 하고, 책을 추천한다면 누구에게 왜 추천하는지도 첨가합니다.

4 그래픽 오거나이저(Graphic Organizer)를 활용해 보세요

영어독후감은 아이의 수준에 따라 다르게 접근합니다. 단순하게는 빈칸에 단어 하나 문장 한 줄만 쓰게 하기도 하고, 수준이 올라가면 근거를 가지고 주제를 쓰게 하기도 합니다. 그래서 자녀의 수준에 따라 방법을 달리하는데, 이때 그래픽 오거나이저(Graphic Organizer)를 활용하면 좋습니다. '그래픽 오거나이저'는 도형이나 그림, 그래프 등을 넣어 만든 워크시트(worksheet)로서 빈칸을 채워가면서 아이들 스스로 독후감이 요구하는 문장 작성법을 익힐 수 있도록 도와줍니다. (이 책의 권말에 실린 그래픽 오거나이저 양식을 참고하세요.)

5 다른 사람이 읽었을 때 재미있어 할까?

마지막으로 글을 쓰는 사람은 '내 글을 읽는 사람이 이게 재미있을까?'를 의식해야 합니다. 글은 나의 생각 쓰기에서 끝나는 것이 아니라 읽는 사람이 잘 이해하게 써야 하니까요. 따라서 독후감을 쓸 때 아이 스스로 "남이 이렇게 썼다면 내가 재미있어 했을까?", "이 독후감을 읽고 내 친구가 이 책을 읽고 싶을까?" 자문하도록 도와주는 것이 중요합니다.

어떤 외국어를 수준 높게 구사한다는 것은 그 언어로 글을 쓸 수 있다는 뜻입니다. 큰 소리로 읽었으면(Read Aloud), 자신 있게 생각을 말할 수 있어야(Think Aloud) 하고, 생각할 수 있으면 쓸 수 있어야(Write Aloud) 합니다. 그 삼박자를 연습하는 방법이 영어독후감입니다. 그리고 영어일기와 마찬가지로 영어독후감도 일단 시작하면 지속적으로 쓰도록 부모님이 이끌어주는 것, 이것이 핵심입니다.

"엄마, 나 영어일기 · 영어독후감 어떻게 써?"
아이의 영작 SOS! 이 책 하나면 걱정 끝!

▶ 영작의 기초는 '영어일기 · 영어독후감 쓰기'이다!

우리 아이 영작, 어떻게 잡아줄지 고민이시라고요? 우리말 쓰기의 기본이 '일기 · 독후감'이듯이, 영어 글쓰기의 기본도 '영어일기 · 영어독후감'입니다. 조금 틀리더라도 매일 지속적으로 쓰다 보면 아이의 영작 실력이 어느새 쑥쑥 자라게 됩니다. 아이가 쓴 표현이 맞는지 헷갈릴 때, 더 좋은 표현은 없는지 궁금할 때 아이와 함께 이 책을 펼쳐 보면서 하루에 한 줄이라도 아이와 함께 영어로 글을 쓰는 습관을 들여보세요!

▶ 아이들이 가장 쓰고 싶어 하는 5,000개 영어표현 총망라!

아이들이 자라면서 겪는 사건과 생각, 감정은 다채롭기 그지 없습니다. 따라서 이를 한정된 단어와 문형 몇 개로 표현하기는 도저히 불가능합니다. 이 책에는 아이들이 정말 많이 쓰고, 꼭 쓰고 싶어 하는 총 5,000여 개의 영어일기 · 영어독후감 표현을 11개 파트, 36개 챕터, 260여 개 소제목으로 상세히 분류해 수록하였습니다. 이제 아이가 영어일기나 영어독후감을 쓸 때 자신의 경험, 생각, 감정을 영어로 생생하게 표현할 수 있도록 이 책으로 도와주세요!

▶ 홍박샘이 뽑고 쑥쑥 인기맘 5인이 리뷰한 베스트 영어표현

엄마들 사이에서 '홍현주 박사 선생님', 일명 '홍박샘'이라고 불리며 존경을 한몸에 받고 있는 홍현주 쑥쑥닷컴 영어교육연구소장이 여러 명의 원어민 선생님들과 가리고 가려 뽑은 베스트 영어표현만을 모았습니다. 또한 서정시인, 희서맘, 하하호호, 작은기적, 주울 등 쑥쑥의 대표 인기맘 5인이 베타테스터로 나서 아이들이 꼭 쓰고 싶은 표현이 빠지지 않았는지, 아이들이 쓰기에 너무 길거나 어려운 표현은 없는지 꼼꼼하게 리뷰하여 영어일기에 서투른 아이와 부모도 쉽게 활용할 수 있도록 세심하게 배려하였습니다.

▶ '핵심패턴'에서 '표현사전'까지, 영어일기 · 영어독후감 한 권으로 끝낸다!

영어일기도 써야 하고 영어독후감도 써야 하는데 시중에는 '영어일기' 책만 나와 있다고요? 걱정하지 마세요. 이 책은 생생하고 활용도 높은 영어일기 표현뿐 아니라 다양한 형식의 독후활동이 가능한 영어독후감 표현을 함께 수록한 국내 최초의 '영어일기 · 영어독후감 표현사전'입니다. 또한 영어일기 · 영어독후감 쓰는 요령과 상황별 핵심패턴을 별도로 수록하여 누구나 쉽게 영작의 기본을 잡고 문장 만들기에 도전할 수 있도록 하였습니다. 이제 영어일기 및 영어독후감 과제를 이 책 한 권이면 해결할 수 있습니다.

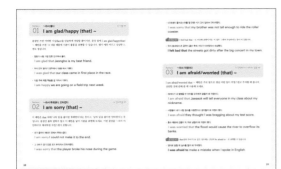

단어만 바꿔 바로 쓰는
영어일기 · 영어독후감 핵심패턴

이 책의 영어일기 표현사전과 영어독후감 표현사전의 첫 부분에는 영어일기 및 영어독후감을 쓸 때 가장 자주 사용하는 핵심패턴을 정리해 놓았습니다. 실제 회화 및 영작에서 자주 등장하는 표현 덩어리인 '패턴'을 활용하여 영작의 기본을 잡고 아이들과 손쉽게 문장 만들기에 도전해 보세요.

쉽고 빠르게 찾는
영어일기 표현사전

하루 일과, 날씨부터 학교 생활, 감정, 관심사까지 아이들이 겪는 일상적인 사건 및 그에 관한 생각, 감정을 생생하게 표현할 수 있는 영어일기 표현들을 총망라했습니다. 총 8개 파트, 30개 챕터, 220여 개 소주제의 상세한 구분으로 누구나 원하는 표현을 쉽고 빠르게 찾을 수 있습니다.

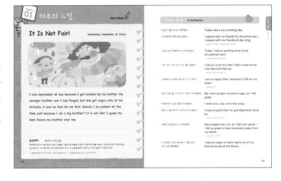

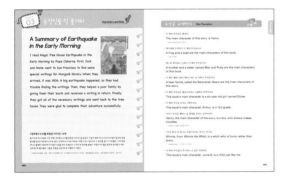

바로바로 척척 쓰는
영어독후감 표현사전

영어독후감을 쓸 때 가장 자주 사용하는 영어표현들을 책 소개, 등장인물 및 줄거리 소개, 맺음말 쓰기의 큰 주제를 중심으로 파트별로 세분화하여 상세히 정리하였습니다. 또한 각 챕터의 도입에 샘플 독후감을 수록하여 아이들이 영어독후감 작성시 쉽게 참고할 수 있도록 하였습니다.

특별부록

그래픽 오거나이저(Graphic Organizer) 10종 + 독서 서약서 양식 수록

이 책의 권말에는 영어독후감을 쓸 때 활용 가능한 그래픽 오거나이저(Graphic Organizer)가 함께 수록되어 있습니다. 그래픽 오거나이즈를 활용하면 책의 핵심 내용을 쉽게 이해할 수 있을 뿐 아니라 논리적 사고를 할 수 있게 도와주어 글쓰기가 한결 쉬워집니다. Character Map, Problem & Solution, Timeline, Story Map, KWL 등 다양한 형식의 그래픽 오거나이저를 활용해 영어독후감에 자신감을 심어 주세요. 또한 '독서 서약서' 양식을 활용해 영어책을 읽고 영어독후감을 작성하는 것을 우리 집 약속으로 실천해 보세요.

목차 한눈에 보기

BOOK 1

영어일기 표현사전

Part 6 감정·성격 및 관심사

Part 7 음식 및 건강

Part 8 집과 동네

BOOK 2

영어독후감 표현사전

부록 (Appendix)

● 그래픽 오거나이저(Graphic Organizer) 10종
● 나의 독서 서약서(My Reading Contract)

BOOK 1

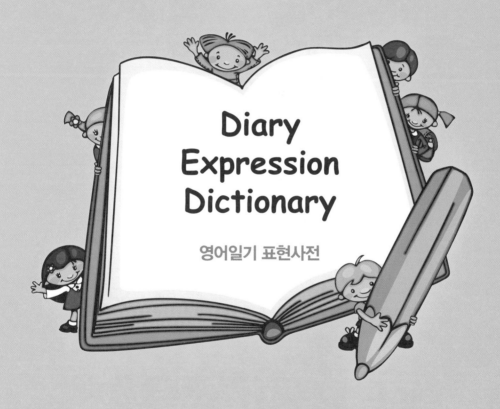

Diary
Expression
Dictionary

영어일기 표현사전

Intro

영어일기 핵심패턴 50

50 Useful Patterns for Your Diary

영어로 일기를 쓸 때 자주 쓰는 구문을 상황별로 패턴화하여 정리했습니다.

'패턴'이란 몇 개의 단어가 모여 항상 같이 쓰이는 고정된 표현을 말합니다.

주어진 패턴과 예문을 응용하여 여러분이 쓰고 싶은 문장을 마음껏 적어 보세요.

이 책은 초등학생의 영작문 안내서이므로 지나친 문법 설명은 배제했습니다.

유의사항

- 패턴의 동사가 현재형인 것은 상황에 따라 과거형으로 바꿔 써도 됩니다.
- 일기에서 과거형으로 자주 쓰이는 동사는 과거형으로 패턴을 제시했습니다.
- 'that+문장'에서 that은 생략이 가능할 때가 많으며, 생략이 안 되는 경우에는 별도 표기했습니다.

~라서 좋다
I am glad/happy (that) ~

문장만 쓰면 어떠한 사실(fact)을 단순하게 전달할 뿐이지만, 문장 앞에 I am glad/happy (that) ~ 패턴을 쓰면 '그 내용 때문에 기분이 좋음'을 표현할 수 있습니다. 왠지 예의 바르고 상냥한 느낌도 생깁니다.

- 정호가 나랑 가장 친한 친구여서 좋다.

  I am glad that Jeongho is my best friend.

- 우리 반이 달리기 경주에서 1등을 해서 기뻤다.

  I was glad that our class came in first place in the race.

- 다음 주에 체험 학습을 갈 거라서 기쁘다.

  I am happy we are going on a field trip next week.

~라서 후회된다, 안타깝다
I am sorry (that) ~

이 패턴은 that 뒤에 '나의 일'을 붙이면 '후회한다'라는 뜻이고, '남의 일'을 붙이면 '안타깝다'는 뜻입니다. 문장만 불쑥 말하지 말고 이 패턴을 넣어 기분을 표현해 보세요. 이런 문장을 '~라서 미안하다'로 해석하면 자연스럽지 못합니다.

- 내가 끝까지 해내지 못해서 후회스럽다.

  I am sorry I could not make it to the end.

- 그 선수가 경기 도중 코가 부러져서 안타까웠다.

  I was sorry that the player broke his nose during the game.

- 내 동생이 롤러코스터를 탈 만큼 키가 크지 않아서 안타까웠다.

  I was sorry that my brother was not tall enough to ride the roller coaster.

  한 걸음 더! I feel bad that ~도 비슷한 표현이지만, 이 경우 '그래서 속상하다'는 뜻이 더 강합니다.

- 우리 동네에서 큰 공연이 끝난 후에 거리가 더러워져서 속상했다.

  I felt bad that the streets got dirty after the big concert in my town.

Pattern
03

~라서 걱정이다

★ 걱정하거나 내키지 않을 때

I am afraid/worried (that) ~

I am afraid/worried that ~ 패턴은 주로 앞으로 생길 어떤 일이 걱정스럽고 주저될 때 씁니다. 심란한 것에 관해 쓸 때 사용해 보세요.

- 재석이가 내 별명을 반 아이들 모두에게 말할까 봐 걱정이다.

  I am afraid that Jaeseok will tell everyone in my class about my nickname.

- 사람들이 내가 시험 점수를 자랑한다고 생각할까 봐 걱정이 됐다.

  I was afraid they thought I was bragging about my test score.

- 홍수 때문에 강물이 둑 위로 넘칠까 봐 걱정이 됐다.

  I was worried that the flood would cause the river to overflow its banks.

  한 걸음 더! that절의 주어가 I로 같은 경우에는 간단히 be afraid to ~로 표현할 수 있습니다.

- 영어로 말할 때 실수를 할까 봐 두려웠다.

  I was afraid to make a mistake when I spoke in English.

~라는 점이 감사하다
★ 고마운 마음을 표현할 때
I am thankful/grateful that ~

'~에 대해 …에게 감사하다'고 할 때 'thank+목적어+for ~'라는 표현이 익숙할 텐데, 글을 쓸 때는 be thankful/grateful that ~이 좀 더 어울립니다. 이때 that은 생략해도 되지만, 문어체이므로 되도록 쓰는 것이 좋습니다.

• 나는 이 아름다운 나라에서 태어난 것이 감사하다.

I am thankful that I was born in this beautiful country.

• 고속도로에서 경찰이 우리를 도와주러 와서 고마웠다.

I was grateful that the police came to help us on the highway.

🖊️ 한 걸음 더! 감사를 표현할 때는 be thankful/grateful for ~(~에 대해 감사하다)를 쓰는 방법도 있습니다.

• 나랑 함께 시간을 보내 주었던 내 친구들에게 고마운 마음이 들었다.

I was thankful for my friends who spent time together with me.

• 나는 지금 내가 가진 많은 것에 감사하고 있다.

I am grateful for many things that I have now.

~을 바라다
★ 희망하는 바를 말할 때
I hope (that) ~

지금 혹은 앞으로 어떤 일이 일어나기를 바랄 때 씁니다. 타인을 위한 내용을 말하면 예의 바르게 들립니다. 상대방에게 I hope you ~라고 하면 좋은 일을 기원해 주는 뜻이 됩니다.

• 내 친구가 (병이) 어서 낫기를 바란다.

I hope that my friend feels better soon.

- 날씨가 개어서 우리가 밖에 나가 놀 수 있으면 좋겠다.

  I hope the weather gets clear so that we can play outside.

- 나는 수학에서 만점을 받으면 좋겠다.

  I hope I will get a perfect score on the math test.

Pattern 06 ~라면 좋을 텐데 ★ 어려운 일을 염원할 때
I wish (that) 주어+과거동사

I wish 뒤에 과거동사를 쓰는 'I wish 가정법' 표현입니다. 가정법은 이루어지기 어렵거나 현실적으로 불가능한 것을 바랄 때 씁니다. 부러워서 간절히 소원하는 심정도 되고, 탄식하는 느낌도 납니다.

- 나도 언니가 있었으면 좋겠다.

  I wish that I **had** an older sister.

- 나도 친구들처럼 내 방이 있으면 얼마나 좋을까!

  I wish I **could** have my own room like my friends!

- 이 세상에서 온갖 시험이 다 사라져 버리면 좋겠다.

  I wish all kinds of exams **would** disappear from the world.

> **한 걸음 더!** I wish 뒤에 과거완료(had p.p.)를 쓰면 '과거의 일을 후회'하는 뉘앙스를 풍깁니다.

- 유미에게 먼저 미안하다고 했으면 좋을 텐데!

  I wish I **had said** sorry to Yumi first!

07 I think/feel (that) ~
~라고 생각하다

★ 생각한 내용을 말할 때

문장 앞에 I think를 붙이면 자신의 생각을 표현하는 말이 됩니다. I feel도 큰 차이는 없으나 덜 단호하게 들립니다. guess는 추측을 나타내고 believe는 믿음을 나타내니 think만 쓰지 말고 상황에 따라 번갈아 사용해 보세요.

- 우리 동네는 참 살기 좋은 곳이라고 생각한다.

  I think that my town is a very good place to live in.

- 내 아이디어가 재원이 아이디어보다 더 창의적이라고 생각했다.

  I thought my idea was more creative than Jaewon's.

- 나는 줄리아가 영어를 참 잘한다고 생각한다.

  I feel that Julia is very good at speaking English.

08 I think we should ~
~해야 한다고 생각하다

★ 주장을 말할 때

'~해야 한다'라고 할 때는 should를 넣어 표현하면 됩니다. should 대신 must를 쓰면 더욱 강력한 주장이 됩니다. 문장 앞에 I think를 붙여서 I think we should ~라고 하면 나의 생각임을 나타내게 됩니다.

- 우리는 친구들과 사이좋게 지내야 한다고 생각한다.

  I think we should get along well with our friends.

- 밖에 나갈 때 따뜻한 옷을 입어야 한다고 생각한다.

  I think we should wear warm clothes when we go outside.

- 우리는 지구를 반드시 깨끗이 보존해야 한다고 생각한다.

  I think we must keep the Earth clean.

  한 걸음 더! we 대신 I를 써서 I think I should ~라고 하면 '자신에게 다짐하는 표현'이 됩니다.

- 나는 시험 볼 때 질문을 주의 깊게 읽어야 한다고 생각한다.

  I think I should read the questions carefully when I take the exam.

Pattern 09 (…하느니 차라리) ~하겠다
I would rather ~ (than ...)

★ 선호하는 것을 말할 때

I would rather ~ 표현은 다른 것과 비교해서 '그게 낫다'는 뜻입니다. 비교 대상을 밝히지 않아도 이미 비교했다는 뉘앙스가 들어 있습니다. 비교 대상을 정확히 말할 때는 뒤에 than과 함께 비교 대상을 덧붙이면 됩니다.

- 이런 날씨에는 집안에 있는 게 낫겠다.

  I would rather stay inside in this kind of weather.

- 늦은 밤에는 문자를 보내지 않는 게 좋다.

  I would rather not send texts late at night.

- 잭슨 씨는 어린 애들과 있느니 나랑 있는 게 낫다고 하셨다.

  Mr. Jackson said he **would rather** be with me **than** with little kids.

  한 걸음 더! 무엇이 낫다고 충고할 때는 had better ~(~하는 편이 낫다)를 사용하세요.

- 나는 그가 되도록 빨리 떠나는 게 좋겠다고 생각했다.

  I thought that he **had better** leave as soon as possible.

Pattern 10 ~라고 확신하다
I am sure (that) ~

I am sure that ~ 패턴은 어떤 내용을 분명히 안다고 말할 때 씁니다. 문장만 말하면 생뚱맞게 들릴 내용도 이 패턴을 붙이면 단호하면서도 자연스럽게 들리는 효과가 있습니다.

- 나는 분명 수영을 금방 배울 수 있을 거야.

   I am sure that I can learn how to swim well in no time.

- 계속 거짓말을 하면 그 애는 혼날 거라고 확신한다.

   I am sure that he will get in trouble if he keeps on lying.

- 나는 수학 시험을 다 맞았을 거라고 확신했었다.

   I was sure I got all the questions right on the math test.

Pattern 11 ~이 자랑스럽다
I am proud (that) ~

자랑스러운 내용을 전달한다는 뜻이지, 뻐기거나 우쭐댄다는 뜻은 아닙니다. 남의 장점이나 업적을 말할 때 이 패턴을 쓰면 그 사람을 칭찬하는 의미가 됩니다.

- TV에 나온 사람이 우리 삼촌인 것이 자랑스럽다.

   I am proud that the person on TV is my uncle.

- 한국이 월드컵 본선에 진출하게 돼서 자랑스럽다.

   I am proud that Korea has qualified for the World Cup finals.

- 언니가 세종과학고에 합격해서 자랑스러웠다.

   I was proud my sister was accepted to Sejong Science High School.

한 걸음 더! I am proud of ~(~이 자랑스럽다)도 같은 상황에서 씁니다.

- 올림픽에서 금메달을 딴 김연아 선수가 자랑스럽다.

  I am proud of Yuna Kim who won a gold medal at the Olympics.

Pattern 12 ~을 알게 됐다
I found/learned (that) ~
★ 알게 된 점을 말할 때

이 패턴은 어떠한 사실을 '알게 됐다'고 할 때 쓰면 좋습니다. I know보다 '알게 된 과정'이 포함된 느낌이에요. 과거 형태이지만 전달할 내용이 사실(fact)이면 that 이하의 동사는 현재형을 써도 됩니다.

- 나는 서울이 세계에서 네 번째로 큰 도시로 선정된 것을 알게 되었다.

  I found that Seoul is ranked as the 4th largest city in the world.

- 축구화를 신으면 공을 차기 더 쉽다는 걸 알게 되었다.

  I found it is easier to kick the ball when I am wearing soccer shoes.

- 내가 나를 믿지 않으면 누구도 나를 신뢰하지 않는다는 걸 배웠다.

  I learned if I don't believe in myself, no one else will.

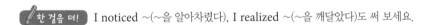 **한 걸음 더!** I noticed ~(~을 알아차렸다), I realized ~(~을 깨달았다)도 써 보세요.

- 자리가 비어서 지나가 결석했다는 걸 알아차렸다.

  I noticed Gina was missing because her seat was empty.

- 연습을 하지 않으면 줄넘기를 잘할 수 없다는 것을 깨달았다.

  I realized that if I don't practice, I can't jump rope well.

13 I know (that) ~

~임을 알고 있다

★ 알고 있다고 말할 때

어떠한 내용을 안다고 말할 때 씁니다. 모른다고 하려면 I do not know ~, 몰랐다고 하려면 I did not know ~를 쓰면 됩니다. 응용해서 써 보세요.

• 현미가 바이올린 연주를 잘한다는 걸 나는 알고 있다.

I know that Hyeonmi is good at playing the violin.

• 빌이 또 말썽을 피울 줄 알았다.

I knew Bill would get into trouble again.

• 나는 준우가 재순이의 남자 친구라는 걸 몰랐다.

I did not know Junwoo was Jaesoon's boyfriend.

Pattern

14 I heard (that) ~

~라는 말을 들었다

★ 들은 내용을 전할 때

일기를 쓸 때 누군가에게 들은 말을 쓸 일이 많습니다. 따지고 보면 I found, I learned와 크게 다르지 않지만, I heard는 단순히 사실을 전달하는 느낌입니다.

• 정민이가 아파서 결석했다고 들었다.

I heard Jeongmin was sick and missed school.

• 새 담임 선생님께서 무척 엄하시다고 들었다.

I heard that my new teacher is very strict.

• 우리 할머니께서는 평생 가족만을 위해서 사셨다고 한다.

I heard my grandma had lived her whole life only for her family.

- 요즘은 기상 예측이 무척 어렵다고 한다.

  It is said that predicting the weather is very difficult these days.

Pattern
15

~가 나에게 …라고 말했다

★ 들은 내용을 전할 때

~ told me (that) ...

누군가와 나눈 이야기를 일기에 쓸 일이 많지요? 이때 이 패턴을 활용해 보세요. 이야기한 사람을 언급하면서 내용을 전달하는 겁니다. told 대신 said to를 써도 됩니다.

- 선생님께서 내게 숙제를 제때 해야 한다고 말씀하셨다.

  My teacher **told me that** I should do my homework on time.

- 누가 보라가 바보라고 말했는지 기억이 안 난다.

  I can't remember who **told me** Bora was stupid.

- 경찰이 우리에게 오늘 도로가 폐쇄될 거라고 말했다.

  The police **said to us that** the road would be blocked today.

- 나는 학원 선생님과 내 숙제 문제에 대해 이야기했다.

  I **talked with** my hagwon teacher **about** my homework problem.

16 I can't believe (that) ~

~가 믿기지 않는다

★ 믿기지 않을 때

'의외라서 믿기지 않는다'는 말인데 부정적인 의미로도, 긍정적인 의미로도 쓰입니다. 느낌표를 붙이면 표현이 극대화됩니다. '못 믿겠다'는 뜻의 don't believe (that)과는 약간 다릅니다.

• 그 좋은 학교에 내가 합격하다니 믿기지 않는다!

   I can't believe that I was accepted to the great school!

• 미리가 나만 빼고 모두 다 자기 집에 초대했다니 믿기지 않는다.

   I can't believe Miri has invited everyone to her house but me.

• 그가 경주에서 은메달을 땄다는 게 믿어지지 않았다.

   I could not believe he was the silver medalist in the race.

　한 걸음 더! I doubt that ~은 노골적으로 '의심하다'란 뜻입니다.

• 위층 꼬마가 바닥에서 안 뛰었다는 것이 의심스럽다.

   I doubt that the little boy upstairs did not run on the floor.

17 I wonder if ~

~인지 아닌지 궁금하다

★ 궁금증이 생길 때

Pattern

I wonder if ~ 패턴은 어떤 내용이 긴가민가할 때, 또는 궁금함을 혼잣말처럼 표현할 때 씁니다. 우리말로는 의문문처럼 번역되기도 하지만 영어로는 의문문이 아닙니다.

• 내일 날씨가 갤지 궁금하다.

   I wonder if the weather will clear up tomorrow.

- 내일 수학 시험에서 내가 백 점을 받을 수 있을까?

  I wonder if I can get a 100% on the math test tomorrow.

- 아빠가 약속한 대로 집에 일찍 오실지 궁금했다.

  I wondered if my dad would come home early as he had promised.

한 걸음 더! I wonder 다음에 의문사로 시작하는 문장이 오면 '그 점이 의아하다, 모를 노릇이다'라는 뜻입니다.

- 일이 어쩌다 그렇게 됐는지 의아하다.

  I wonder how it happened.

Pattern 18

~인지 두고 보겠다, 알아보겠다

★ 알아보겠다고 할 때

I will see if ~

시간을 두고 결과가 '어떨지 지켜보겠다, 알아보겠다'는 뜻입니다. 앞으로 어떻게 될지 궁금할 때 활용하세요.

- 나는 형이 약속을 지킬지 두고 보겠다.

  I will see if my big brother will keep his promise.

- 그 노인을 도울 수 있는 뭔가를 찾을 수 있을지 알아봐야겠다.

  I will see if I can find anything to help the old man.

- 내일 학교에 가면 그 소문이 진짜인지 알아봐야겠다.

  I will see if the rumor is true when I go to school tomorrow.

마치 ~라도 되는 듯이, ~이기라도 한 듯이

as if 주어 + 과거동사/과거완료

★ 실제와 다른 척할 때

as if 가정법은 '마치 ~인 것처럼'이란 뜻으로, 진짜로는 아닌데 그런 것처럼 말하거나 행동하는 것을 표현할 수 있습니다. as if 다음의 시제는 주절의 시제보다 앞선 시제를 쓴다는 데 주의하세요. 또한 be동사의 경우에는 was 대신 무조건 were를 씁니다.

- 진희는 자기가 모든 답을 다 아는 듯이 행동한다.

  Jinhee acts **as if** she **knew** all the answers.

- 왜 삼촌은 항상 자기가 굉장히 부자인 것처럼 말하는지 모르겠다.

  I don't know why my uncle always speaks **as if** he **were** very rich.

- 나는 어린 동생한테 무서운 괴물을 보기라도 한 것처럼 말했다.

  I spoke to my baby brother **as if** I **had seen** a scary monster.

~인 것 같다, ~로 보인다

It seems (that) ~

★ 100퍼센트 확신하지 못할 때

확신하지 못하는 내용을 말하는 경우, 또는 맞는 말이지만 확신을 가지고 말하기는 불편한 경우에 쓰기 적절합니다. 괜히 분명한 것 같아서 말했다가 나중에 틀리면 어쩌나 싶을 때 쓰면 좋아요.

- 학교가 방학을 더 일찍 시작하기로 결정한 것 같다.

  It seems that the school decided to begin vacation earlier.

- 수민이는 서울에 있는 큰 병원으로 옮길 예정인 것 같다.

  It seems that Sumin is going to move to a big hospital in Seoul.

• 우리 반 애들 전부 비싼 핸드폰을 가진 것 같다.

It seems everyone in my class has an expensive cell phone.

 위의 표현을 간단히 seem(s) to ~로 말할 수도 있습니다.

• 우리 우정이 잘못되어 가는 것 같아 속상하다.

I feel bad that our friendship **seems to** be going wrong.

Pattern 21

~로 드러났다, 판명됐다

★ 결과가 드러났을 때

It turned out (that) ~

turn out은 '~이 드러나다, 밝혀지다'란 뜻으로, 흔히 It turned out that ~의 형태로 자주 쓰입니다. 나중에 보니 생각했던 것과 결과가 다르거나, 시간을 두고 기다려 보니 결과가 다르다고 말할 때 사용하기 좋습니다.

• 그 회사는 많은 양의 불량 식품을 판매한 것으로 드러났다.

It turned out that the company sold a large amount of bad food.

• 그 과학자가 많은 결과를 조작한 것으로 판명되었다.

It turned out that the scientist had faked many of the results.

• 알고 보니 나는 너무 어려서 그 영화를 볼 수 없었다.

It turned out I could not watch the movie because I was too young.

 위의 표현을 turned out to ~로 바꿔도 됩니다.

• 그 옛날 그림은 오랫동안 사라졌던 보물임이 판명되었다.

The old picture **turned out to** be a long-lost **treasure**.

~하려던 건 아니었다

★ 의도하지 않았다고 해명할 때

I did not mean to ~

일부러 그런 건 아닌데 의도와 다르게 일이 흘러갈 때가 있습니다. 그럴 때 '그럴 의도는 아니었다' 고 말하려면 이 패턴이 좋습니다. 사과나 변명을 할 때 많이 쓰고, 때로는 항변이 되기도 합니다.

- 메리는 울음을 터뜨렸다. 사실 난 그 애를 놀릴 생각이 없었다.

  Mary burst into tears. Actually, **I did not mean to** tease her.

- 엄마한테 덩치가 크다고 했을 때 엄마를 화나게 할 뜻은 없었다.

  I didn't mean to offend my mother when I said she was big.

- 내가 일부러 소문을 퍼뜨린 건 아니었다. 그저 퍼졌을 뿐.

  I didn't mean to pass the rumor along. It just spread.

~ 같다

★ 비슷하다고 말할 때

feel/look/sound/smell like ~

'지각동사'란 신체의 감각 기관을 통하는 동작(action)을 나타내는 동사로서 feel, look, sound, smell, taste가 있습니다. 이들 뒤에 like를 붙여서 '~같다'고 말할 때 사용합니다.

- 그 남자는 굉장히 중요한 사람처럼 보였다.

  The man **looked like** a very important person.

- 국수가 너무 질겨서 고무줄 같이 느껴졌다.

  The noodles were so tough that they **felt like** rubber bands.

- 내 생각에는 그 새 소리가 플루트 소리처럼 들렸다.

  I think the bird's song **sounded like** a flute.

 지각동사 뒤에 형용사가 올 때는 like 없이 '지각동사＋형용사'의 형태로 사용합니다.

- 그 남자는 아주 큰 차를 몰고 있어서 부자로 보였다.

  The man **looked rich** because he was driving a very big car.

Pattern 24
～가 …하는 걸 보다/듣다
see/hear＋목적어＋-ing

★ 남의 행동을 보거나 들었을 때

look, sound와 달리 see, hear는 '목적어의 행동을 보다, 듣다'의 내용을 전달할 수 있습니다.
-ing(현재분사)의 형태로 목적어의 동작을 표시하면 아주 생동감 있게 들립니다.

- 우리 강아지 미미가 소파 쿠션을 물어뜯고 있는 걸 봤다.

  I **saw** my dog Mimi chew**ing** the sofa cushion.

- 나는 거리의 나무들에 단풍이 드는 걸 봤다.

  I **saw** the trees on the street chang**ing** their colors.

- 엄마가 이모와 전화 통화 하시는 걸 들었다.

  I **heard** my mom talk**ing** to my aunt on the phone.

 목적어가 뭔가를 당하는 수동적인 상황이라면 'being＋과거분사'를 사용하는데 이때 being은 생략되기도 합니다.

- 나는 그 남자애를 강아지가 핥고 있는 걸 봤다.

  I **saw** the boy (being) **licked** by his dog.

~을 못하다, ~하는 게 어렵다   ★ (잘하지) 못한다고 할 때

have trouble/difficulty -ing

have trouble -ing 또는 have difficulty -ing는 '~을 잘 못한다'를 표현합니다. 예를 들어 '수학을 못한다'고 하려면 이는 '수학 공부하는 데 어려움을 느낀다'는 뜻이므로 이 패턴을 사용하세요. 이를 cannot으로 옮기면 '할 수 없다'가 되어 다른 뜻이 돼 버립니다.

- 내 동생은 수업 중에 잘 집중하지 못한다.

  My brother **has trouble** stay**ing** focused during class.

- 내 자신에게 유리하게 (당당하게) 말하지 못하는 게 걱정스럽다.

  I am afraid that I **have trouble** speak**ing** up for myself.

- 고모는 전에 잠을 잘 못 주무셨다.

  My aunt used to **have difficulty** gett**ing** to sleep.

어떻게/무엇을 ~인지 모르겠다   ★ 어떻게 해야 할지 모를 때

I don't know how/what ~

말하는 시점에서 '앞으로의 방법을 찾기 어렵다, 답을 모르겠다'고 할 때 유용합니다. 걱정스러움을 표현하기도 하고, 조언을 구하기 위해 사연을 말할 때도 좋습니다.

- 학교에서 그 못된 애를 내가 어떻게 대처해야 할지 모르겠다.

  I don't know how I should deal with the bully at school.

- 게임에 중독된 내 친구를 어떻게 도울 수 있을지 모르겠다.

  I don't know how I can help my friend addicted to video games.

- 엄마가 나한테 뭘 바라는지 몰랐다.

I didn't know what my mother wanted from me.

✏️한 걸음 더! 어쩌다가 이렇게 됐는지 모른다고 할 때는 I don't know 뒤에 오는 문장의 시제가 다릅니다.

- 내가 어쩌다가 단체 게임에 끼게 됐는지 모르겠다.

I don't know how I have been involved with the group game.

Pattern
27

어떻게/왜 ~?

★ 따지거나 항변할 때

How/Why+조동사+주어+동사?

문제를 제기하거나 처한 일에 대해 항변할 때 씁니다. 이렇게 질문하는 형식으로 말하면 뜻이 강해지면서 좀 더 호소력 있게 들립니다.

- 이게 어떻게 맞지? 이게 어떻게 진짜일까?

How can this be true? **How can** this be real?

- 내가 거기에 있었다고 치자. 사람들이 어떻게 나를 못 알아봤겠어?

Let's say I was there. **How could** not the people notice me?

- 내 개가 아니라면 내가 왜 그 개를 신경 써야 되지?

Why should I care about the dog if it is not mine?

28 because ~

~ 때문에, ~라서

★ 이유를 말할 때

이유를 대며 설명할 때뿐만 아니라, 핑계를 댈 때도 유용합니다. 또 why라는 질문에 답을 하려면 because를 붙여서 문장을 쓰면 됩니다.

- 그 둘은 남매라서 닮았다.

  They both look alike **because** they are brother and sister.

- 나는 그 소식을 믿을 수가 없어서 울었다.

  I cried at the news **because** I could not believe it.

- 어젯밤에 너무 더워서 잠을 잘 잘 수가 없었다.

  I could not sleep well last night **because** it was too hot.

> ✏️한 걸음 더! 글을 쓸 때는 because 대신 since도 많이 씁니다.

- 연휴기간이어서 공원이 많은 사람들로 붐볐다.

  The park was crowded with many people **since** it was a holiday season.

Pattern

29 so+형용사+that ...

너무 ~해서 …하다

★ 원인과 결과를 말할 때

원인과 결과를 함께 말할 때 사용하는 패턴이에요. 그런 표현을 쓸 일이 많으므로 이 패턴에 맞춰 연습해 두세요. 잘못된 일의 핑계를 댈 때도 쓸 수 있습니다.

- 새 신발이 너무 뻑뻑해서 발이 아프다.

  My new shoes are **so** stiff **that** my feet hurt.

- 내 앞사람이 너무 커서 무대를 볼 수가 없었다.

  The person in front of me was **so** tall **that** I could not see the stage.

- 문제가 너무 어려워서 30분 만에 푸는 게 힘들었다.

  The problems were **so** difficult **that** I had trouble solving them in 30 minutes.

> ✏️ **한 걸음 더!** 어떤 원인으로 뭔가를 할 수 없을 때 'too+형용사+to부정사'(너무 ~해서 … 못하다)도 좋습니다.

- 새 신발이 너무 **뻑뻑해서** 오래 걸을 수가 없다.

  My new shoes are **too** stiff **to** walk for a long time.

Pattern 30

~하고 싶다
would like to ~/want to ~

★ 하고 싶은 것을 말할 때

would like to ~/want to ~ 구문은 바라는 바를 나타내는 대표적인 표현이라서 글을 쓸 때나 말을 할 때 모두 많이 사용합니다. not을 넣어 '~하고 싶지 않다'는 표현도 쓸 일이 아주 많습니다.

- 게임에서 적을 이기기 위해 이게 어떻게 작동되는지 알고 싶다.

  I **would like to** know how this thing works to beat the enemy in the game.

- 질문을 받았을 때 말하고 싶었지만 나는 너무 수줍었다.

  I **wanted to** speak when I was asked to answer the question, but I was too shy.

- 나는 어린 사촌이랑 놀이터에 가고 싶지 않다.

  I **don't want to** go to the playground with my little cousin.

31 look forward to -ing

~하기를 무척 고대하다   ★ 기대에 차 있을 때

몹시 기대하는 심정을 말할 때 유용합니다. 다소 복잡해 보이지만 일상생활에서 많이 쓰이므로 충분히 연습하세요. -ing는 문법 용어로 '동명사'를 말합니다.

- 학기가 시작되면 새로운 반 친구들을 무척 만나고 싶다.

  I **look forward to** meet**ing** my new classmates when school begins.

- 네가 무척 보고 싶단다, 내 친구야!

  I am **looking forward to** see**ing** you, my friend!

- 대전으로 이사 간 친구 소식을 무척 고대하고 있었다.

  I was **looking forward to** hear**ing** from my friend who moved to Daejeon.

> **한 걸음 더!** 너무나 고대해서 조바심이 날 때는 'cannot wait for＋목적어＋to부정사'(어서 ~가 …했으면 좋겠다)를 사용하세요.

- 아, 어서 여름 방학이 왔으면!

  Oh, I **can't wait for** summer vacation **to** come!

32 I am going to ~

나는 ~할 예정이다   ★ 계획을 말할 때

I am going to ~는 '계획·예정된 것'을 표현하는 패턴으로, 일기에 자주 사용됩니다. 같은 상황에서 I will을 써도 되는데, 그럴 경우 말하는 사람의 의지가 더 확고하게 들립니다.

- 이번 토요일에 축구를 할 거다.

  I am going to play soccer this Saturday.

- 내년에는 센터 포워드로 뛸 것이다.

  I am going to play center forward next year.

- 나는 일주일에 세 번 영어책을 큰 소리로 읽을 것이다.

  I will read aloud English books three times a week.

한 걸음 더! be동사 과거형을 써서 I was going to ~라고 하면 '막 ~하려던 참이었다'라는 뜻이 됩니다.

- TV를 막 끄려던 참이었다.

  I was going to turn off the TV.

Pattern
33

~하기로 되어 있다
be supposed to ~

★ 예정된 일을 말할 때

be supposed to ~는 누가 시켜서 해야 하거나, 하기로 약속된 일이 있음을 표현합니다. 다소 복잡해 보이지만 일상생활에서 많이 쓰이므로 충분히 연습하세요.

- 나는 내일 7시 정각에 정현이를 만나기로 돼 있다.

  I am supposed to meet Jeonghyeon at 7 o'clock sharp tomorrow.

- 나는 그 책을 다 읽기로 했는데 아직 못했다.

  I was supposed to finish reading the book, but I haven't done that yet.

- 아빠가 방과 후에 나를 데리러 오기로 되어 있어서 전화를 하셨다.

  My dad called me because he **was supposed to** pick me up after school.

거의 ~할 뻔했다

almost + 과거동사

★ 일어날 뻔한 일을 말할 때

뭔가를 하려고 하다가 그만둔 경우, 또 준비를 했는데 깜빡 잊고 하지 않은 경우를 잘 표현해 주는 문형입니다. 지난 일을 말하는 것이므로 기준 시점보다 앞선 시제가 적절합니다.

• 내 짝꿍이랑 똑같은 재킷을 입고 올 뻔했다.

I **almost wore** the same jacket as my seatmate's.

• 엄마가 차를 주차하다 벽에 부딪칠 뻔했다.

My mom **almost bumped** into the wall when parking her car.

• 수경이는 숙제 가져오는 걸 깜빡 잊을 뻔했다고 말했다.

Sukyeong said that she **had almost forgotten** to bring her homework.

한 걸음 더! 계획했거나 의도했지만 하지 못했을 때는 planned to ~나 intended to ~를 사용합니다.

• 우리는 작년에 유럽에 가려고 했었다.

We **planned to** go to Europe last year.

~했어야 했는데, ~했더라면 좋았을 텐데

I should have + 과거분사

★ 지난 일이 안타까울 때

지난 일이 후회스럽거나 속상할 때 쓰는 표현입니다. 지나고 보면 했어야 했거나, 하지 말았어야 했던 일이 많기 때문에 일기에서 자주 사용하게 됩니다.

• 지시 사항을 좀 더 상세하게 읽었어야 했다.

I **should have read** the directions more carefully.

- 이것이 결국 내게 어떤 도움이 될지 생각해 봤어야 했다.

  I should have thought about how this would help me in the long run.

- 동생한테 그런 욕을 하는 게 아니었는데.

  I should not have used those bad words to my sister.

Pattern
36

만약 ~라면
If + 주어 + 현재동사, ~

★ 어떤 조건이나 전제를 말할 때

어떤 조건을 내세워 '그게 이행되면 앞으로 무엇을 하겠다'는 약속 또는 맹세를 많이 합니다. 무턱대고 한다는 것이 아니니 좋은 거래가 될 수도 있지요. 일상생활에서 쓸 일이 많습니다.

- 5만 원까지 모으면 나는 새 스케이트보드를 살 것이다.

  If I **save** up to 50,000 won, I will buy a new skateboard.

- 엄마가 발레 수업을 듣게 허락해 주시면 최선을 다하겠다.

  If my mom **allows** me to take ballet lessons, I will do my best.

- 동생이 자기 장난감을 나와 같이 쓰면, 나도 내 것을 갖고 놀게 할 것이다.

  If my brother **shares** his toys with me, I will also let him use mine.

> ✏️ **한 걸음 더!** if가 들어 있는 문장이 뒤에 나올 때는 중간에 쉼표를 넣지 않아도 됩니다.

- 시험을 잘 보면 아빠한테 상을 달라고 할 것이다.

  I will ask my dad for a reward **if** I **do** a good job on my exams.

37 If + 주어 + 과거동사/과거완료

만일 ~라면/이었다면   ★ 사실이 아닌 것을 가정할 때

현실과 다른 것에 대해 상상하거나 가정할 때 '가정법'이라는 형식을 씁니다. 이때 현재에 대한 가정에는 과거동사를, 과거에 대한 가정에는 과거완료를 사용합니다. 앞서 설명했듯이, 가정법에서 be동사를 쓸 때 was는 무조건 were여야 하므로 유의하세요.

• 나리가 남자라면 대단한 축구 선수가 될 수 있을 텐데.

  If Nari **were** a boy, she could be a great soccer player.

• 내가 영어를 잘하면 워렌 선생님을 더 잘 이해할 텐데.

  If I **spoke** English well, I could understand Mr. Warren better.

• 내가 얼룩을 알아챘더라면 그 재킷을 사지 않았을 텐데.

  If I **had noticed** the stain, I would not have bought the jacket.

38 tend to ~

~하는 편이다   ★ 어떤 경향이 있을 때

자주 하는 것, 확률이 높은 일을 말할 때 사용하기 좋습니다. 사회 현상 등을 말할 때는 '~하는 경향이 있다'라고 해석합니다.

• 나는 대부분의 시간을 학원 숙제 하느라 보내는 편이다.

  I **tend to** spend most of my time doing my homework for hagwon.

• 우리 가족은 모두 다 집에 있을 때 외식을 하는 편이다.

  My family **tends to** eat out when everyone is at home.

- 어린이들은 방학 동안에 살이 찌는 경향이 있다고 한다.

It is said that children tend to gain weight during vacations.

Pattern 39 — ~을 고려하면, ~을 생각하면
Considering (that) ~

★ 어떤 점을 고려할 때

어떤 주장을 쓸 때는 여러 가지 관련 사항을 고려해야 합니다. 문장 앞에 Considering을 써서 고려하는 바를 표현할 수 있습니다.

- 날씨가 따뜻한 걸 고려하면, 음식은 냉장고에 넣는 게 좋겠다.

Considering that it is warm, we had better put the food in the refrigerator.

- 미현이는 항상 착하다는 걸 생각하면, 그 애가 그렇게 행동했을 것 같지는 않다.

Considering Mihyeon is always nice, I don't think she acted like that.

- 우리 선생님께서 엄하신 걸 생각해서, 우리는 교실에 남아 있기로 했다.

Considering our teacher was strict, we decided to stay in the classroom.

🖊 한 걸음 더! 뭔가에 근거해서 말할 때는 Based on ~(~을 토대로, ~에 근거하여)을 사용하면 좋습니다.

- 내가 읽은 책에 의하면 우주에는 1억 개가 넘는 은하계가 있다.

Based on the book I read, there are more than 100 million galaxies in the universe.

~를 …하게 하다

let/have + 목적어 + 동사원형

★ 누군가에게 뭔가 하게 시킬 때

let, have는 '~하게 하다, 시키다'라는 뜻으로도 쓰이는데 이를 '사역동사'라고 합니다. 'let/have+목적어+동사원형' 형태로 어떤 일을 누가 시켜서, 즉 자의보다는 타의로 할 때 씁니다. 의외로 일상생활에서 많이 쓰니 연습해 두세요. 반대로 'don't let/have+목적어+동사원형'은 '~를 … 못하게 하다'는 뜻이에요.

- 아빠는 나와 동생에게 운동 삼아 계단을 걷게 하신다.

  My dad **lets** my sister and me **take** the stairs for exercise.

- 교장 선생님께서는 우리가 복도에서 큰 소리로 말하지 못하게 하신다.

  My principal would not **let** us **talk** aloud in the hall.

- 걱정 마. 내가 강아지를 제자리에서 오줌 싸게 하겠어.

  Don't worry. I will **have** my dog **pee** in the right place.

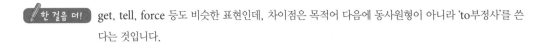 get, tell, force 등도 비슷한 표현인데, 차이점은 목적어 다음에 동사원형이 아니라 'to부정사'를 쓴다는 것입니다.

- 형은 나한테 자기 방에서 나가라고 말했다.

  My brother **told** me **to get** out of his room.

- 아빠는 나를 매일 30분씩 걷도록 강요하신다.

  My dad **forces** me **to walk** for 30 minutes every day.

비록 ~일지라도, ~임에도 불구하고 ★ 문제나 어려움을 극복할 때

Though/Although ~,

어떤 일을 하는 과정에서 문제나 어려움이 있으나 '그럼에도 불구하고 ~한다'를 표현할 때 위의 접속사를 써서 문장을 만드세요.

- 비록 꼴찌로 들어왔지만 나는 결승선까지 열심히 달렸다.

  Though I came in last, I ran hard to the finish line.

- 하영이는 아파 보였는데도 발표에 적극적으로 참여했다.

  Though Hayeong looked sick, she actively participated in the presentation.

- 내 동생은 읽을 줄 모르는데도 불구하고 책을 좋아한다.

  Although my little sister does not know how to read, she likes books.

> **한 걸음 더!** despite도 '~에도 불구하고'라는 뜻이지만, 뒤에 문장이 아니라 명사가 옵니다. 문장과 결합하는 though와는 형식이 다릅니다.

- 나쁜 날씨에도 불구하고 우리는 예정대로 현장 학습을 갔다.

  Despite the bad weather, we went on the field trip as it was scheduled.

~한 적이 있다   ★ 경험을 말할 때

주어+have+과거분사

영어에서는 과거의 경험을 말할 때 '현재완료(have+과거분사)'라는 독특한 형태를 씁니다. have seen (본 적이 있다), have heard(들은 적이 있다)처럼 have 뒤에 과거분사를 붙여서 경험을 표현해 보세요.

• 나는 전에 개미핥기를 본 적이 있는데 어제 또 봤다.

I **have seen** an anteater before, and I saw one again yesterday.

• 서태지가 한국에서 전설적인 가수라는 말을 들은 적이 있다.

I **have heard** Taeji Seo is a legendary singer in Korea.

• 혜리는 조부모님을 뵈러 런던에 두 번 가 봤다.

Hyeri **has been** to London twice to visit her grandparents.

✎ 한 걸음 더!   어떤 과정을 거쳐 방금 마친 일을 말할 때도 현재완료를 씁니다.

• 〈해리 포터〉 시리즈 전권을 (막) 다 읽어서 기쁘다.

I am glad I **have finished** reading the entire *Harry Potter* series.

우연히 ~했다   ★ 우연히 일어난 일을 말할 때

happened to 동사

우연히 경험한 일을 말할 때 사용해요. 상황에 맞는 동사를 떠올리고 그 동사 앞에 happened to 만 넣으면 됩니다.

• 지난 일요일 백화점에서 가희를 우연히 만났다.

I **happened to** meet Gahee at the department store last Sunday.

- 필립이 어떻게 나쁜 애가 됐는지 어쩌다가 엄마한테 말하게 됐다.

  I **happened to** tell my mom about how Phillip had been a bully.

- 그 사람들은 시장 근처에서 우연히 잃어버린 강아지를 찾았다.

  They **happened to** find the missing dog near the market.

Pattern
44
가장 ~한 사물/사람
the most ~/-est + 명사
★ 최고라고 말할 때

가장 좋은 것이나 싫은 것에 관해 자주 얘기하지요? 그때 형용사의 최상급이라는 형태를 사용합니다. 특정 명사와 짝이 될 때는 the를 반드시 써야 합니다. '최악'은 the worst를 사용해요.

- 아빠는 내가 세상에서 제일 예쁜 여자아이라고 하셨다.

  My dad said I am **the prettiest girl** in the world.

- 가장 흥미로운 점은 그 둘이 더 이상 싸우지 않는다는 것이었다.

  The most interesting fact was that the two did not fight anymore.

- 8월 초에 바닷가에 가는 건 최악의 휴가 계획이었다.

  Going to the beach in early August was **the worst vacation plan**.

  ✏️ 한 걸음 더! 최상급 부사로도 같은 상황을 나타냅니다.

- 나는 운동 중에서 축구를 가장 좋아한다.

  Of all sports, I love soccer **the most / the best**.

···보다 더 ～한   ★ 비교할 때

more ~/-er than ...

사람이나 사물의 모양새, 성질, 특징을 비교해서 설명할 때 이 패턴을 사용해요. 이때 적절한 형용사를 많이 알고 있어야 더 좋은 글을 쓸 수 있습니다.

• 과학 실험 수업에서 진수는 나보다 더 흥분했다.

  Jinsu was **more excited than** I in the science lab class.

• 소파가 의자보다 더 편안해서 나는 소파가 정말 좋다.

  I love the sofa because it is **more comfortable than** the chair.

• 줄 서서 기다릴 때 여자애들이 남자애들보다 더 참을성 있었다.

  The girls were **more patient than** the boys when they waited in line.

✏️한 걸음 더! 부사를 써서 비교 표현을 하기도 합니다.

• 나는 실내에 있는 것보다 밖에서 노는 걸 더 좋아한다.

  I like playing outside **better than** staying indoors.

～할 사람/사물   ★ 명사를 간단하게 수식할 때

명사+to부정사

사람이나 사물은 보통 형용사를 써서 수식하는데 to부정사(to＋동사원형)를 명사 뒤에 붙여도 같은 기능을 합니다. '수식'이란 그 명사의 상태, 모양, 역할 등을 묘사하는 것입니다.

• 5층까지 쭉 걸어 올라왔더니 마실 것이 필요했다.

  I needed **something to drink** after walking all the way up to the 5th floor.

- 우리가 할 숙제가 많은데도 불구하고 재민이는 더 놀자고 했다.

  Jaemin asked to play more even though we had a lot of **homework to do.**

- 책을 잘 찾도록 나를 도와주실 사서 선생님이 아무도 안 계셨다.

  There were no **librarians to help** me find the right book.

앞서 명사를 'to부정사'로 수식하는 방법을 배웠는데, 그보다 더 많은 정보를 줄 수 있는 방법도 있습니다. 바로 명사를 that, who 등의 관계대명사절로 수식하는 것입니다.

- 그것은 내가 읽은 책 중 가장 재미있는 책이다.

  It is the most interesting **book that** I have ever read.

- 사실 내가 엄마에게 말하지 않은 것이 있다.

  Actually, there is **something that** I did not tell to my mother.

- 우리는 공항으로 우리를 데려다 주기로 한 남자를 만났다.

  We met **the man who** was supposed to take us to the airport.

~하는 시간/장소

★ 시간·장소에 관해 추가 정보를 줄 때

시간 명사+when ~ / 장소 명사+where ~

명사가 시간이나 장소를 나타내는 경우 'when/where+문장'을 써서 상세한 정보를 덧붙이세요. 이럴 때는 수식한다고 하지 않고 그냥 정보를 준다고 생각하세요.

- 나는 긴 방학이 있는 여름을 고대하고 있다.

  I look forward to **summer when** I can have a long vacation.

- 할아버지께서 우리가 함께 행복했던 순간을 기억하시기를 바란다.

  I hope my grandpa remembers **the moment when** we were happy together.

- 우리는 텐트 칠 수 있는 장소를 찾아야 했다.

  We had to find **a place where** we could set up our tent.

  한 걸음 더! 'when+문장'은 '~할 때'의 뜻으로도 쓰여요. 이때는 문장 앞에 놓을 수도 있답니다.

- 우리는 캠핑 갔을 때 텐트 칠 자리를 찾아야 했다.

  We had to find a place for our tent **when** we went camping.

  When we went camping, we had to find a place for our tent.

…는 ~이다

★ 특정 부분을 강조할 때

It is ~ that …

평서문의 한 부분을 It is와 that 사이에 넣으면 그 부분이 강조됩니다. It is와 that 사이에 강조하고자 하는 내용을 넣으면 됩니다. 따라서 그걸 치우면 자연스러운 평서문이 됩니다.

- 엄마는 방과 후에 내가 어디 있는지 늘 확인하신다.

  My mom always checks where I am after school.　　　　[평서문]

- 방과 후에 내가 어디 있는지 늘 확인하는 사람은 엄마다.

  It is my mom **that** always checks where I am after school.　[주어를 강조]

- 엄마가 내가 어디 있는지 늘 확인하는 때는 방과 후다.

  It is after school **that** my mom always checks where I am.　[시간을 강조]

Pattern
50　재미있는 맺음말
의문문/감탄문/청유형/동사 강조문　　　★ 재미있게 맺음말을 쓸 때

여러 가지 일(events)만 계속 나열하면 글이 지루합니다. 좋은 일기는 재미있는 문장으로 시작하는 것도 중요하고, 호소력 있게 맺음말을 쓰는 것도 필요합니다. 다음과 같이 시도해 보세요.

[의문문으로]

- 줄리는 자기가 전에 말한 대로 아직도 내 가장 친한 친구일까?

  Is Julie still my best friend as she said before?

[감탄문으로]

- 나에게 이렇게 대단한 음식을 해 주시니 우리 엄마는 정말 굉장해!

  How wonderful my mom is to cook this great food for me!

[청유형으로]

- 다 잊어버리고 다시 출발하자!

  Let's just forget about it and start all over again!

[동사를 강조하며]

- 나는 진짜 아무것도 안 하며 빈둥거리고 싶다고!

  I do want to enjoy lying around and doing nothing!

하루 일과

Daily Routines

하루의 느낌

 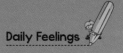
It Is Not Fair!

Wednesday, September 18, Sunny

I was depressed all day because I got scolded by my mother. My younger brother and I had fought, but she got angry only at me. Actually, it was he that hit me first. Should I be patient all the time just because I am a big brother? It is not fair! I guess my mom favors my brother over me.

불공평해!　9월 18일 수요일, 맑음

엄마한테 혼나서 하루 종일 기분이 우울했다. 동생이랑 싸웠는데 엄마가 나한테만 화를 내셨다. 사실 먼저 때린 건 동생이었는데 말이다. 내가 형이라고 해서 항상 참아야 하나? 그건 불공평하다! 엄마는 나보다 동생이 더 좋은가 보다.

· depressed (기분이) 우울한 get scolded 혼나다 patient 참을성 있는 favor 편애하다

신나는 하루 ★ An Exciting Day

- 오늘은 정말 신나는 하루였다.

Today was a very exciting day.

- 친구들이랑 하루 종일 놀았다.

I played with my friends for the entire day. /
I played with my friends all day long.

→ entire 온, 전체의   all day long 하루 종일

- 오늘은 놀이공원에서 신나게 놀았다.

Today, I had an exciting time at the
amusement park.

→ amusement park 놀이공원

- 너무 신이 나서 시간 가는 줄도 몰랐다.

I had so much fun that I didn't even know
how fast time flew by.

→ fly by (시간이) 아주 빨리 가다

- 시험에서 100점을 받아서 너무 기쁘다.

I am so happy that I received a 100 on my
exam.

→ receive 받다

- 엄마가 레고를 사 주셔서 기분이 무척 좋았다.

My mom bought me some Lego, so I felt
great.

- 매일매일이 오늘 같았으면 좋겠다.

I wish every day were like today.

- 할머니, 할아버지가 오셔서 너무 좋았다.

It was so good that my grandparents came
by.

→ come by (잠깐) 들르다, 오다

- 아빠의 칭찬을 받으니 뿌듯했다.

Dad praised me a lot, so I felt very good. /
I felt so great to have received praise from
my father.

→ praise 칭찬; 칭찬하다

- 도서관에서 내가 좋아하는 책을 실컷
  봐서 정말 행복했다.

I was so happy to have read a lot of my
favorite books at the library.

- 맛있는 음식을 실컷 먹었다.

I enjoyed a lot of good food.

- 나는 먹을 때 세상에서 가장 행복하다.

When I eat, I feel like the happiest person in the world.

→ feel like ～처럼 느끼다

우울한 하루 ★ A Depressing Day

- 친구랑 싸워서 하루 종일 우울했다.

I was depressed all day long because I had fought with my friend.

→ depressed 우울한, 침울한

- 동생이 잘못했는데 엄마가 나한테 화를 내서 너무 속상했다.

My brother was to blame, but my mom got angry at me. I felt very upset.

→ be to blame 탓이다, 책임이다

- 형이 자꾸 나를 때려서 무척 짜증난다.

I feel so irritated because my brother keeps on hitting me.

→ irritated 짜증난   keep on -ing 계속 ～하다

- 내 짝이 떠들었는데 선생님은 나를 혼내셨다.

My seatmate was making noise, but I got in trouble with the teacher.

→ '짝'이라는 표현은 영어로 딱 맞는 것이 없습니다. 어떤 활동을 같이 하는 상대는 partner, 옆 자리에 앉은 짝은 seatmate라고 하면 됩니다.

- 나는 하나도 안 떠들었는데 정말 억울하다.

It is so unfair because I didn't talk at all.

→ unfair 불공평한   not ～ at all 전혀 ～ 아닌

- 나의 가장 친한 친구 미진이가 이사를 가서 너무나 슬프다.

I feel so sad because my best friend Mijin is moving.

→ best friend 가장 친한 친구

- 핸드폰을 갖고 싶은데 아빠가 안 된다고 하셔서 속상하다.

I want to get a cellular phone, but my dad doesn't let me, so I feel upset.

→ cellular phone 휴대전화, 휴대폰 (= cell phone, mobile phone)

• 수학 시험을 못 봐서 우울했다.

I did poorly on my math exam, so I felt down.

→ poorly 저조하게, 형편없이   feel down 우울하다

• 나도 학교 시험을 더 잘 보면 좋겠다.

I wish I could get better grades at school.

→ grade 점수

• 친한 친구가 하나도 없어서 사는 게 재미가 없다.

Life is so boring because I don't have any close friends.

→ boring 지루한, 따분한   close 친한

평범한 하루 ★ A Usual Day

• 오늘은 평범한 하루였다.

Today was just like every other day.

• 하루 종일 뒹굴뒹굴했더니 일기에 쓸 내용이 없다.

I just loafed around the entire day, so I have nothing to write in my diary.

→ loaf around 빈둥거리다, 뒹굴거리다

• 일요일인데 하루 종일 집에만 있었다. 정말 따분했다.

Even though it was Sunday, I just stayed home all day long. It was such a drag.

→ even though ~에도 불구하고   such a 굉장한 ~   drag 지겨운 것

• 집에서 하루 종일 빈둥거렸다.

I just goofed around the house all day long.

→ goof around 시간을 허비하다

• 너무 심심해서 책을 읽었다.

I read a book because I was so bored.

• 언니가 없어서 하루 종일 심심했다.

It was a boring day because my older sister wasn't around.

• 하루 종일 쉬어서 기분이 정말 좋았다.

It was such a great feeling to relax the entire day.

→ relax 편히 쉬다, 긴장을 풀다

- 나는 완전 한가한 목요일이 제일 좋다.

  I like Thursdays the best because I am totally free.

  → totally 완전히, 전적으로

- 주중에는 너무나 바쁜데 주말에는 쉴 수 있어서 기쁘다.

  I am glad I am able to rest on weekends because I am very busy during the week.

  → weekend 주말

- 정말로 평범한 하루가 우리에게 좋은 것일까? 나는 매일 특별한 일이 벌어지면 좋겠다.

  Is it really good for us to have an average day? I like it if something special happens every day.

  → average 보통의, 평균의

바쁜 하루 ★ A Busy Day

- 오늘은 바쁜 하루였다.

  I had a busy day today.

  → have a ~ day ~한 하루를 보내다

- 오늘은 정말 바빴다.

  I was so busy today.

- 잠시도 쉴 틈이 없었다.

  I didn't even have time to take a short break.

  → take a break 쉬다, 휴식을 취하다

- 하루 종일 돌아다녔더니 엄청 피곤했다.

  After spending the day moving around, I was extremely tired.

  → spend 시간 -ing ~하느라 시간을 보내다   extremely 극도로

- 운동회 연습을 했더니 피곤하다.

  After practicing for sports day, I am tired.

  → sports day 운동회

- 나는 수요일에 제일 바쁘다.

  I am busiest on Wednesdays.

- 심심한 것보다 바쁜 게 더 낫다.

  It is better to be busy than to be bored.

아침 일과

Late Again!

Tuesday, April 5, Cloudy

I overslept again! I skipped breakfast and ran to school. I got
scolded by my teacher for being late. It is hard for me to wake up
early in the morning. My parents tell me to go to bed at 10:00 p.m.,
but I usually fall asleep at 11:00 p.m. So things always get messy
in the morning. Starting tomorrow, I will go to sleep early and
wake up early.

또 지각!　4월 5일 화요일, 흐림

또 늦잠을 잤다! 아침도 못 먹고 학교에 달려갔다. 지각해서 선생님한테 혼이 났다. 나는 아침에 일찍 일어나는 게 힘들다. 부모님은 10시에 자라고 하시는데, 나는 보통 11시에 잠이 든다. 그래서 아침에는 항상 모든 게 엉망이 된다. 내일부터는 일찍 자고 일찍 일어나야겠다.

· **oversleep** 늦잠 자다 (oversleep-overslept-overslept)　**skip** 건너뛰다　**fall asleep** 잠이 들다　**messy** 엉망인, 지저분한

• 나는 보통 7시에 일어난다.

I usually wake up at 7 o'clock. /
I usually get up at 7.

• 오늘은 체험학습을 가는 날이어서 일찍
일어났다.

Today, I got up early to go on a field trip.
→ field trip 견학, 현장학습, 체험학습

• 나는 아침에 일찍 일어나는 편이다.

I tend to wake up early in the morning.
→ tend to ~하는 편이다

• 나는 아침에 일찍 일어나기가 힘들다.

It is hard for me to wake up early in the
morning.

• 나는 아침형 인간이 아니다.

I am not a morning person.
→ morning person 아침형 인간

• 오늘은 왠지 눈이 일찍 떠졌다.

For some reason, I woke up early today.
→ for some reason 무슨 이유로, 왠지

• 나는 주말에는 더 일찍 일어나는 편이다.

On weekends, I tend to wake up earlier.

• 엄마가 뽀뽀하면서 나를 깨워 주셨다.

My mother woke me up with a kiss.

• 밖이 아직 어두웠다.

It was still dark outside.

• 밖은 이미 날이 밝아 있었다.

It was already bright outside.

• 어젯밤에 숙제를 다 끝내지 못해서 일찍
일어났다.

I woke up early since I didn't finish up all of
my homework last night.
→ since ~하므로, ~ 때문에

• 가족들은 모두 잠을 자고 있었다.

My whole family was asleep.
→ asleep 잠이 든, 자고 있는

• 일찍 일어나는 새가 벌레를 잡는다.

The early bird gets the worm.
→ early bird 일찍 일어나는 사람

알람 / 늦잠 ★ Alarm / Oversleeping

- 오늘 아침에 늦잠을 잤다.

I overslept this morning.
→ oversleep 늦잠 자다

- 일어났다 다시 잠이 들었다.

I fell asleep again after waking up.
→ fall asleep 잠이 들다

- 어젯밤엔 이상하게도 잠이 잘 안 와서
늦게 잠들었다.

For some reason last night, I wasn't able to
sleep, so I fell asleep late.

- 아, 오늘도 또 늦잠을 자서 지각을 했다.

Oh, I overslept and was late for school
again today.

- 알람을 못 들었다.

I didn't hear my alarm clock.

- 알람이 안 울렸다.

My alarm didn't go off.
→ go off (알람 등이) 울리다

- 알람을 맞추는 걸 깜빡했다.

I forgot to set my alarm.

- 오늘 엄마가 나를 늦게 깨워 주셨다.

My mother woke me up late today.

- 어젯밤 늦게까지 숙제를 하느라 늦게 잤더니
오늘 아침에 늦잠을 잤다.

I was doing my homework late last night.
So I went to bed late and overslept this
morning.

- 동생은 항상 늦잠을 잔다.

My younger brother always oversleeps.

- 늦잠을 자도 되는 동생이 부럽다.

I envy my younger brother, who can
oversleep.
→ envy 부러워하다

- 일요일은 늦잠을 자도 돼서 좋다.

It feels good to be able to wake up late on
Sundays.

- 어서 주말이 왔으면 좋겠다.

I wish the weekend would come sooner.

- 오늘부터 일찍 자야겠다.

I should go to sleep early starting from today.

아침 식사 ★ Breakfast Time

- 나는 늘 아침을 먹는다.

I always eat/have breakfast in the morning.

- 아침을 안 먹으면 힘이 없다.

If I don't eat in the morning, I have no energy.

- 나는 아침에는 먹기가 싫다.

I don't feel like eating in the morning.

→ feel like -ing ~하고 싶다

- 나는 아침에는 입맛이 없다.

I have no appetite in the morning.

→ appetite 식욕, 입맛

- 나는 보통 아침을 간단하게 먹는다.

I usually have a simple breakfast.

- 엄마는 나에게 아침을 꼭 먹어야 한다고 하신다.

My mother tells me I must eat breakfast in the morning.

- 엄마는 늘 정성스럽게 아침밥을 차려 주신다.

My mother always serves a nicely prepared breakfast.

→ serve (음식을) 차려 주다, 제공하다   nicely prepared 잘 준비된

- 아침으로 시리얼을 먹었다.

I had cereal for breakfast.

- 엄마가 늦게 일어나셔서 아침에 밥 대신 빵을 먹어야 했다.

My mother got up late, so I had to eat bread instead of rice.

→ instead of ~ 대신에

- 반찬이 고작 김치와 계란프라이밖에 없었다.

The only dishes were kimchi and fried eggs.

→ dish 요리, 접시

- 아, 아침밥 먹기는 너무 힘들다.

Oh, it is so hard to have breakfast.

• 너무 늦게 일어나서 아침을 못 먹었다.

I woke up so late that I couldn't have breakfast.
→ so 형용사 that 주어 + 동사 매우 ~해서 …하다

• 다음에는 일찍 일어나 아침밥을 챙겨 먹어야겠다.

I should wake up early and eat breakfast next time.

• 아침을 안 먹으면 학교에서 금방 지친다.

If I don't have breakfast, then I get worn out easily at school.
→ worn out 매우 지친

세수 / 양치 ★ Washing My Face / Brushing My Teeth

• 잠에서 깨려고 세수를 했다.

I tried to wake myself up by washing my face.
→ by -ing ~함으로써, ~해서

• 세수를 했는데도 잠이 안 깼다.

Even though I washed my face, I couldn't wake myself up.

• 세수를 했는데도 눈에 아직 눈곱이 있었다.

I washed my face, but there was still sleep in my eyes.
→ sleep 눈곱

• 세수를 한 다음 얼굴에 로션을 발랐다.

I washed my face and then put on some lotion on it.
→ put on 바르다, 착용하다

• 로션 향이 너무 좋았다.

The fragrance of the lotion was really good.
→ fragrance 향기

• 동생이 고양이 세수를 하는 모습이 우습다.

It is funny how my younger sister roughly washes her face.
→ roughly 대강, 거칠게

- 나는 매일 샤워를 한다.

I take a shower every day.

- 나는 이틀에 한 번 샤워를 한다.

I take a shower once every two days.

→ once every two/other~ 두 ~에 한 번

- 나는 매일 머리를 감는다.

I wash my hair every day.

- 머리 감고 말리느라 일찍 일어나야 한다.

I have to wake up early to wash and dry my hair.

- 나는 저녁에 머리를 감는다.

I wash my hair in the evening.

- 드라이기로 머리를 말렸다.

I dried my hair with a hair dryer.

→ hair dryer 드라이기

- 우리 집은 화장실이 하나뿐이다.

My house has only one bathroom.

- 누나는 욕실에 한번 들어가면 안 나온다.

If my older sister goes in the bathroom, then she never comes out.

- 형은 샤워를 너무 오래 해서 학교에 지각할 뻔했다.

Since my older brother took a shower for such a long time, he was nearly late for school.

→ nearly 거의

- 나는 하루에 세 번 이를 닦는다.

I brush my teeth three times a day.

- 나는 양치질이 너무 귀찮다.

It is such a hassle to brush my teeth.

→ hassle 귀찮은 상황/일

- 양치를 하고 나니 기분이 무척 상쾌했다.

After brushing my teeth, I felt so refreshed.

→ refreshed 상쾌한

- 칫솔이 닳았다. 새 것으로 바꿔야겠다.

The toothbrush is worn out. I should get a new one.

→ worn out 닳아서 못 쓰게 된

- 치약이 다 떨어졌다.

I ran out of toothpaste.

→ run out of ~이 떨어지다

- 전동칫솔을 사용하니 너무 편하고 좋았다.

Using the electric toothbrush felt so comfortable and good.

→ electric 전기의   comfortable 편한, 편안한

- 양치질을 하다가 잇몸에서 피가 났다.

While brushing my teeth, I found my gums bleeding.

→ gum 잇몸   bleed 피가 나다

- 세수를 하는데 갑자기 코피가 났다.

All of a sudden, I got a bloody nose while washing my face.

→ all of a sudden 갑자기   bloody 피가 나는

- 혓바늘이 돋아서 양치질하기가 너무 힘들었다.

It was really hard to brush my teeth because of the sore on my tongue.

→ sore 상처, 종기   tongue 혀

- 양치질을 안 했더니 입에서 냄새가 났다.

My breath smelled bad because I did not brush my teeth. /
I had bad breath because I forgot to brush.

→ breath 입김, 숨   bad breath 입 냄새, 구취

옷 입기 ★ Putting on My Clothes

- 학교에 가기 위해 옷을 갈아입었다.

I changed my clothes for school.

→ change (옷을) 갈아입다

- 잠옷을 벗고 원피스로 갈아입었다.

I took off my pajamas and changed into my dress.

→ take off (옷을) 벗다   pajamas 잠옷

- 잠옷을 방바닥에 두었다가 엄마한테 혼났다.

I got in trouble with my mom because I left my pajamas on the floor.

→ get in trouble 혼나다, 곤란에 처하다

- 엄마는 바지랑 티셔츠가 서로 안 어울린다고 하셨다.

My mother said that the pants did not match the T-shirt.

→ match (색깔 · 무늬 · 스타일이 서로) 어울리다

- 엄마는 그 바지와 티셔츠가 내게 안 어울린다고 하셨다.

My mother said that the pants and the T-shirt did not suit me.

→ suit (~에게) 어울리다

- 엄마가 내 옷을 골라 주셨다.

My mother picked out my clothes.

→ pick out 고르다

- 나는 바지를 입고 싶은데 엄마는 자꾸 나에게 치마를 입으라고 하신다.

I want to wear pants, but my mother keeps telling me to wear a skirt.

→ keep -ing 계속 ~하다

- 예쁜 옷을 입으면 학교 갈 때 기분이 좋다.

I feel good on my way to school when I wear pretty clothes.

→ on one's way to ~로 가는 길에

- 누가 예쁜 옷을 입었나 자꾸 눈길이 간다.

I can't stop looking at others to see who is wearing pretty clothes.

- 내가 직접 옷을 고르고 싶다.

I want to pick out my clothes for myself.

→ pick out 고르다　for oneself 직접, 스스로

- 작년에 입었던 원피스가 작아졌다.

The dress I wore last year is too small for me. /
I found I had outgrown the dress I wore last year.

→ outgrow 몸이 커져 맞지 않다

- 새로 산 바지가 너무 불편하다.

The new pants feel too uncomfortable.

→ uncomfortable 불편한

- 줄무늬 원피스는 내가 제일 좋아하는 옷이다.

The striped dress is my favorite outfit.

→ striped 줄무늬가 있는　outfit 옷, 복장

- 내 옷들이 구겨져 있었다.

My clothes were wrinkled.

→ wrinkled 구겨진, 주름이 있는

• 엄마가 셔츠를 다려 주셨다.

My mom ironed my shirt. /
My mom had my shirt ironed.
→ iron 다림질하다; 다리미

• 날씨가 더워졌다. 이제 반팔을 입어야겠다.

The weather has gotten hotter. From now
on, I should wear short-sleeved shirts.
→ from now on 이제부터   short-sleeved 반소매의

• 날씨가 추워졌다. 이제 내복을 입어야겠다.

The weather has gotten colder. From now
on, I should wear long johns.
→ long johns 긴팔 내복

• 옷을 얇게 입어서 너무 추웠다.

Since I wore thin clothes, I was really cold.
→ thin 얇은

• 옷 안에 내복을 입으니 움직이기 불편했다.

Wearing long johns under my outfit made
it uncomfortable for me to move.

• 마땅히 입을 옷이 없어 속상하다.

I am so upset because I have nothing
appropriate to wear.
→ appropriate 적당한

• 엄마가 새 옷을 사 주셨으면 좋겠다.

I wish my mother would buy me some
new clothes.

• 체육복을 찾느라 지각을 하고 말았다.

I was late for class because I was looking
for my gym clothes.
→ gym clothes 체육복

• 오늘은 체육이 있어서 운동화를 신었다.

Today I had P.E., so I wore my sneakers.
→ P.E. 체육(= physical exercise)   sneakers 운동화

• 새 신발을 사고 싶다.

I want to buy a new pair of shoes.

• 소풍 갈 때 입을 옷을 벌써 골라 놓았다.

I already chose the clothes that I'm going
to wear at the picnic.

• 내가 입고 싶었던 옷을 엄마가 빨았다.

My mother washed the clothes that I
wanted to wear.

- 어제 엄마가 내 티셔츠를 빠셨는데 아직 덜 말랐다.

  Yesterday, my mother washed my T-shirt, but it hasn't dried all the way.

  → all the way 완전히, 내내

- 옷을 뒤집어 입었다.

  I wore my outfit inside out.

  → inside out (안팎을) 뒤집어

- 셔츠를 급하게 입느라 단추를 잘못 끼웠다.

  Putting on my shirt quickly, I put the button in the wrong hole.

  → hole 구멍

- 양말 한 짝에 구멍이 나 있었다.

  One of my socks had a hole in it.

- 나도 형처럼 교복을 입고 싶다.

  I want to wear a school uniform just like my older brother.

  → school uniform 교복

머리 빗기 ★ Combing My Hair

- 빗으로 머리를 빗었다.

  I combed my hair with a comb.

  → comb 빗다; 빗

- 머리가 엉켜서 잘 안 빗겨졌다.

  My hair got tangled up, so I couldn't comb it well.

  → tangled up 엉킨, 헝클어진

- 엄마가 머리를 예쁘게 묶어 주셨다.

  My mother tied my hair beautifully.

  → tie 묶다

- 우리 엄마는 머리를 너무 세게 묶는다.

  My mom tied my hair too tight.

- 머리를 하나로 묶었다.

  I tied my hair into one braid.

  → braid 묶은 머리, 땋은 머리

- 머리를 양갈래로 묶었다.

  I tied my hair in two braids.

• 머리를 옆으로 하나로 묶었다.	I tied my hair in one braid on the side.
• 일어나 보니 머리가 삐쳐 있었다.	My hair was sticking up after I woke up. → stick up 불쑥 튀어나오다
• 머리를 풀고 학교에 갔다.	I let my hair down when I went to school. → let A down A를 아래로 내리다
• 나는 머리를 푸는 게 좋다.	I like my hair hanging down. → hang down 늘어뜨리다
• 나는 머리띠 하는 것이 싫다.	I don't like putting on a headband. → headband 머리띠
• 머리띠를 하면 머리가 아프다.	If I put on a headband, my head hurts.
• 엄마가 예쁜 머리끈을 사 주셨다.	My mother bought me a pretty hair tie. → hair tie 머리끈
• 앞머리가 눈을 찌른다.	My bangs are getting in the way of my eyes. → bang 앞머리 get in the way of ~을 가리다, 방해하다
• 머리를 좀 잘라야겠다.	I should have my hair cut.
• 나는 머리가 짧아서 그냥 빗기만 하면 된다.	Since I have short hair, all I have to do is just comb it.

아침 공부 ★ Studying in the Morning

• 나는 매일 아침 6시 30분에 일어나서 공부를 한다.	Every day, I wake up at 6:30 a.m. and study.
• 나는 일어나서 제일 먼저 수학 문제집을 푼다.	The first thing I do when I wake up is solve the math problems in my workbook. → workbook 문제집

- 아침에 공부하면 문제가 잘 풀린다.

If I study in the morning, I can solve the problems pretty well.

- 아침에는 집중이 잘된다.

I can concentrate very well in the morning.

→ concentrate 집중하다

- 나는 매일 아침 영어 DVD를 본다.

Every morning, I watch a DVD in English.

- 나는 매일 아침 영어 동화책을 듣는다.

Every morning, I listen to English storybooks.

- 아침에 학교 가기 전에 수학 문제집 4페이지를 끝내야 한다.

Before I go to school in the morning, I have to complete 4 pages in my math workbook.

→ complete 끝마치다, 완성하다

- 어제 숙제를 안 해서 아침에 허겁지겁 했다.

I hurried through my homework in the morning because I did not do it yesterday.

→ hurry through 서둘러 마치다

- 아침 공부 때문에 일찍 일어나는 게 습관이 됐다.

Waking up early in the morning has become a habit because I study in the morning.

- 아침에 공부하는 것 때문에 너무 피곤하다.

I am very tired because I study in the morning. /
Studying in the morning has caused me to be very tired.

학교 가기 ★ Going to School

- 나는 아침 8시 20분쯤 학교에 간다.

I go to school at around 8:20 a.m.

- 집에서 학교까지 20분쯤 걸린다.

It takes me about 20 minutes to go from my house to school.

→ take 시간 to 부정사 ~하는 데 시간이 … 걸리다

• 나는 학교까지 걸어서 간다.	I go to school on foot. / I walk to school. → on foot 걸어서
• 집이랑 학교가 좀 더 가까웠으면 좋겠다.	I wish my house were closer to the school. → I wish ~하면 좋겠다
• 엘리베이터가 고장 나 1층까지 걸어서 내려갔다.	Since the elevator was broken, I walked down all the way to the first floor. → broken 고장난 drive A to A를 ~까지 태워다 주다
• 아침마다 엄마가 나를 학교까지 데려다 주신다.	Every morning, my mother takes me to school.
• 스쿨버스를 놓쳐서 엄마가 학교까지 태워다 주셨다.	Since I missed the school bus, my mother drove me to school. → miss 놓치다 drive A to A를 ~까지 태워다 주다
• 아빠가 출근하는 길에 차로 태워다 주셨다.	My dad gave me a ride on his way to work. → give A a ride A에게 차를 태워 주다 on one's way to ~로 가는 길에
• 전에는 엄마가 데려다 주면 좋았는데 요즘에는 친구들이랑 가는 게 좋다.	I liked my mother taking me before, but now I enjoy going with my friends.
• 학교 가는 길에 수지를 만났다.	On my way to school, I met Susie.
• 학교 가는 길에 문구점에 들러서 리코더를 샀다.	On my way to school, I stopped by the stationery store and bought a recorder. → stop by 잠시 들르다 stationery store 문구점
• 학교 가는 길에 신호등이 있는 길을 한 번 건너야 한다.	On my way to school, I have to cross one street at the stoplight. → stoplight 신호등, 정지 신호
• 실내화를 깜빡해서 다시 집에 가서 가져와야 했다.	I forgot my classroom shoes, so I had to go back home to get them.
• 오늘은 아침 운동을 해야 해서 8시까지 학교에 가야 했다.	I had to get to school by 8 o'clock today since I had to do some morning exercises.

- 학교에 늦을까 봐 최대한 빨리 뛰었다. 다행히 지각은 아니었다.

I ran to school as fast as I could not to be late. Fortunately, I was not tardy.

→ as fast as one can 최대한 빠르게   tardy 늦은

- 늦잠을 자서 학교에 지각을 하고 말았다.

I overslept and was late for school.

- 지각을 해서 선생님께 혼이 나고 벌을 받았다.

I was punished and scolded by my teacher since I was late/tardy.

→ be punished 벌 받다   be scolded 혼나다

- 오늘은 시험 보는 날이라 학교 가기가 싫었다.

Today, I didn't feel like going to school since I had an exam.

- 숙제를 집에 놓고 와서 엄마가 학교로 가져다 주셨다.

Since I left my homework at home, my mother brought it over to school.

- 우리 학교는 언덕에 있어서 걸어가기 너무 힘들다.

Since my school has a hill, it is very difficult to walk to.

- 지각을 해서 벌점을 받았다.

Since I was late/tardy, I got a demerit.

→ demerit 벌점

- 다음부터는 훨씬 더 서둘러서 학교 갈 준비를 해야겠다.

From now on, I should get ready for school a lot faster.

방과 후

 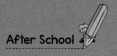

I Love Soccer!

Monday, October 13, Sunny

After school finished, my friends and I played soccer in the schoolyard. We had a match with some boys from other classes. We won by the score of 2 to 1. I scored one goal. Hooray! It was so fun that we didn't even know how fast time flew by. I wish I could play with my friends more often.

축구가 좋아!　10월 13일 월요일, 맑음

방과 후에 친구들과 학교 운동장에서 축구를 했다. 다른 반 애들이랑 경기를 했다. 우리가 2:1로 이겼다. 내가 한 골을 넣었다. 만세! 너무 재미있어서 우리는 시간이 가는 줄도 몰랐다. 친구들과 더 자주 놀 수 있으면 얼마나 좋을까!

• **schoolyard** 학교 운동장　**match** 경기, 시합　**score** 득점; 득점을 올리다　**fly by** (시간이) 아주 빨리 가다

- 오늘은 5교시 수업이었다.

Today, I had 5 classes.

- 학교 끝나고 2시쯤 집에 온다.

When school is finished, I arrive at home at around 2 o'clock.

- 청소가 늦게 끝나서 집에 늦게 왔다.

I came back home late because I finished cleaning up late.

- 나는 학교에서 돌아오면 손부터 씻는다.

The first thing I do is wash my hands when I come home from school.

- 손을 씻고 간식을 먹었다.

I ate/had a snack after I washed my hands.
→ snack 간식

- 선생님 심부름을 하느라 방과후 수업에 늦었다.

I was running an errand for my teacher, so I was late for my after-school class.
→ run an errand 심부름하다   after-school class 방과후 학습

- 방과후 수업으로 컴퓨터를 배우고 있다.

I am taking a computer course at an after-school class.

- 컴퓨터 수업은 화, 목에 있다.

I have computer class on Tuesdays and Thursdays.

- 친구 유리랑 같이 수업을 들어서 좋다.

I like it since I have class with my friend Yuri.

- 수업 끝나고 도서관에 가서 방과후 수업이 시작하기를 기다렸다.

After school ends, I go to the library and wait for my after-school class to begin.

- 집에 가는 길에 친구들과 분식점에서 떡볶이를 사 먹었다.

On my way home, my friends and I ate *topokki* at a snack house.

- 방과 후 친구들과 학교 앞 문구점에서 팽이를 샀다.

My friends and I bought a top at the stationery store in front of our school after school was over.
→ in front of ～앞에   over 끝난

친구들과 놀기 ★ Hanging out with My Friends

• 학교 끝나고 운동장에서 친구들과 놀았다.

After school finished, I played with my friends on the schoolyard/field.

→ schoolyard (학교) 운동장   field 경기장

• 축구를 했는데 정말 재미있었다.

I played soccer and had a very fun time.

• 놀이터에서 딱지치기를 했다.

I played a game of slap-match at the playground.

→ slap-match 딱지치기   playground 놀이터

• 운동장에서 술래잡기를 했다.

At the school field, I played a game of hide and seek.

→ school field 학교 운동장   hide and seek 술래잡기

• 학교 끝나고 주원이네 집에 놀러 갔다.

After school, I went to hang out at Joowon's house.

→ hang out 어울려서 시간을 보내다, 놀다

• 친구 집에 가서 같이 숙제를 했다.

I went to my friend's house, and we did our homework together.

• 숙제도 하고 게임도 했더니 시간이 금방 가 버렸다.

Time flew by while we were doing our homework and playing games.

• 주원이 어머니께서 맛있는 간식을 주셨다.

Joowon's mother gave us a delicious snack.

• 학교 끝나고 예준이랑 우리집에서 놀았다.

After school, I hung out with Yejoon at my house.

• 엄마가 친구들이랑 집에 와서 놀아도 된다고 하셨다.

My mother said that I could invite my friends over and play with them.

→ invite A over A를 자기 집으로 초대하다

• 주원이가 학교 끝나고 놀자고 했다.

Joowon asked me to hang out after school.

- 엄마에게 허락 받기 위해 수진이 핸드폰으로 전화를 걸었다.

I used Sujin's cell phone to call my mom and to ask for her permission.

→ permission 허락

- 엄마한테 물어보니 안 된다고 하셨다.

I asked my mother, and she said that I couldn't do it. /
I asked my mother but did not get her approval.

→ approval 인정, 찬성

- 나는 바로 학원에 가야 해서 놀 수가 없었다.

I had to go to my hagwon right away, so I couldn't hang out.

→ right away 즉시, 곧바로
→ 학원은 우리나라의 독특한 시스템이어서 정확한 영어 표현이 없습니다. 그냥 hagwon이라고 하거나 academy, private institute 또는 cram school로 쓸 수도 있습니다.

- 나만 학원에 가야 해서 놀지 못했기 때문에 속상했다.

I felt bad that I was the only one who could not play because I had to go to my hagwon.

- 친구랑 놀다가 학원 차를 놓치고 말았다.

While playing with my friend, I missed the hagwon bus.

- 친구랑 놀기 위해 학원을 빼먹어서 엄마께 꾸중을 들었다.

My mother scolded me because I skipped my hagwon to play with my friends.

→ scold 야단치다, 꾸짖다   skip 거르다, 건너뛰다

- 매일매일 이렇게 놀 수 있으면 참 좋겠다.

I wish I could play like this every day.

책 읽기 ★ Reading Books

- 나는 책 읽는 걸 좋아한다.

I like reading books.

- 난 책 읽는 걸 별로 좋아하지 않는다.

I don't like reading books that much.

• 나는 책을 읽으면 시간 가는 줄 모른다.

When I read books, I lose track of time.

→ lose track of time 시간 가는 줄 모르다

• 아무것도 하지 않고 책만 실컷 읽을 수
있으면 좋겠다.

I wish I could just read books and do
nothing else.

• 나는 판타지 소설을 좋아한다.

I like fantasy novels.

→ fantasy 공상, 상상   novel 소설

• 오늘은 서점에 가서 내가 사고 싶었던
책을 샀다.

Today, I went to the bookstore and bought
the book that I wanted.

• 학교 도서관에서 〈제로니모의 환상모험〉
책을 빌렸다.

I checked out the book *Geronimo Stilton*
from the school library.

→ check out (책 등을) 대출하다, 확인하다

• 연우가 재미있다며 그것을 내게 추천해
주었다.

Yeonu recommended it to me because he
thought it was interesting.

→ recommend 추천하다

• 오늘 빌려온 책들은 다 재미있었다.

The books I checked out today were all
great.

• 수학 동화를 빌렸는데 내용이 너무 어려웠다.

I checked out a math storybook, but the
content was too difficult.

→ content 내용

• 〈해리포터〉는 정말 재미있는 책이다.

Harry Potter is a very interesting book.

• 〈내 짝궁 최영대〉를 읽고 너무 슬퍼서
눈물이 났다.

After I read the book *My Classmate Yeong
Dae Choi*, I was so sad that I was in tears.

→ in tears 울며, 눈물을 흘리며

• 오늘은 엄마와 도서관에 갔다.

Today, I went to the library with my
mother.

• 도서관 카드 1장당 5권까지 빌릴 수 있다.

With one library card, I can check out up to
5 books.

→ up to ~까지

• 〈39 클루스〉를 반납하는 걸 깜빡했다.	I forgot to return the book *39 Clues*. → return 돌려주다, 반납하다
• 일주일이나 연체되었다.	It is one week overdue. → overdue 기한이 지난
• 한 권이 연체되어 책을 하나도 빌릴 수가 없었다.	I could not check out any books because I had an overdue book.
• 친구가 〈마법 천자문〉을 빌려주었다.	My friend lent me the book *Magical Thousand Letters*. → lent 빌려주다 (lend-lent-lent)
• 엄마는 만화책은 그만 보라고 하신다.	My mother tells me to stop reading comic books. → comic book 만화책
• 만화책도 내용이 유용한 책이 많은데.	There are many comic books that have useful knowledge. → knowledge 지식
• 엄마가 만화책을 사 주셨으면 좋겠다.	I wish my mother would buy me a comic book.
• 내일 독서퀴즈대회를 대비해서 이 책을 꼭 읽어야 한다.	I must read this book to prepare for the book quiz tomorrow.
• 책을 많이 읽어서 내가 상을 받았다.	Since I read a lot of books, I received a prize. → prize 상, 상품
• 엄마는 내게 영어책을 100권 읽으면 킥보드를 사준다고 약속하셨다.	Mom promised to buy me a kickboard if I read 100 English books.
• 책 읽는 건 좋은데 독서록 쓰는 건 너무 귀찮다.	I enjoy reading books, but writing book reports is a pain in the neck. → book report 독후감 pain in the neck 골칫거리, 귀찮은 것

• 오늘은 학교 숙제가 많았다.

Today, I had lots of school homework.

• 집에 와서 바로 숙제를 시작했다.

I began to do my homework as soon as I got back home.

→ as soon as ~하자마자

• 엄마는 내게 숙제부터 하고 놀라고 하신다.

My mother tells me to do my homework first and then play.

• 우리 선생님은 숙제를 많이 내주시는 걸로 유명하다.

My teacher is famous for giving out lots of homework.

• 우리 반은 숙제가 별로 없다.

My class doesn't have much homework.

• 오늘 숙제는 일기와 독후감 쓰기이다.

My homework for today is to write a diary entry and a book report.

→ diary entry 일기 (쓰기)

• 숙제를 다 하고 나니 밤이었다.

After I finished my homework, it was night.

• 연산은 정말 너무 싫다.

I really hate arithmetic.

→ arithmetic 산수, 연산

• 문제집이 많이 밀렸다.

I am really behind with my workbook.

→ be behind with ~이 뒤처지다, 밀려 있다

• 학교 공부를 다 하고 나면 과외 숙제를 해야 한다.

When I finish all of my schoolwork, then I have to do the homework for my private lesson.

→ schoolwork 학교 공부, 학업   private lesson 개인 강습, 과외

• 어른들은 숙제를 하나도 안 해도 돼서 참 좋겠다.

I envy adults, who don't have to do any homework.

• 숙제 없는 세상에서 살고 싶다.

I want to live in a world where we don't have any homework.

- 컴퓨터가 고장 나서 숙제를 못했다.

I couldn't do my homework because my computer was broken.

→ broken 고장난

- 숙제를 출력해야 하는데 프린터에 잉크가 없다.

I have to print my homework, but the printer has no ink.

- 학습지가 많이 밀려서 오늘은 TV를 전혀 보지 못했다.

I was so far behind with my homeschool materials that I couldn't watch any television today.

→ far behind 많이 뒤진/밀린 homeschool material 학습지

- 숙제를 깜빡 잊었다.

I forgot about my homework.

- 숙제를 하려고 할 때마다 너무 졸려서 더 하기가 싫다.

Every time I try to do my homework, I get so sleepy that I don't want to do it anymore.

- 내일 아침에 일찍 일어나서 숙제를 하기로 마음먹었다.

I decided to get up early tomorrow morning to do my homework.

- 나는 숙제부터 해 놓아야 마음이 편하다.

I must do my homework first to feel better. / I feel better when I do my homework first before anything else.

- 내일부터는 숙제부터 하고 놀아야겠다.

Starting tomorrow, I should do my homework first and then play.

- 숙제도 하고 책도 읽느라 너무 바쁘다.

I am totally busy doing my homework and reading books.

집안일 돕기 ★ Helping out with the Household Chores

- 오늘은 엄마를 도와 집안일을 했다.

Today, I helped out my mother with the household chores.

→ household chore 집안일

- 빨래 개는 걸 도와드렸다.

I helped out by folding the laundry.

→ fold 개다, 접다   laundry 빨래

- 엄마를 도와 청소를 했다.

I helped my mother clean up.

- 우리 아빠는 집안일을 잘 도와주신다.

My dad does a very good job of helping out with the chores.

→ do a good job 잘하다

- 엄마가 아프셔서 내가 밥을 차렸다.

I prepared food because my mother was sick.

- 우리 집에서 분리 수거(재활용)는 내 담당이다.

I'm in charge of recycling. /
I am supposed to do the recycling in my house.

→ in charge of ~ 담당인, 책임인   recycling 재활용
  be supposed to ~하기로 되어 있다

- 책상을 정리했더니 기분이 상쾌하다.

I feel so refreshed after organizing my desk. /
I feel so refreshed after tidying up my desk.

→ organize 정리하다   tidy up 깔끔하게 정리하다

- 설거지를 했더니 엄마가 칭찬해 주셨다.

I was praised by my mother after doing the dishes.

→ be/get praised 칭찬 받다   do the dishes 설거지하다

- 내가 도와줘서 엄마는 매우 고마워하셨다.

My mom was very thankful for my help.

- 아빠 구두를 닦았더니 아빠께서 상으로 용돈을 주셨다.

My dad gave me some money as a reward because I polished and shined his shoes.

→ reward 보상, 사례금   polish/shine 광을 내다

- 오늘부터 내 방 청소는 직접 해야겠다.

From today, I should clean up my room by myself.

→ by oneself 혼자서, 직접

• 칭찬을 받으니 기분이 참 좋았다.

I felt so happy getting praised.

• 집안일을 매일 하기는 귀찮다.
  가끔씩 도와드리는 건 괜찮지만.

It is a hassle doing the household chores every day. Helping out from time to time is okay, though.

→ hassle 귀찮은 상황/일   from time to time 때때로, 가끔씩

저녁 일과

 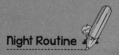
Dad Came Home Early! Friday, January 20, Freezing

My father came home early from work today. After dinner, we played a board game together. I won in the last round. My dad often works overtime at night. I was so happy that my dad came home early and played with me. It would be very good if this happened every day.

아빠가 일찍 오셨다! 1월 20일 금요일, 매우 추웠다

오늘 아빠가 일찍 퇴근해서 집에 오셨다. 저녁을 먹고 같이 보드게임을 했다. 마지막 판에 내가 이겼다. 우리 아빠는 야근을 자주 하신다. 아빠가 일찍 와서 놀아 주시니 정말 즐거웠다. 이런 일이 매일 있으면 참 좋겠다.

· **round** 한 차례, 라운드 **work overtime** 야근하다

- 오늘은 아빠가 일찍 오셨다.

Today, my father arrived home early.

- 오늘은 아빠가 일찍 퇴근했기 때문에 우리랑 놀아 주셨다.

Since my father got back home from work early, he played with us.

→ get back home 귀가하다, 집에 돌아오다

- 우리 아빠는 귀가 시간이 늦는 편이다.

My father tends to come back home late. / My dad usually comes home late from work.

→ tend to ~하는 편이다

- 우리 아빠는 야근이 많으시다.

My father works overtime at night a lot.

→ work overtime 야근하다

- 아빠는 보통 8시쯤 귀가하신다.

My father usually returns home at around 8 o'clock.

- 우리 동생은 유치원에서 3시쯤 돌아온다.

My younger sister comes back home from kindergarten at around 3 o'clock.

→ kindergarten 유치원

- 월수금은 영어학원에서 돌아오면 6시쯤 된다.

When I come back home from my English lessons on Mondays, Wednesdays, and Fridays, it is around 6 o'clock.

- 학원 끝나고 집에 오면 5시다.

After I finish my hagwon, I arrive at my house at 5 o'clock.

- 우리 엄마는 늦게 퇴근하신다.

My mom leaves work late.

→ leave work 퇴근하다

- 엄마가 좀 더 일찍 퇴근하시면 정말 좋겠다.

I wish my mom could leave work a little earlier.

- 엄마가 직장 동료들과 회식이 있어서 집에
  늦게 오셨다.

  Because my mom had dinner with her
  co-workers, she came home late.
  → co-worker 동료

- 엄마 대신 아빠가 집에 일찍 오셨다.

  Instead of my mom, my dad came home
  early.

- 아빠가 집에 일찍 오시면 참 좋다.

  I am very happy when my father comes
  home early.

- 아빠가 매일매일 집에 일찍 오시면 정말
  좋겠다.

  It would be so good if my dad could come
  home early every day.

저녁 식사 ★ Dinner Time

- 우리 집은 7시에 저녁을 먹는다.

  In my house, we have dinner at 7 o'clock.

- 일찌감치 저녁을 먹었다.

  I had an early dinner.

- 오늘 저녁은 된장국을 먹었다.

  Tonight, we had bean paste soup.
  → bean paste 된장

- 엄마가 상 차리는 것을 도와드렸다.

  I helped my mother set the table.
  → set the table 상을 차리다

- 저녁으로 피자를 시켜 먹었다.

  We ordered pizza for dinner.

- 내 생일이어서 우리는 외식을 했다.

  We ate out since it was my birthday.
  → eat out 외식하다

- 오늘 저녁은 돈가스였다.

  We had pork cutlet for dinner.
  → pork cutlet 돈가스

- 내가 제일 좋아하는 반찬은 소시지랑 치킨이다.

  My favorite foods are sausage and chicken.

- 맛있는 반찬이 있어서 나는 밥을 두 그릇이나 먹었다.

  Since we had some delicious food, I had two bowls of rice.

  → bowl (우묵한) 그릇

- 저녁을 너무 많이 먹었나 보다.

  I think I had too much for supper.

- 나는 생선이랑 버섯은 싫어한다.

  I dislike fish and mushrooms.

- 엄마가 편식하면 안 된다고 하셨다.

  My mother said I should not be picky.

  → picky 까다로운

- 아빠가 집에 일찍 오셔서 우리는 모두 함께 저녁을 먹었다.

  Since my dad came home early, we all had dinner together.

- 저녁을 먹고 우리는 산책을 나갔다.

  After eating dinner, we went out for a walk.

  → go out for a walk 산책하러 가다

- 저녁을 일찍 먹었더니 밤에 배가 고파서 라면을 먹었다.

  I ate dinner so early that I became hungry at night, so I had ramen.

- 저녁 음식 냄새를 맡으니 기분이 좋아졌다.

  The smell of dinner made me feel happy.

씻기 ★ Washing and Bathing

- 나는 일주일에 두 번 목욕을 한다.

  I take a bath twice a week.

  → twice 두 번 (= two times)

- 저녁을 먹고 목욕을 했다.

  After having dinner, I took a bath.

- 축구를 했더니 몸이 끈적끈적해서 샤워를 했다.

  My body felt sticky after playing soccer, so I took a shower.

  → sticky 끈적끈적한

- 오늘은 날씨가 더워서 샤워를 두 번이나 했다.

  The weather today was hot, so I took a shower two times.

- 오늘은 엄마 도움 없이 혼자 샤워를 했다.

I took a shower by myself without the help of my mother.
→ without the help of ~의 도움 없이

- 동생이랑 욕조에서 목욕을 했다.

I took a bath in the bathtub with my younger brother.
→ bathtub 욕조

- 욕실 바닥이 미끄러웠다.

The bathroom floor was slippery.
→ slippery 미끄러운

- 욕실에서 미끄러졌다.

I slipped in the bathroom.
→ slip 미끄러지다

- 때를 밀었다.

I washed off the dirt from my body. /
I scrubbed off the dirt from my body.
→ dirt 때, 먼지   scrub off 문질러 없애다

- 때가 많이 나왔다.

A lot of dirt came off my skin.

- 나는 이틀에 한 번 머리를 감는다.

I wash my hair once every two days.
→ every two days 이틀마다, 하루 걸러

- 눈에 샴푸가 들어가 따가웠다.

The shampoo got into my eyes and stung them.
→ sting 따끔거리다, 찌르다(sting-stung-stung)

- 샴푸가 다 떨어졌다.

We ran out of shampoo.

- 머리를 깨끗한 물로 헹궜다.

I rinsed my hair with clean water.
→ rinse 헹구다

- 발 닦는 걸 깜빡했다.

I forgot to wash my feet.

- 수건으로 몸의 물기를 닦았다.

I dried my body with a towel.

- 목욕을 하고 몸에 로션을 발랐다.

After taking a bath, I rubbed some lotion on my body.
→ rub 바르다, 문지르다

• 엄마가 등에 로션을 발라 주셨다.

My mother rubbed some lotion onto my back.

• 씻고 잠옷으로 갈아입었다.

After washing up, I changed into my pajamas.

• 세수하고 양치하고 잘 준비를 했다.

I got ready to sleep after washing my face and brushing my teeth.

잠자기 ★ Sleeping

• 나는 10시에 잔다.

I go to sleep at 10 o'clock.

• 나는 9시에 자서 7시에 일어난다.

I go to sleep at 9 o'clock and get up at 7 o'clock.

• 나는 하루에 9시간 정도 잔다.

I sleep around 9 hours a day.

• 나는 누우면 금방 잠이 든다.

When I lie down, I fall asleep right away.

→ lie down 눕다 (lie-lay-lain)   right away 즉시, 곧바로

• 어제는 너무 피곤해서 눕자마자 잠이 들었다.

Yesterday, I was so tired that I fell asleep as soon as I lay down.

• 어젯밤에는 잠을 잘 못 잤다.

Last night, I couldn't sleep very well.

• 밤에 더 놀고 싶어서 일찍 자는 게 싫다.

I want to play more at night, so I don't like going to sleep early.

• 늦게 자면 키가 안 큰다고 한다.

It is said that if you go to sleep late, you won't grow taller.

• 우리 식구는 다 같이 잔다.

My family sleeps all together.

• 나는 내 방에서 혼자 잔다.

I sleep alone in my room.

- 우리 아빠는 잘 때 코를 곤다.

My father snores when he sleeps.

→ snore 코를 골다

- 현서는 잘 때 이를 간다.

Hyeonseo grinds her teeth when she sleeps.

→ grind one's teeth 이를 갈다

- 자기 전에 엄마가 책을 읽어 주셨다.

Before I went to sleep, my mom read a book to me.

- 자다가 무서운 꿈을 꿔서 깼다.

While I was sleeping, I had a bad dream and woke up.

- 화장실에 가고 싶어서 잠에서 깼다.

I woke up because I had to go to the bathroom.

- 동생은 잘 때 자기 인형 없이는 못 잔다.

When my younger sister sleeps, she cannot sleep without her doll.

- 나는 내 이불이 없으면 잠을 못 잔다.

If I don't have my own blanket, I cannot sleep at all.

- 잠을 자다가 침대에서 떨어졌다.

As I was sleeping, I fell off the bed.

→ fall off ~에서 떨어지다

- 어젯밤에 악몽을 꾸었다.

I had a nightmare last night.

→ nightmare 악몽

- 꿈을 꿨는데 아침에 일어나니 생각이 안 났다.

I had a dream, but when I woke up, I couldn't remember it.

- 일어나 보니 엄마가 내 바로 옆에서 주무시고 계셨다.

When I woke up, I found my mother was sleeping right beside me.

- 잠을 잘못 자서 목을 제대로 못 돌리겠다.

I can't turn my neck properly because I slept the wrong way.

→ properly 제대로, 올바로

Part
2

날씨 및 계절

Weather & Seasons

날씨

Weather

What a Fine Weather!

Thursday, June 1, Sunny

The sky was very clear without a single cloud. The weather has been really nice for the past few days. It was so good that I wanted to go out to play somewhere. I will ask my mom to take me to the park this weekend. Hopefully, this good weather lasts through the weekend.

날씨 진짜 좋다!　　6월 1일 목요일, 맑음

구름 한 점 없이 하늘이 무척 맑았다. 지난 며칠 내내 날씨가 정말 좋았다. 날씨가 좋으니 어디론가 놀러 가고 싶었다. 엄마한테 이번 주말에 공원에 데려가 달라고 해야겠다. 주말까지 날씨가 계속 화창하면 좋겠다.

• **past** 지난, 지나간　**somewhere** 어딘가에　**last** 계속하다, 지속하다　**through** ~에 걸쳐, 통해

맑은 날씨 ★ Fair Weather

• 오늘은 날씨가 좋았다.

The weather was nice today. /
The weather was good today.

• 오늘은 화창한 날이었다.

It was a bright sunny day.

• 지난 며칠 동안 날씨가 계속 좋았다.

The weather has been really nice for the past few days.

→ past 지난

• 하늘에 구름 한 점 없이 맑았다.

The sky was clear without any clouds.

• 햇볕이 따뜻했다.

The sun was warm.

• 햇살이 눈부시게 빛났다.

The sun was shining brilliantly.

→ shine 빛나다   brilliantly 찬란히, 반짝반짝하게

• 하늘이 참 아름다웠다!

The sky was so beautiful!

• 날이 개었다.

The sky cleared up. /
The rain went away.

→ clear up 날이 개다   go away 사라지다

• 날씨가 무척 좋아서 동생과 놀이터에서 놀았다.

I played with my younger brother on the playground because the weather was so nice.

• 일기예보에서 비가 온다고 했는데 다행히 날씨가 아주 좋았다.

According to the weather forecast, it was going to rain. Fortunately, the weather was pretty good.

→ according to ~에 따르면   weather forecast 일기예보
   fortunately 운 좋게도

• 날씨가 좋으니 어딘가 놀러 가고 싶다!

Since the weather is so nice, I want to go somewhere!

→ since ~여서, ~이기 때문에

- 오늘은 날씨가 흐리다.

  It's a cloudy day.

- 날씨가 흐리니 기분도 우울하다.

  Since the weather is gloomy, I feel down, too.

  → gloomy 어둑어둑한, 음울한   feel down 마음이 울적하다

- 며칠 동안 흐린 날씨가 계속되었다.

  It has been cloudy for a few days.

- 하루 종일 흐리기만 하고 비는 내리지 않았다.

  It had been cloudy without any rainfall all day.

  → rainfall 비, 강우

- 아침에는 하늘이 맑았는데 오후에 갑자기 흐려졌다.

  The sky was clear in the morning, but it suddenly became cloudy in the afternoon.

- 하늘에 구름이 잔뜩 끼어 있다.

  The sky is full of clouds.

  → be full of ~로 가득하다, 꽉 차다

- 하루 종일 구름이 낀 것이 내일 비가 오려나 보다.

  I think it's going to rain tomorrow since it has been cloudy all day.

- 아침부터 흐려서 우산을 가지고 집을 나섰다.

  It was cloudy since morning, so I left home with an umbrella.

- 우중충한 날씨 때문에 기분이 꿀꿀하다.

  The gloomy weather is making me feel depressed.

  → depressed 우울한, 침체된

- 흐린 날씨가 끝없이 계속되니 기분이 처진다.

  I'm down because of this never-ending gloomy weather.

  → never-ending 끝이 없는

- 어서 화창한 날이 왔으면 좋겠다.

  I hope a sunny day comes as soon as possible.

  → as soon as possible 가능한 한 빨리

- 황사가 너무 심해서 하늘이 어두웠다.

The yellow dust was so heavy that the sky was dark.

→ yellow dust 황사

- 황사주의보가 내려졌다.

A yellow dust precaution has been issued.

→ precaution 예방(조치)   issue 발표하다

- 황사가 심해서 마스크를 쓰고 학교에 갔다.

Because of the heavy yellow dust, I wore a mask when going to school.

비 오는 날 ★ Rainy Day

- 하루 종일 비가 왔다.

It rained all day.

- 아침부터 날이 흐리더니 오후에 비가 오기 시작했다.

In the morning, the sky was unclear. By the afternoon, it started to rain.

- 아침부터 가랑비가 부슬부슬 내리고 있다.

It has been drizzling since morning.

→ drizzle (비가) 보슬보슬 내리다

- 며칠째 폭우가 쏟아지고 있다.

It has been pouring for days.

→ pour 쏟다, 쏟아붓다

- 비가 그만 왔으면 좋겠다.

I wish it would stop raining.

- 소나기가 잠깐 오고 하늘이 금방 개었다.

After a light shower, the sky quickly cleared.

→ light 가벼운   shower 소나기

- 밤새 비가 오고 천둥 번개가 쳐서 한숨도 못 잤다.

It rained with thunder and lightning all night. So I couldn't sleep at all. /
I couldn't sleep all night because of the thunderstorm.

→ lightning 번개   thunderstorm 천둥 · 번개를 동반한 비, 뇌우

- 운동장에서 놀고 있는데 갑자기 비가 내렸다.

  I was playing on the playground when it suddenly started to rain.

- 비가 마구 퍼부었다.

  The rain poured down.

  → pour down 쏟아지다, 들이붓다

- 천둥 번개가 쳐서 무서웠다.

  I was scared because there were thunder and lightning.

- 바람까지 매우 세차게 불어서 무서웠다.

  The wind was blowing so hard that it scared me.

- 등굣길에 비가 와서 옷이 다 젖고 말았다.

  Because it rained on my way to school, all of my clothes were soaked by the rain.

  → soak 푹 적시다

- 비가 많이 와서 양말이 젖었다.

  Because of the heavy rain, my socks were soaked.

- 우산을 안 가지고 가서 비를 맞으며 집으로 걸어 왔다.

  Because I hadn't brought an umbrella, I had to walk home in the rain.

- 비를 맞으며 집에 왔더니 감기에 걸렸다.

  Since I walked home in the rain, I caught a cold.

  → catch a cold 감기에 걸리다

- 영서가 집까지 우산을 씌워 주었다.

  Yeongseo walked me home with her umbrella.

- 소영이랑 내 우산을 함께 썼다.

  I shared my umbrella with Soyeong.

- 하늘에 구멍이 뚫린 것처럼 계속 퍼붓고 있다.

  It has been pouring as if the heavens opened.

  → as if 마치 ~인 것처럼

- 비가 와서 장화를 신고 우비를 입고 학교에 갔다.

  I wore rain boots and a rain coat when I went to school because it was raining.

- 비가 와서 하루 종일 집에 있었다.

I stayed home all day because it was raining.

- 비가 와서 체험학습이 연기되었다.

The field trip has been postponed because of the rain.

→ postpone 연기하다

- 세찬 바람에 우산이 뒤집혀서 비를 맞아 젖어 버렸다.

I got soaked in the rain because the fierce wind had turned my umbrella inside out.

→ fierce 맹렬한, 세찬　inside out 뒤집어

- 엄마가 오늘 비는 산성비여서 맞으면 안 된다고 하셨다.

My mother said that I shouldn't go out in the rain today because it is acid rain.

→ acid 산성의

- 비가 와서 엄마가 부침개를 해 주셨다.

My mother cooked Korean pancakes since it was raining.

- 비 오는 날 먹는 부침개는 정말 맛있다.

Korean pancakes are really delicious on rainy days.

일기예보 ★ The Weather Forecast

- 나는 아침마다 TV로 일기예보를 확인한다.

I check the weather forecast on TV every morning.

- 일기예보를 보지 않으면 불안하다.

If I don't watch the weather forecast, I get anxious.

→ anxious 불안해하는

- 일기예보에서 내일 비가 온다고 했다.

The weather forecast said that it will rain tomorrow.

- 일기예보에서 내일 눈이 올 거라고 했다.

The weather forecast said that it will snow tomorrow.

- 일기예보를 보니 주말에 비가 온다고 한다.

  According to the weather forecast, there will be some rain during the weekend.

- 일기예보에서 내일 화창할 거라고 했다.

  The weather forecast said that it will be sunny tomorrow.

- 일기예보에서 비가 온다고 해서 우산을 들고 나갔다.

  I left home with an umbrella because the weather forecast said that it's going to rain.

- 아침에 일기예보를 안 봤는데, 슬프게도 비가 왔다.

  I didn't watch the weather forecast this morning. Sadly, it rained.

- 일기예보는 항상 틀린다.

  The weather forecast is always wrong.

- 요즘 일기예보가 참 정확하다.

  These days, the weather forecast is really accurate.

  → accurate 정확한

- 앞으로는 일기예보를 꼭 봐야겠다.

  From now on, I'll make sure that I watch the weather forecast.

  → make sure 확실히 ~하다, 반드시 ~하다

 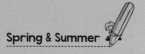
Hot Summer Nights

Wednesday, August 25, Hot

It was so hot that I couldn't sleep at all last night. I turned on the fan, but it was no use. The news said that it will be hot again tonight. I think this summer is especially hot. I am waiting for this summer to end and for autumn to come.

열대야   8월 25일 수요일, 더운 날씨

어젯밤에 너무 더워서 전혀 잠을 잘 수가 없었다. 선풍기를 틀었는데도 소용이 없었다. 뉴스를 보니 오늘밤도 더울 거라고 한다. 올 여름은 유난히 더운 것 같다. 어서 여름이 끝나고 가을이 왔으면 좋겠다.

· **turn on** (전원 등을) 켜다 **no use** 소용 없는 **especially** 특히

• 봄이 와서 날씨가 따뜻해졌다.

It got warmer because spring came. /
Spring came around, and it became
warmer.

→ get + 비교급 점점 ~해지다   come around 돌아오다

• 봄은 나들이를 많이 하는 계절이다.

Spring is the season of trips.

• 어서 봄이 왔으면 좋겠다.

I hope spring comes soon.

• 봄은 너무 짧다.

Spring is too short.

• 나는 계절 중에 봄이 가장 좋다.

Spring is my favorite season. /
Among the seasons, spring is my favorite.

• 봄방학이 빨리 오면 좋겠다.

I can't wait for spring break.

→ spring break 봄 방학

• 봄방학이 끝나고 새 학년이 시작되었다.

When spring break ended, a new school
year started.

• 공원으로 봄소풍을 다녀왔다.

We went to the park for a spring field trip.

• 봄비가 내렸다.

Spring rain fell.

• 매서운 꽃샘추위가 계속되고 있다.

The fierce last cold snap is still here.

→ fierce 사나운, 맹렬한   cold snap 일시적 추위

• 오늘은 꽃샘추위라더니 정말 겨울이 다시
온 것 같았다.

I heard that the last cold snap would be
today. It really felt as if winter had come
back.

• 오늘은 가족 모두 봄맞이 대청소를 했다.

Today was my family's spring cleaning
day.

- 겨울옷은 집어넣고 봄옷을 꺼냈다.

I put away all of my winter clothes and took out the ones for spring.
→ put away 넣다, 치우다　take out 꺼내다

- 봄에는 건조해서 종종 산불이 난다.

Because it is dry during spring, forest fires often take place.
→ forest fire 산불　take place 일어나다, 발생하다

- 대표적인 봄나물에는 쑥, 냉이, 달래가 있다.

Mugworts, shepherd's purses, and wild chives are typical spring greens.
→ mugwort 쑥　shepherd's purse 냉이　wild chive 달래
typical 전형적인, 대표적인　greens 푸른 채소

- 오늘 저녁 상은 봄나물로 가득했다.

Today's dinner table was full of spring greens.

- 환절기가 되면 나는 비염이 심해진다.

When the seasons change, my nasal allergies/rhinitis get worse.
→ nasal allergy 코 알레르기　rhinitis 비염　get worse 악화되다

봄꽃 ★ Spring Flowers

- 공원에 벚꽃이 예쁘게 피었다.

Cherry blossoms bloomed beautifully at the park.
→ cherry blossom 벚꽃　bloom 꽃을 피우다

- 활짝 핀 벚꽃이 너무 아름다웠다.

The fully opened cherry blossoms were so beautiful.

- 조부모님과 꽃놀이를 다녀왔다.

I have been to see the flowers with my grandparents.

- 꽃구경 여행은 봄철이 제격이다.

Going on a trip to see flowers is a perfect spring activity.

• 벚꽃이 흩날리는 모습은 정말 아름답다.

When cherry blossoms flutter, they look so beautiful.

→ flutter 펄럭이다, 흔들리다

• 가족들과 진해로 벚꽃 구경을 갔다.

I went to Jinhae with my family to see the cherry blossoms.

• 이번 주에 벚꽃이 절정이다.

This week is the peak time for cherry blossoms.

→ peak time 절정에 달한 시기, 피크 타임

• 올해는 벚꽃이 늦게 핀다.

This year, the cherry blossoms will bloom later.

• 날씨가 따뜻해져서 봄 잠바를 꺼냈다.

I took out my spring jacket because the weather became warmer.

• 봄이 와서 나무에 새싹이 나오고 있다.

Buds are shooting out from the trees since it is spring.

→ bud 싹, 꽃봉오리   shoot out (싹이) 나오다

• 봄꽃은 개나리와 진달래가 대표적이다.

Forsythias and azaleas are typical spring flowers.

→ forsythia 개나리   azalea 진달래

• 학교 가는 길에 보니 개나리가 피어 있었다.

As I looked around on my way to school, I could see the forsythias blooming.

• 진달래가 피는 것을 보니 봄이 왔나 보다.

I guess spring has come since the azaleas are blooming.

• 진달래꽃으로 화전을 부쳐 먹었다.

I cooked *hwajeon*(sweet pancakes with flower petals) with azaleas and ate it.

→ petal 꽃잎

• 주말에 산에 갔더니 봄꽃이 흐드러지게 피어 있었다.

I went to a mountain on the weekend and saw the spring flowers in full bloom.

→ in full bloom 만개하여, 활짝 펴

• 벚꽃이 다 졌다.

The cherry blossoms are gone.

• 꽃가루가 날리니 비염이 심해졌다.

Because of the blowing pollen, my allergies got worse.

→ pollen 꽃가루

• 나는 꽃가루 알레르기가 있다.

I have hay fever.

→ hay fever 꽃가루 알레르기, 고초열

• 꽃가루 때문에 재채기도 많이 나고 눈도 가렵다.

Because of the pollen, I am sneezing a lot. My eyes itch as well.

→ sneeze 재채기하다   itch 가렵다   as well 또한

여름 ★ Summer

• 무더운 여름이 시작되었다.

The hot summer has begun.

• 본격적인 여름인가 보다.

I think summer is really here.

• 이제 반팔을 입어야겠다.

I think it's time to wear short sleeves.

• 여름에는 실컷 놀아도 될 것 같은 기분이 든다.

In the summer, I feel as if it is okay to play as much as I want.

→ feel as if ~처럼 느끼다

• 올 여름은 특히 덥다.

This year's summer is especially hot.

• 세상이 온통 초록빛이었고, 벌레들도 크게 울어댔다.

The world was filled with green. Bugs were chirping loudly.

→ be filled with ~로 가득차다   chirp 짹짹거리다, 재잘거리다

• 매미가 시끄럽게 울어서 밤새 잠을 못 잤다.

I couldn't sleep all night because the cicadas were chirping so loudly.

→ cicada 매미

• 아이스크림을 너무 많이 먹었더니 배탈이 났다.

I have a stomachache from eating too much ice cream.

→ stomachache 복통, 배앓이

• 나는 추운 겨울보다는 더운 여름이 낫다.

I like hot summer more than cold winter.

• 여름이 좋은 이유는 방학이 있기 때문이다!

I like summer because we have summer vacation!

• 이 여름이 어서 가고 시원한 가을이 오기를 고대하고 있다.

I am waiting for this summer to pass and for the cool autumn to come.

더운 날씨 ★ Hot Weather

• 날씨가 점점 더워진다.

It's getting hot.

• 오늘은 찜통더위였다.

Today was boiling. /
It was scorching today.

→ scorching 태워 버릴 듯이 더운

• 더위 때문에 지친다.

I'm exhausted because of the heat.

→ exhausted 몹시 지친   heat 열기, 열

• 병이 난 것처럼 기운이 없다.

I feel weak as if I'm sick.

• 하늘을 올려다보니 구름 한 점 없이 맑았다.

When I looked up at the sky, it was clear without any clouds.

• 아침부터 푹푹 쪘다.

It has been sweltering since this morning.

→ sweltering 찌는 듯이 더운

• 하루 종일 푹푹 쪘다.

It has been sweltering all day.

• 햇빛이 너무 뜨거웠다.

The sun was extremely hot.

→ extremely 극도로

- 날씨가 끔찍하게 덥다.

It is painfully hot.

→ painfully 고통스럽게

- 타는 듯한 더위 때문에 땀이 비 오듯 쏟아졌다.

I was sweating a lot because of the sizzling heat.

→ sweat 땀 흘리다; 땀   sizzling 타는 듯이 더운

- 더위를 먹은 것 같다.

The heat seems to be getting to me.

→ get to ~을 괴롭히다

- 어젯밤은 무척 덥고 습했다.

Last night was very hot and humid.

→ humid 습한, 후텁지근한

- 열대야라 밤에도 계속 더웠다.

Because of the tropical night, it was hot all night long.

→ tropical 열대 지방의

- 너무 더워 잠을 전혀 잘 수가 없었다.

It was so hot that I couldn't sleep at all.

- 햇빛이 너무 강해서 모자를 썼다.

The sunlight was so strong that I put on a hat.

→ sunlight 햇빛, 햇살

- 엄마가 양산을 씌워 주셨다.

My mother put her parasol over me.

→ parasol 양산, 파라솔

- 피부를 보호하기 위해 선크림을 발랐다.

To protect my skin, I put on sunscreen.

→ protect 보호하다   put on 바르다, 착용하다   sunscreen 자외선 차단제

- 선크림 바르는 걸 깜빡했다.

I forgot to put on sunscreen.

- 불쾌지수가 높은 하루였다.

The discomfort index was high today.

→ discomfort index 불쾌 지수 (discomfort: 불쾌, 불편)

- 나는 더위를 많이 탄다.

I can't stand the heat.

→ stand 참다

- 나는 땀이 많이 나는 체질이다.

I sweat a lot.

- 더우니까 쉽게 짜증이 났다.

I got annoyed so easily because of the heat.

→ annoyed 짜증난

- 더울 때는 물놀이만 한 게 없다.

There's nothing like playing in the water when it's hot.

- 햇볕에 나가면 덥지만 그늘에 있으면 시원하다.

When I stand in the sun, it's really hot. But in the shade, it's cool.

→ shade 그늘

- 샤워를 해도 그때뿐이다.

A shower works only for a short time.

→ work 효과가 있다, 영향을 미치다

- 가만히 있어도 땀이 났다.

Even though I was not doing anything, I was sweating.

장마 ★ Rainy Season

- 장마가 시작되었다.

The rainy season has come.

→ rainy season 장마철, 우기 (= rainy spell)

- 올해 장마는 무척 긴 것 같다.

This year's rainy spell seems so long.

- 장마철이어서 매우 습했다.

Because it is the rainy season, it was so humid.

- 장마라 날씨가 무척 눅눅했다.

The rainy season made the weather so damp.

→ damp 축축한, 눅눅한

- 장마철이라 빨래가 잘 마르지 않는다.

It is hard to dry the laundry because it is the rainy season.

- 장마가 시작되어 하루 종일 비가 오고 있다.

It has been raining all day because the rainy season has started.

• 장마라고 하는데 비가 거의 안 온다.

It is supposed to be the rainy season, but it hardly ever rains.
→ be supposed to ~하기로 되어 있다   hardly 거의 ~않다

• 빨리 장마가 끝났으면 좋겠다.

I hope the rainy season ends soon.

• 장마가 드디어 끝났다.

The rainy season is finally over.

• 괜히 짜증이 난다. 습한 날씨 탓인가 보다.

I feel so annoyed without any reason.
I guess it is due to the humid weather.
→ due to ~ 때문에

선풍기/에어컨 ★ Fans / Air Conditioners

• 선풍기를 틀어도 덥다.

Even if I turn on the fan, it's still hot.
→ turn on/off (전원을) 켜다/끄다

• 선풍기 바람도 미지근하다.

Even the wind from the fan is lukewarm.
→ lukewarm 미지근한

• 선풍기 타이머를 맞춰 놓았다.

I set the timer of the fan.

• 선풍기를 회전으로 해 놓고 잤다.

I slept after setting the fan to spin.

• 에어컨을 틀었는데도 더웠다.

I turned on the air conditioner, but it was still hot.
→ air conditioner 에어컨

• 에어컨을 켜면 춥고 끄면 덥다.

When I turn on the air conditioner, it's cold.
But when I turn it off, it's hot.

• 우리 집엔 에어컨이 없다.

We don't have an air conditioner in our house.

• 도서관도 에어컨이 빵빵하지 않았다.

Even the library's air conditioner wasn't cold enough.

- 요즘 공공기관은 에어컨을 약하게 튼다.

These days, public institutions turn their air conditioners on low.

→ public institution 공공기관

- 에어컨은 전력 소모가 많다고 한다.

I heard that air conditioners consume large amounts of electricity.

→ consume 소모하다, 소비하다 electricity 전기

- 전기세가 많이 나온다고 엄마가 걱정이 많으시다.

My mother is so worried about the high cost of our electricity bill.

→ cost 비용 bill 청구서

- 에어컨을 너무 오래 쐬었더니 머리가 아팠다.

I got a headache from spending too much time under the air conditioner.

- 에어컨을 틀어 놓고 잤더니 감기에 걸렸다.

I caught a cold because I slept with the air conditioner on.

→ catch a cold 감기에 걸리다

- 교실 에어컨이 고장이 났다.

The classroom's air conditioner broke.

모기 ★ Mosquitoes

- 모기에 세 방이나 물렸다.

I have three mosquito bites!

→ bite (벌레) 물림; 물다 (bite-bit-bitten)

- 모기가 하필이면 얼굴을 물었다.

Of all the body parts, the mosquito bit my face.

- 동생은 모기에 물려 눈이 탱탱 부었다.

My younger brother's eye was puffy because of a mosquito bite.

→ puffy 부어 있는

- 방충망이 열려 있었다.

The screen had been opened.

→ screen 방충망

• 집에 모기가 한 마리 있었는데 못 잡았다.

There was a mosquito in the house, but I couldn't catch it.

• 집에 모기가 있어서 모기향을 피워 놓았다.

I burned a mosquito coil because mosquitoes were in my house.

→ mosquito coil 모기향

• 모기장을 치고 잤다.

I slept under a mosquito net. /
After putting up a mosquito net, I slept underneath it.

→ mosquito net 모기장   put up 세우다, 설치하다   underneath ~ 밑에

• 방에 모기약을 뿌렸다.

I used mosquito spray in my room.

→ mosquito spray 모기 퇴치 스프레이, 모기약

• 여름이 지났는데 아직도 모기가 있다.

Although summer is already over, there are still some mosquitoes.

• 자려고 누웠는데 모기 소리가 들렸다.

I heard a mosquito buzzing after I lay down to go to sleep.

→ buzz 윙윙거리다

• 모기 물린 데가 너무 가려웠다.

The mosquito bite was so itchy.

→ itchy 가려운

• 가려워서 참을 수가 없다.

I can't stand the itchiness.

→ itchiness 가려움

• 모기 물린 데를 긁었더니 피가 났다.

I scratched the mosquito bite, so it started to bleed.

→ scratch 긁다   bleed 피 흘리다

• 나는 모기에 잘 물린다.

I get bitten by mosquitoes very often.

• 모기 소리가 들리면 겁이 난다.

Whenever I hear a mosquito, I feel horrified.

→ horrified 겁에 질린, 공포에 빠진

• 여름은 수박의 계절이다!

Summer is watermelon season!

• 나는 과일 중에 수박을 제일 좋아한다.

Watermelon is my favorite fruit.

• 엄마가 시장에서 수박을 사 오셨다.

My mother brought a watermelon from the market.

• 올 여름 처음 먹는 수박이었다.

It was my first watermelon of the summer.

• 저녁 먹고 후식으로 수박을 먹었다.

I had watermelon for dessert after dinner.

• 수박이 정말 달고 맛있었다.

The watermelon was so sweet and delicious.

• 그것은 정말 꿀맛이었다.

It tasted like honey. /
It tasted so good.

• 수박이 덜 익었다.

The watermelon is not ripe.

→ ripe 익은

• 수박이 너무 익었다.

The watermelon is overripe.

→ overripe 지나치게 익은

• 나는 참외보다 수박이 좋다.

I like watermelons more than oriental melons. /
I prefer watermelons to oriental melons.

→ (oriental) melon 참외

• 나는 참외의 씨 부분은 먹지 않는다.

I don't eat the seeds in melons.

→ seed 씨

• 요즘은 포도 철이다.

It is grape season. /
Grapes are in season.

→ in season 제철인, 한창인

• 포도가 시었다.

The grapes were sour.

→ sour (맛이) 신

• 나는 포도를 씨 채로 삼킨다.

I eat grapes with seeds.

• 나는 포도를 씨 빼고 먹는다.

I eat grapes after taking out seeds.

• 포도가 달아서 한 송이를 다 먹었다.

The grapes were so sweet that I finished the whole bunch.

→ bunch 다발, 송이

• 엄마가 간식으로 옥수수를 삶아 주셨다.

My mom boiled some corn for a snack.

→ boil 끓이다, 삶다

• 정말 맛있는 옥수수였다!

It was some delicious corn!

• 내 동생은 옥수수를 정말 좋아한다.

My younger sister loves corn.

• 오늘 점심으로 시원한 냉면을 먹었다.

For today's lunch, I had cold noodles.

→ noodle 국수

• 복날이라 삼계탕을 먹었다.

Today was Bokday, so I ate *samgyetang* (ginseng chicken soup).

• 수호네 엄마가 팥빙수를 사 주셨다.

Sooho's mother bought me some *patbingsu* (red bean sherbet).

• 너무 더워서 아이스크림을 세 개나 먹었다!

Because of the extreme heat, I had three ice cream cones!

→ extreme 극도의, 심한

• 찬 음식을 너무 많이 먹어서 배탈이 났다.

I got a stomachache from eating too much cold food.

• 잠자리채로 매미를 잡았다.

I caught a cicada with a butterfly net.

→ butterfly net 잠자리채

• 오늘은 매미를 5마리 잡았다.

Today, I caught five cicadas.

• 잡은 매미를 놓아 주었다.

I set the cicadas free.

→ set A free A를 풀어 주다, 놓아 주다

• 매미를 채집통에 두었더니 죽고 말았다.

The cicada died because I left it inside the insect box.

• 놀이터에서 친구들과 물총 놀이를 했다.

My friends and I had a water gun fight at the playground.

→ water gun 물총

• 계곡의 개울에서 놀았다.

I played in the valley stream.

→ valley 계곡   stream 개울, 시내

• 친구들이랑 수영장에 갔다.

I went to the swimming pool with my friends.

→ swimming pool 수영장

• 주말에 워터파크에 가서 신나게 놀았다.

I went to the water park on the weekend and had a wonderful time.

• 얼굴이 새카맣게 탔다.

My face got tanned.

→ tanned 햇볕에 탄

• 재미있는 놀이가 많아서 여름이 좋다!

I like summer because there are so many fun things to do!

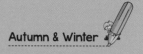
Yellow Gingko Leaves

Friday, October 20, Windy

On my way to school, I found that the ginkgo leaves had turned yellow. Autumn has come! Of all the seasons, I love autumn the most because it is neither hot nor cold. I wish this season would last longer.

노란 은행잎   10월 20일 금요일, 바람 붐

학교 가는 길에 보니 은행잎이 노랗게 물들어 있었다. 가을이 온 것이다! 나는 계절 중에 가을을 가장 좋아한다. 가을은 덥지도 춥지도 않기 때문이다. 이 계절이 좀 더 길었으면 좋겠다.

• ginkgo 은행나무 on one's way to ~로 가는 길에 neither A nor B A도 B도 아닌 last 계속되다

123

• 가을이 오고 있다.

Autumn is just around the corner.
→ around the corner 바로 다가오는, 임박한

• 가을이 왔다.

Autumn has come.

• 나는 가을이 제일 좋다.

I like autumn the most.

• 가을은 내가 가장 좋아하는 계절이다.

Autumn is my favorite season.

• 가을은 덥지도 춥지도 않아서 참 좋다.

I love autumn because it is neither hot nor cold.
→ neither A nor B A도 B도 아닌

• 가을은 독서의 계절이다.

Autumn is the season for reading books.

• 아침저녁으로 선선해지고 있다.

It is becoming cooler in the morning and evening.

• 아침에는 제법 쌀쌀하다.

It is quite chilly in the morning.
→ chilly 쌀쌀한, 추운

• 하지만 낮에는 아직도 덥다.

But it is still hot during the day.

• 가을은 너무 짧다.

Autumn is too short.

• 가을 바람은 무척 상쾌하다.

The autumn breeze is very refreshing.
→ breeze 산들바람   refreshing 신선한, 상쾌한

• 하늘을 올려다보니 참 아름다웠다.

When I looked up at the sky, it was so beautiful.

• 하늘이 정말 높고 파랬다.

The sky was so high and blue.

• 분명 가을인가 보다. 반팔을 입으니 썰렁하다.

It must be autumn now. I feel cold in this short-sleeved shirt.

- 가을이면 새학기가 시작되어 열심히 공부를 해야 한다.

A new semester begins in autumn, so I must study hard.

→ semester 학기

- 가을비가 내렸다.

An autumn rain fell.

- 이 비는 추운 계절이 온다는 뜻이다.

This rain means that the cold season is coming.

단풍/낙엽 ★ Fall Leaves / Fallen Leaves

- 은행잎이 노랗게 물들었다.

The ginkgo leaves have turned yellow.

→ ginkgo 은행(나무)

- 단풍잎이 빨갛게 물들었다.

The maple leaves have turned red.

→ maple 단풍나무   turn (~로) 변하다

- 단풍 때문에 멀리 보이는 산의 색깔이 달라졌다.

The fall leaves have changed the color of the mountain in the distance.

→ fall leaves 단풍잎

- 가로수들이 붉고 예쁘게 물들었다.

The trees along the streets have turned into a beautiful red color.

- 울긋불긋 물든 나무들이 너무 예뻤다.

The trees tinted with different colors looked so beautiful.

→ tinted with ~로 물든

- 주말에 단풍 구경을 다녀왔다.

We went on a trip to see the fall leaves on the weekend.

- 단풍놀이 온 사람들이 너무 많아서 힘든 하루였다.

It was a long day because there were too many people who came to see the fall leaves.

→ a long day 긴 하루, 피곤한 날

- 내장산에 단풍이 절정이었다.

  The fall leaves were at their peak at Mt. Naejang.

- 북한산에는 아직 단풍이 들지 않았다.

  The leaves haven't changed colors yet at Mt. Bukhan.

- 여의도는 단풍 구경 명소다.

  Yeouido is the best place to enjoy the fall leaves.

- 길에 낙엽이 수북하게 쌓였다.

  On the streets, the fallen leaves have been piled up into tall stacks.

  → fallen leaves 낙엽 pile up 쌓다 stack 무더기, 많음

- 낙엽을 하나 주워서 책갈피 속에 끼워 넣었다.

  I picked up a fallen leaf and then placed it between the pages of a book.

  → place 두다, 놓다

- 낙엽을 하나 주워서 책갈피에 끼워서 말려야겠다.

  I should pick up one of the fallen leaves and dry it up by putting it between the pages of a book.

- 경비 아저씨가 낙엽을 쓰느라 너무 힘드실 것 같다.

  I think the janitor will have a hard time sweeping the fallen leaves.

  → janitor 수위, 경비원 sweep 쓸다

겨울 ★ Winter

- 겨울이 왔다.

  Winter has come.

- 이제 곧 겨울이다.

  It will soon be winter.

- 어느새 겨울이 되었다.

  It is already winter.

- 나는 여름보다 겨울이 좋다.

  I like winter more than summer. /
  I prefer winter to summer.

- 겨울은 춥기도 하지만 상쾌하기도 하다.

  Although winter is cold, it is also refreshing.

- 겨울은 추워서 싫다.

  I hate winter because it is cold.

- 오늘부터 겨울 방학이다.

  My winter vacation starts today.

- 이번 겨울은 유난히 더 추운 것 같다.

  I think this winter is even colder.

  I think this winter is even more freezing.

  → even, much, a lot 등은 비교급 표현 앞에서 그 의미를 강조하여 '훨씬'의 뜻으로 쓰여요.

- 어서 봄이 왔으면 좋겠다.

  I hope spring will come soon.

추운 날씨 ★ Cold Weather

- 오늘은 날씨가 정말 추웠다.

  It was really freezing today.

  → freezing 꽁꽁 얼게 추운

- 오늘은 하루 종일 엄청 추웠다.

  It has been freezing all day.

- 오늘은 기온이 영하 5도까지 내려갔다.

  The temperature dropped to minus five today.

  → temperature 기온, 온도

- 오늘은 영하 10도였다.

  Today was minus 10 degrees.

- 올해 들어 가장 추운 날이다.

  It is the coldest day of the year.

- 10년 만에 가장 추운 날씨였다고 한다.

  It is said that it was the coldest weather in last 10 years.

- 바람이 불어서 체감 온도는 더욱 낮았다.

  It felt colder than the actual temperature because of the wind chill factor.

  → wind chill factor 바람 체감 온도, 풍속 냉각 지수

- 바람이 너무 세서 얼굴이 얼어붙는 것 같았다.

  I felt as if my face was going to freeze because the wind was blowing too hard.

  → freeze 얼다

- 너무 추워서 아침에 일어나기가 싫다.

  In the morning, I don't want to wake up because it is too cold.

- 추워지면 학교 가기가 싫다.

  When it gets cold, I don't want to go to school.

- 교실이 너무 추웠다.

  The classroom was freezing.

- 온풍기가(난방이) 고장 나서 덜덜 떨면서 수업을 받았다.

  The heater was broken, so I was shivering during my classes.

  → shiver (몸을) 떨다

- 실내화를 신었는데도 발이 시렸다.

  Although I was wearing classroom shoes, my feet still felt cold.

  → 교실에서 신는 '실내화'는 classroom shoes라고 표현하면 됩니다.

- 장갑을 깜빡하고 안 끼어서 손에 동상이 걸릴 뻔했다.

  My hands almost got frostbite because I forgot to put on gloves.

  → frostbite 동상

- 추워서 하루 종일 집에 있었다.

  I stayed home all day because it was cold.

- 나는 추위를 많이 탄다!

  I can't stand the cold!

- 내일은 좀 더 따뜻하게 입어야겠다.

  I will make sure that I wear warmer clothes tomorrow.

  → make sure 확실히 ~하다, 반드시 ~하다

눈 ★ Snow

- 오늘 올해의 첫눈이 내렸다.

  Today we had the first snow of the year.

- 눈이 펑펑 내렸다.

It snowed heavily.

→ heavily 심하게, 세게

- 함박눈이 내려 길에 쌓였다.

Large snowflakes came down and piled up on the streets.

→ snowflake 눈송이   pile up (양이) 쌓이다

- 눈이 쌓이지 않고 모두 녹아 버렸다.

The snow didn't pile up. It all melted.

→ melt 녹다

- 오늘 아침에 일어나 보니 창밖이 온통 하얗게 변해 있었다.

When I woke up this morning, the world outside the window had turned into a winter wonderland.

→ winter wonderland 눈에 뒤덮인 겨울을 묘사하는 표현(노래 제목에서 유래)

- 밤새 눈이 내린 것이다.

It has been snowing all night.

- 창밖에 함박눈이 내리고 있었다.

Outside the window, large snowflakes were coming down.

- 동생과 밖에 나가서 함께 눈사람을 만들었다.

I went outside with my younger brother. We built a snowman together.

- 눈이 잘 뭉쳐지지 않았다.

It was hard to make a snowball.

→ snowball 눈 뭉치, 눈덩이

- 친구들과 운동장에서 눈싸움을 했다.

I had a snowball fight with my friends in the schoolyard.

→ snowball fight 눈싸움

- 눈이 얼어서 길이 미끄러웠다.

The road was slippery from the frozen snow.

→ slippery 미끄러운

- 길이 미끄러워 미끄러질까 봐 조심해야 했다.

I had to be careful not to slip because the streets were slippery.

→ slip 미끄러지다

- 길이 미끄러워서 걷다가 넘어졌다.

  I fell down while walking because the street was slippery.

  → fall down 넘어지다

- 눈이 와서 차가 많이 막혔다.

  There was heavy traffic because of the snow.

  → heavy traffic 교통 혼잡, 교통 체증

- 발이 푹푹 빠질 정도로 눈이 많이 왔다.

  It snowed so heavily that my feet sank deep under the snow.

  → sink 가라앉다 (sink-sank-sunk)

- 길에 염화칼슘이 뿌려져 있었다.

  Calcium chloride was sprayed on the roads.

  → calcium chloride 염화칼슘

- 고드름이 열렸다.

  Icicles formed.

  → icicle 고드름

- 북부지방은 눈사태가 났다.

  The northern region is suffering from avalanches.

  → suffer from ~로 고생하다, 고통받다   avalanche 눈사태

방한용품 ★ Winter Goods and Clothes

- 오늘 엄청 춥다고 해서 내복을 꺼내 입었다.

  I heard that today was going to be freezing, so I took out my long johns and wore them.

  → long johns 긴 내복

- 나는 하나도 안 추웠다. 아마도 내복을 입어서였나 보다.

  I didn't feel cold at all. I think it was probably due to my long johns.

- 내복을 입지 않아 너무 추웠다.

  I was freezing because I wasn't wearing my long johns.

- 이제부터 꼭 내복을 챙겨 입어야겠다.

I will make sure that I wear long johns from now on.

- 옷을 얇게 입었더니 너무 추웠다.

I was freezing because I dressed lightly.

→ dress 옷을 입다 lightly 가볍게

- 옷을 많이 껴입었는데도 추웠다.

I still felt cold although I was wearing piles of clothes.

→ piles of 많은 ~

- 엄마가 새 겨울 파카를 사 주셨다.

My mother bought me a new winter jacket.

- 오리털 파카여서 정말 따뜻하다.

Because it is a duck down parka, I feel so warm.

→ duck down 오리털

- 장갑을 안 끼고 가서 손이 너무 시렸다.

My hands were freezing because I forgot to put on my gloves.

- 부츠를 신었더니 하나도 안 추웠다.

I didn't feel cold at all because I was wearing my boots.

- 장갑 한 짝을 어딘가에 떨어뜨렸나 보다.

I must have left one of my gloves somewhere.

→ must have + 과거분사 ~했음에 틀림없다

- 장갑을 잃어버려서 혼이 났다.

I got into trouble for losing my gloves.

- 핫팩을 하고 있으니 하나도 안 추웠다.

I didn't feel cold at all because I had put on hot packs.

- 목도리와 마스크를 했더니 하나도 안 추웠다.

I didn't feel cold at all because I had put on a face mask and a scarf.

→ mask는 보통 의료용이나 스키용 마스크를 의미합니다. 우리가 흔히 사용하는 방한용 마스크에 해당하는 영어 표현이 없어서 face mask로 표현했습니다.

- 마스크를 쓰면 너무 답답하다.

When I wear a face mask, I feel like I am suffocating.

→ suffocating 숨이 막히는

- 귀마개를 하면 엄청 따뜻하다.

When I wear earmuffs, I feel so warm.

→ earmuff 귀마개

- 전기 장판을 틀고 잤더니 하나도 안 추웠다.

I slept on the electric pad, so I didn't feel cold at all.

→ 서양에는 전기 장판은 없고 전기 담요는 있습니다. 전기 담요는 electric blanket 이라고 합니다.

겨울 음식 ★ Winter Food

- 겨울은 군고구마의 계절이다.

Winter is the season for baked sweet potatoes.

→ baked 구운   sweet potato 고구마

- 호박고구마여서 정말 맛있었다.

It was a pumpkin-flavored sweet potato. That's why it was so delicious.

→ pumpkin 호박   flavored ~ 향의, ~ 풍미의

- 나는 찐고구마보다 군고구마가 좋다.

I like baked sweet potatoes more than steamed ones. /
I prefer baked sweet potatoes to steamed ones.

→ steamed (증기에) 찐

- 오늘은 동지라서 팥죽을 먹었다.

Today was *dongji*(the winter solstice), so I ate some red bean porridge.

→ red bean 팥   porridge 죽

- 할머니가 군밤을 사다 주셨다.

My grandmother bought me some roasted chestnuts.

→ roasted 구운   chestnut 밤

- 엄마가 호박죽을 해 주셨다.

My mother cooked me pumpkin porridge.

• 간식으로 엄청 달콤한 홍시를 먹었다.

I ate a really sweet red persimmon as a snack.

→ persimmon 감

• 겨울엔 귤이 최고다.

Tangerines are the best in winter.

→ tangerine 귤

• 귤을 10개나 먹었다!

I had ten tangerines!

• 귤은 새콤달콤 정말 맛있다!

Tangerines are both sweet and sour. They are so delicious!

• 겨울엔 역시 뜨끈한 어묵 국물이 최고다.

There is no doubt that warm fishcake soup is best in winter.

→ no doubt 틀림없는   fishcake 어묵

• 엄마가 붕어빵을 사 주셨다.

My mother bought me a fish-shaped sweet cake.

→ shaped ~ 모양의

• 거리에 호빵이 나온 걸 보니 겨울인가 보다.

Since steamed buns are available on the streets, I guess winter has come.

→ steamed bun 찐빵, 호빵   available 구할/이용할 수 있는

• 우리는 어묵탕을 식탁에서 끓이면서 먹었다.

We ate the fishcake soup while boiling it on the table.

→ boil 끓다, 끓이다

• 겨울에는 만둣국을 꼭 먹어야 한다.

In winter, we must eat dumpling soup.

→ dumpling 만두

김장 ★ Making Kimchi

• 오늘 엄마는 겨울을 대비해 김장을 하셨다.

Today, my mother made kimchi for the winter.

- 오늘은 우리 집 김장하는 날이었다.

Today was my family's kimchi-making day.

- 우리는 김장을 10포기 했다.

We made kimchi with 10 heads of cabbage.

→ cabbage 배추

- 우리는 김장을 많이 하는 편이다.

We tend to make a large amount of kimchi for the winter.

→ amount 양, 액수

- 나는 배추에 양념 바르는 일을 도와드렸다.

I helped spread the paste over the cabbage.

→ spread 펴 바르다, 펼치다   paste 반죽, 풀

- 김치가 정말 맛있었다.

The kimchi was really delicious.

- 할머니가 우리 집에 김치를 보내 주셨다.

My grandmother sent her kimchi to my family.

- 김치냉장고에 김치가 가득 찼다.

The kimchi refrigerator was filled with kimchi.

- 김장하느라 고생하신 엄마에게 안마를 해 드렸다.

I gave my mother a massage. She worked so hard to make kimchi.

→ massage 마사지, 안마

자연재해

 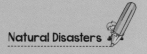
A Winter Wonderland Monday, December 18, Snowy

When I woke up this morning, the world outside the window had turned into a winter wonderland. I realized we had a sudden snowfall overnight. All schools are closed because of the heavy snow. I went outside and made a snowman with my brother. I wonder if I can go to school tomorrow.

겨울 나라   12월 18일 월요일, 눈 내림

아침에 일어나 보니 창밖 세상이 온통 눈 나라로 변해 있었다. 알고 보니 밤새 갑작스럽게 눈이 내린 것이었다. 폭설로 모든 학교가 휴교를 했다. 동생이랑 밖에 나가 눈사람을 만들었다. 내일은 학교에 갈 수 있으려나?

• **turn into** ~로 변하다 **sudden** 갑작스러운 **overnight** 밤사이에, 하룻밤 동안에 **wonder if** ~인지 궁금하다

• 태풍 때문에 하루 종일 비가 많이 오고 있다.

It has been pouring all day because of the storm.

→ pour 쏟다, 붓다   storm 폭풍, 태풍 ('태풍'은 typoon이라고도 함)

• 태풍이 다가오고 있다고 한다.

I heard that a storm is approaching.

→ approach 다가오다

• 이번 태풍은 초강력 태풍일 거라고 한다.

I heard that the coming storm will be a superstorm.

• 태풍이 와서 오늘 모든 학교가 휴교를 했다.

Because of the storm, all schools are closed today.

• 태풍 때문에 등교 시간이 늦춰졌다.

Because of the storm, classes have been delayed.

→ delay 지연하다, 미루다

• 강한 바람 때문에 나무들이 쓰러졌다.

Because of the strong winds, trees have fallen down.

• 태풍으로 운동장에 있던 나무가 뿌리째 뽑혔다.

The storm completely blew away a tree in the schoolyard.

→ completely 완전히   blow away 불어서 날리다

• 바람에 우산이 뒤집어졌다.

The wind turned my umbrella inside out.

• 천둥 번개가 계속 쳐서 너무 무서웠다.

Because the thunder and lightning didn't stop, I was terrified.

→ terrified 겁에 질린

• 바람이 세게 불어 창문이 덜컹거렸다.

The windows rattled because of the strong wind.

→ rattle 달가닥거리다

• 태풍이 우리나라를 빠져나갔다.

The storm has passed through Korea.

- 강원도는 태풍 피해가 가장 컸다.

Gangwon Province suffered the most from the storm.

→ province 도, 지방

- 아빠가 비상식량으로 컵라면을 사 오셨다.

My father brought some cup noodles for our emergency food supply.

→ cup noodle 컵라면   emergency 비상   food supply 식량 공급

홍수/폭우/폭설 ★ Floods / Heavy Rain / Heavy Snow

- 폭우가 쏟아졌다.

Rain was pouring down.

- 폭우로 한강이 범람했다.

The heavy rain caused the Han River to overflow.

→ heavy rain 폭우   overflow 넘치다

- 다리가 끊어져서 고립된 곳도 있다.

Some places are isolated because a bridge has collapsed.

→ isolated 고립된   collapse 무너지다

- 비가 계속 쏟아지고 있다. 역시나 어떤 지역은 홍수가 났다.

It has been pouring rain. No wonder some places are flooded.

→ flooded 물에 잠긴

- 갑자기 내린 폭설로 도로가 마비되었다 (차들로 꽉 찼다).

The roads are jammed with traffic because of the sudden heavy snowfall.

→ be jammed with ~로 꽉 차다, 붐비다   heavy snowfall 폭설

- 폭우로 강원도에서 산사태가 났다.

The heavy rain caused landslides in Gangwon Province.

→ landslide 산사태

- 폭염/눈보라/한파 주의보가 내려졌다.

A heat wave warning/blizzard watch/cold wave watch has been issued.

→ heat wave warning 폭염 주의보   blizzard watch 눈보라 주의보
   cold wave watch 한파 주의보   issue 발표하다, 나오다

- 일본에 지진이 일어났다는 뉴스를 보았다.

I saw on the news that Japan was hit by an earthquake.

→ hit 강타하다   earthquake 지진

- 뉴스에서 중국에 지진이 나서 많은 사람들이 다쳤다고 한다.

The news said that a lot of people were injured by the earthquake in China.

→ injured 부상당한

- 리히터 규모 7.0의 강진이었다.

It was a powerful earthquake that rated 7.0 on the Richter scale.

→ rate 등급을 매기다   Richter scale (지진의 규모를 나타내는) 리히터 척도

- 지진이 나면 책상 밑으로 숨어야 한다.

When an earthquake takes place, we should hide under a desk.

→ take place 일어나다, 발생하다

- 너무나 무서운 지진, 제발 한국에서는 나지 않았으면 좋겠다.

I hope no earthquakes ever hit Korea. They're really scary.

- 인도네시아에서 쓰나미가 발생해 많은 사람들이 죽었다고 한다.

A lot of people were killed in Indonesia because of a tsunami.

→ tsunami 쓰나미, 지진해일

- 지구온난화로 자연재해가 전보다 자주 발생한다.

Because of global warming, natural disasters are taking place more often than before.

→ global warming 지구온난화   natural disaster 자연재해

안개 / 우박 / 미세먼지 / 황사 ★ Fog / Hail / Fine Dust / Yellow Dust

- 오늘 아침은 안개가 잔뜩 끼었다.

It was very foggy this morning.

→ foggy 안개 낀

- 안개가 너무 짙어서 앞이 잘 안 보였다.

I couldn't see clearly because of the dense fog.

→ dense 짙은, 밀집한

- 가시거리가 매우 짧다.

There is low visibility.

→ visibility 시계, 가시성

- 갑자기 우박이 내렸다.

All of a sudden, hail started to fall.

→ all of a sudden 갑자기   hail 싸락눈, 우박

- 미세먼지가 심해 날이 어두웠다.

The day was gloomy because of the heavy fine dust.

→ gloomy 어둑어둑한   fine dust 미세먼지

- 황사로 온 세상이 흐리다.

The whole world is cloudy because of the yellow dust.

→ yellow dust 황사

- 황사와 미세먼지 모두 환경오염의 결과이다.

Both yellow dust and fine dust are the results of environmental pollution.

→ environmental 환경의   pollution 오염

Part
3

가족 및 친구

Family & Friends

My Little Sister

Sunday, February 4, Foggy

I have a little sister. She is two years younger than I. Sometimes it is annoying to take care of her. But it is better to have her because we have fun playing together. I will try to get along with her all the time.

내 여동생 2월 4일 일요일, 안개 낌

나는 여동생이 한 명 있다. 동생은 나보다 두 살 어리다. 동생을 돌봐 주는 게 짜증날 때도 있지만, 동생이 있어서 좋을 때가 더 많다. 왜냐하면 같이 놀 수 있기 때문이다. 동생이랑 항상 사이 좋게 지내야겠다.

· **take care of** ~을 돌보다 **get along with** ~와 잘 지내다

가족 관계 ★ Family

• 우리 가족은 세 명이다.

There are three people in my family.

• 우리 가족은 엄마, 아빠, 남동생 그리고 나까지 모두 네 명이다.

There are four people in my family including mother, father, younger brother and me.

→ including ~을 포함해서

• 우리 가족은 할아버지, 할머니, 엄마, 아빠 그리고 형이랑 나다.

My family members are my grandfather, grandmother, mother, father, older brother, and me.

• 나는 2남1녀 중 막내다.

Of the two boys and one girl in my family, I'm the youngest.

• 나는 우리 집에서 맏이다.

I am the oldest child in my family.

• 나는 우리 집에서 막내다.

I am the youngest in my family.

• 나는 외동이다.

I am an only child.

• 나는 외동딸/외동아들이다.

I am the only girl/boy.

• 나는 형제자매가 없다.

I don't have any siblings.

→ sibling 형제자매

• 나도 동생이 있었으면 좋겠다.

I wish I had a younger sibling. / I want to have a younger sibling.

• 형제가 많은 친구들이 정말 부럽다.

I really envy my friends who have a lot of brothers and sisters.

→ envy 부러워하다

• 동생이 있어서 같이 노니까 좋다.

It is nice to have a younger sister because we can play together.

- 나는 첫째인 것이 싫다.

I don't like being the eldest sibling.

→ eldest 가장 나이가 많은

- 내가 첫째라서 동생들을 돌봐야 한다.

I have to take care of my siblings because I am the oldest. /
I have to babysit my little brothers/sisters because I am the oldest.

→ take care of ~을 돌보다, 보살피다   babysit (아이를) 봐 주다

- 형이 있어서 참 좋다.

I am really happy to have an older brother.

- 나는 형제 중에 가운데다.

I am the middle child.

- 우리 집은 대가족이다.

I have a big family.

- 요즘은 삼대가 같이 사는 집이 드물다.

It is hard to find a home where three generations live together.

→ generation 세대

- 할머니, 할아버지랑 함께 살아서 참 좋다.

I'm really happy about living together with my grandparents.

- 나는 엄마가 안 계신다.

I don't have a mother.

- 엄마는 내가 다섯 살 때 돌아가셨다.

My mother passed away when I was five.

→ pass away 세상을 떠나다, 돌아가시다

- 부모님이 이혼하셔서 나는 아빠랑 산다.

My parents got divorced, so I live with my father.

→ get divorced 이혼하다

- 부모님은 이혼하셨지만 두 분 모두 여전히 나를 사랑하신다.

Although my parents are divorced, they still love me.

- 우리 엄마와 아빠는 사이가 정말 좋다.

My mother and father love each other very much.

- 우리 집은 화목하다.

I live in a loving, caring family.

→ loving 애정 어린, 다정한

- 우리 집은 사랑이 넘친다.

I live in a house full of love. /
My home is full of love.

- 우리 식구들은 모두 조용한 편이다.

All of my family members are rather quiet.

→ rather 좀, 약간

- 우리 식구들은 모두 활동적이다.

Everyone in my family is very active.

- 우리 식구는 여행을 좋아한다.

My family loves to travel.

우리 아빠 ★ My Father

- 우리 아빠는 정말 자상하시다.

My father is really sweet and caring. /
I have such a caring dad.

→ sweet 다정한   caring 배려하는, 보살피는

- 아빠는 우리하고 자주 놀아 주신다.

My father spends time playing with us
often.

- 우리 아빠는 정말 잘생겼다.

My father is really handsome.

- 사람들이 모두 미남이라고 한다.

Everyone says that he is handsome.

- 아빠는 집안일을 많이 도와주신다.

My father helps a lot with the housework.

- 우리 아빠는 40대다.

My father is in his forties.

- 우리 아빠는 배가 나왔다.

My father has a big stomach.

- 우리 아빠는 흰머리가 좀 있다.

My father has a little bit of white hair.

- 우리 아빠는 경찰관이시다.

My father is a policeman.

- 우리 아빠는 IT 회사에 다니신다.

My father works at an IT company.

- 아빠는 대구가 고향이다.

My father's hometown is Daegu.

→ hometown 고향

- 우리 아빠는 엄한 편이시다.

  # My father is kind of strict.
  → kind of 약간, 어느 정도   strict 엄한, 엄격한

- 우리 아빠는 보수적이시다.

  # My father is conservative.
  → conservative 보수적인

- 우리 아빠는 너무 무뚝뚝하시다.

  # My father is so inexpressive.
  → inexpressive 말없는, 뚱한

- 우리 아빠는 웃기는 농담을 자주 하신다.

  # My father often makes funny jokes.
  → make jokes 농담을 하다

- 우리 아빠는 우리에게 장난을 잘 치신다.

  # My father plays tricks on us all the time.
  → play tricks 장난치다

- 우리 아빠는 재미있고 똑똑하시다.

  # My father is humorous and smart.

- 아빠는 나를 잘 이해해 주신다.

  # My father understands me very well.

- 나와 아빠는 마음이 잘 통한다.

  # My father and I have a perfect connection. / My father and I connect with each other well.
  → connection 관련성   connect 잇다, 연결하다

- 나는 엄마보다 아빠가 더 좋다.

  # I like my dad more than my mom.

- 아빠는 매일 바쁘시다. 아침 일찍 출근하셔서 밤늦게 퇴근하신다.

  # My father is busy every day. He leaves for work early in the morning and then comes home very late.

- 아빠는 쉬는 날 하루 종일 잠만 잔다.

  # When there is a holiday, my father just sleeps all day.

- 아빠는 쉬는 날이면 하루 종일 잠만 잔다.

  # When my father is off duty, he just sleeps all day.
  → off duty 비번인, 휴무인

- 아빠가 나랑 더 많이 놀아 주면 좋겠다.

  # I wish my father would play with me more.

• 나는 멋진 아빠가 참 자랑스럽다.　　I am very proud of my wonderful father.

→ be proud of ~을 자랑스러워 하다

우리 엄마 ★ My Mother

• 우리 엄마는 정말 예쁘다.　　My mother is really pretty.

• 우리 엄마는 직장인이다.　　My mother has a job.

• 우리 엄마도 다른 엄마들처럼 집에 있었으면
좋겠다.　　I wish my mother could stay home just like other mothers.

• 우리 엄마는 전업주부다.　　My mother is a housewife.

• 우리 엄마는 날씬하다.　　My mother is slim/slender.

→ slim/slender 날씬한, 호리호리한

• 우리 엄마는 뚱뚱한 편이다.　　My mother is kind of chubby.

→ chubby 통통한

• 우리 엄마는 무척 깔끔하다.　　My mother is very neat.

→ neat 단정한, 깔끔한

• 엄마는 1980년 생이시다.　　My mother was born in 1980.

• 우리 엄마는 나이가 좀 많으시다.　　My mother is kind of old.

• 우리 엄마는 요리를 아주 잘하신다.　　My mother is very good at cooking.

→ be good at ~에 능숙하다, 잘하다

• 엄마가 해 주시는 음식은 다 맛있다.　　Everything that my mother cooks is very delicious.

• 엄마는 애들 마음을 잘 이해 못하신다.　　My mother doesn't really understand how children feel.

- 우리 엄마는 항상 잔소리를 하신다.

My mother nags me all the time.

→ nag 잔소리하다   all the time 항상

- 엄마는 맨날 공부만 하라고 하신다.

My mother always tells me just to study.

- 우리 엄마는 화낼 때 정말 무섭다.

My mother is really scary when she's angry.

- 그래도 나는 이 세상에서 엄마가 제일 좋다.

Still, my mother is the person that I love the most in the world.

- 나도 커서 우리 엄마처럼 좋은 엄마가 되고 싶다.

I wish I could be a perfect mom like my mother when I grow up.

- 우리 엄마는 뭘 자꾸 깜빡하신다.

My mother easily forgets things.

- 우리 엄마는 유능한 워킹맘이다.

My mother is a competent career woman.

→ competent 유능한   career 직업의; 직업, 경력

- 우리 엄마는 뭐든지 잘 해내서 무척 자랑스럽다.

I am very proud that my mother can manage everything well.

→ manage 해내다, 관리하다

언니 / 누나 / 오빠 / 형 ★ My Sister / Brother

- 나는 오빠가 한 명, 언니가 한 명 있다.

I have an older brother and an older sister.

- 나는 형이랑 나이 차이가 많이 난다.

My older brother and I have a big age gap.

→ gap 차이, 틈

- 언니는 나보다 세 살 많다.

My sister is three years older than me.

- 오빠랑 나는 연년생이다.

My brother and I are a year apart.

→ apart 떨어져

• 나는 형이랑 쌍둥이다.

My brother and I are twins.
→ twins 쌍둥이

• 나도 언니가 있었으면 좋겠다.

I wish I had an older sister.

• 우리 오빠는 중학생이다.

My older brother is a middle school student.

• 우리 오빠는 사춘기다.

My older brother is in his adolescence.
→ adolescence 사춘기

• 우리 오빠는 나한테 정말 잘해 준다.

My older brother is really nice to me.

• 우리 언니는 나와 많이 놀아 준다.

My older sister plays with me a lot.

• 오빠는 나랑 잘 안 놀아 준다.

My older brother hardly ever plays with me.

• 오빠는 공부를 해야 하기 때문이다.

Because my older brother has to study.

• 우리 형은 뭐든지 잘한다.

My older brother is good at everything.

• 우리 누나는 정말 똑똑하다.

My older sister is really smart.

• 우리 형은 공부를 잘한다.

My older brother does well at school.
→ do well at school 학교 성적이 좋다

• 나는 형이 자랑스럽다.

I am really proud of my older brother.

• 형과 나는 사이가 정말 좋다.

My brother and I get along really well.
→ get along 잘 지내다, 잘 어울리다

• 우리 오빠는 맨날 화를 낸다.

My older brother gets angry all the time.

• 언니랑 나는 닮았다.

My older sister and I look alike.
→ alike 비슷한

• 동네 아줌마들은 언니랑 내가 똑같이 생겼다고 한다.

My neighbors say that my older sister and I look exactly the same.

- 형이랑 싸워서 엄마에게 혼이 났다.

I got into trouble with my mom for fighting with my older brother. /
My mom scolded me for fighting with my older brother.

→ get into trouble with ~에게 혼나다   scold ~을 혼내다

- 우리 형은 정말 못됐다.

My older brother is really mean.

→ mean 성질이 나쁜

- 형은 자꾸 나를 때린다.

My older brother hits me all the time.

- 엄마는 항상 형만 챙긴다.

My mother only cares about my older brother.

→ care about ~에 관심을 가지다, 신경 쓰다

- 언니 옷을 물려 입기 싫다.

I don't want to wear passed-down clothes from my sister.

→ passed-down 물려 받은

- 누나는 맨날 나한테 심부름을 시킨다.

My older sister always asks me to do things for her. /
My older sister asks me to run some errands for her every day.

→ run an errand 심부름 하다

- 언니랑 나는 취향이 정말 정반대다.

My older sister and I have completely opposite tastes.

→ opposite 반대의   taste 취향, 입맛

- 형은 자기 방에 절대 못 들어오게 한다.

My older brother never lets me into his room.

- 언니가 있는 친구들이 너무 부럽다.

I really envy my friends who have older sisters.

- 형이 나를 그만 좀 때리면 좋겠다.

I wish my older brother would stop hitting me.

- 형은 유머가 많아서 인기가 있다.

My older brother is popular because of his sense of humor.

→ sense of humor 유머 감각

- 누나가 나랑 시간을 더 많이 보내 주었으면 좋겠다.

I wish my older sister would spend more time with me.

동생 ★ My Little Sister/Brother

- 나는 남동생이 한 명 있다.

I have a younger brother.

- 동생은 다섯 살이다.

My younger brother is 5 years old.

- 나와 동생은 2살 차이다.

My younger brother and I are 2 years apart.

- 내 동생은 유치원에 다닌다.

My younger brother goes to kindergarten.

- 귀여운 여동생이 있었으면 좋겠다.

I wish I had a really cute baby sister.

- 내 동생은 너무 귀엽다!

My younger sister is so cute!

- 내 동생은 나를 잘 따른다.

My younger sister loves me.

- 내 동생은 내 말을 잘 듣는다.

My younger sister listens carefully to me.

- 나는 동생이랑 잘 놀아 준다.

I am good at playing with my younger brother.

- 내 동생은 나를 정말 귀찮게 한다.

My younger brother bothers/bugs me all the time. /
My younger brother is a pain in the neck.

→ bother 성가시게 하다   bug 괴롭히다
  a pain in the neck 골칫거리, 귀찮은 사람

- 동생은 내가 하는 건 뭐든지 따라한다.

My younger brother does everything I do. / My younger brother is a copycat.

→ copycat 흉내쟁이, 따라하는 사람

- 내 동생은 정말 장난꾸러기다.

My younger sister is really naughty.

→ naughty 장난이 심한, 짓궂은

- 내 동생은 엄청 울보다. 아무것도 아닌 일에 운다.

My younger sister is such a crybaby. She cries over nothing.

→ crybaby 울보

- 동생은 자기 마음대로 안 되면 운다.

My younger sister cries if she doesn't get her way.

→ get one's way 제멋대로 하다

- 동생이 울면 나는 무조건 양보해야 한다.

When my younger sister cries, I have to give up no matter what.

→ give up 양보하다, 포기하다   no matter what 무엇이든지

- 동생 때문에 늘 나만 혼난다.

It is I that always get in trouble because of my younger brother.

- 엄마는 동생만 예뻐한다.

My mother only likes my younger brother.

- 엄마는 늘 나한테만 양보하라고 하신다.

My mother always tells me to give in.

- 동생이 잘못했는데도 엄마는 나만 야단치신다.

Even if it is my younger brother's fault, my mother only scolds me.

- 내 동생은 너무 어리다.

My younger brother is too young.

- 동생이 나보다 어리니 내가 돌봐 줄 일이 많다.

Because my sister is younger than me, I have to take care of her a lot.

- 형 노릇은 참 피곤한 일이다.

Being an older brother is a very tiring job.

→ tiring 피곤하게 만드는

- 동생이 빨리 초등학생이 되었으면 좋겠다.

I wish my younger sister would become an elementary school student soon.

→ elementary school 초등학교

- 동생이 내 물건을 안 만졌으면 좋겠다.

I hope my younger sister stops touching my things.

- 앞으로 동생한테 좀 더 잘해 줘야겠다.

I will try to treat my sister more nicely.

- 동생은 누구에게나 상냥해서 인기가 많다.

My younger sister is popular because she is sweet to everyone.

→ sweet 상냥한, 다정한

- 동생이 떼쓰면 아무도 당할 수가 없다.

Once my younger sister throws fits, no one can stop him/her.

→ throw fits 성질을 부리다

할아버지/할머니 ★ My Grandparents

- 우리 할아버지는 참 인자하시다.

My grandfather is really kind.

- 우리 할아버지는 정말 엄한 분이시다.

My grandfather is really strict.

- 우리 할머니는 자상하시다.

My grandmother is very thoughtful.

→ thoughtful 배려심 있는, 친절한

- 할머니는 무조건 내 편이다.

My grandmother is always on my side.

→ on one's side ~의 편인

- 우리 할머니는 나를 굉장히 예뻐하신다.

My grandmother adores me so much.

→ adore 아주 좋아하다

- 우리 할머니는 내가 세상에서 제일 예쁘다고 하신다.

My grandmother says that I'm the most wonderful thing in the world.

- 우리 할머니는 나를 '강아지'라고 부르신다.

My grandmother calls me "puppy."

- 증조할머니는 오빠만 좋아한다.

My great-grandmother only loves my older brother.

- 우리 할머니는 내가 태어나기 전에 돌아가셨다.

My grandmother passed away before I was born.

- 할아버지, 할머니 모두 내가 어렸을 때 돌아가셨다.

Both my grandfather and grandmother passed away when I was young.

- 나는 할머니, 할아버지가 살아 계신 친구들이 부럽다.

I envy my friends whose grandmother and grandfather are still alive.

- 할아버지, 할머니, 외할아버지, 외할머니 모두 살아 계신다.

My grandparents on both sides of my family are still alive.

- 우리 할머니는 대구에 사신다.

My grandmother lives in Daegu.

- 할머니 댁은 분당이다.

My grandmother's home is in Bundang.

- 우리는 보통 2주에 한 번 할머니 댁에 간다.

We usually visit my grandmother's house once every two weeks.

- 엄마가 일을 하시기 때문에 할머니가 우리를 돌봐 주신다.

Because my mother works, my grandmother takes care of us.

- 할머니는 음식 솜씨가 좋다.

My grandmother is a great cook.

→ cook 요리사

- 나의 조부모님은 내가 해달라는 건 뭐든지 해 주신다.

My grandparents do everything I ask them.

- 할머니 댁에 놀러 가면 맛있는 것도 해 주시고 용돈도 주신다.

When I visit my grandmother, she cooks delicious food for us. She also gives us pocket money.

→ pocket money 용돈

- 할머니, 할아버지가 계시면 공부를 안 해도 엄마가 혼내지 않는다.

When my grandparents are here, my mom doesn't scold me even if I don't study.

- 어깨를 안마해 드렸더니 할아버지가 용돈을 주셨다.

Grandpa gave me some pocket money because I massaged his shoulder.

→ massage 안마를 하다

- 나는 세상에서 우리 할머니, 할아버지가 제일 좋다.

Grandma and Grandpa are my favorite people in the world.

- 나는 친할머니보다 외할머니가 더 좋다.

I like my grandma on my mother's side more than my grandma on my father's side.

→ on one's side ~의 편인/쪽인

- 우리 할아버지는 귀가 잘 안 들리신다.

My grandfather can't hear well. /
My grandfather has a hearing problem.

- 할아버지는 보청기를 끼신다.

My grandfather wears hearing aids.

→ hearing aids 보청기

- 할머니께서는 틀니를 하셔서 딱딱한 음식을 못 드신다.

My grandmother wears dentures, so she can't eat hard food.

→ denture 틀니

- 할머니는 작은 글씨가 잘 안 보인다고 하신다.

My grandmother says she can't see small letters clearly.

- 우리 할머니는 연세가 많으시지만 정말 건강하시다.

My grandmother is very old, but she's really healthy.

- 할머니가 계속 건강하셔서 오래오래 사셨으면 좋겠다.

I hope my grandmother stays healthy so that she can stay with us for a long time.

친척 ★ Relatives

- 우리는 친척이 아주 많은 집안이다.

We have a lot of relatives in our family.

→ relative 친척

- 우리 아빠가 장손이라 우리 집으로 친척들이 많이 모인다.

My father is the oldest son, so many relatives gather in my house.

→ gather 모이다

• 나는 사촌이 아주 많다.

I have a lot of cousins.

→ cousin 사촌

• 우리는 친척이 별로 없다.

We don't have a lot of relatives.

• 친척이 많은 친구들이 정말 부럽다.

I really envy my friends who have a lot of relatives.

• 오늘은 할아버지 제사라 친척들이 우리 집으로 오셨다.

Today is my grandfather's memorial service day, so my relatives came to my house.

→ memorial service 제사

• 나는 삼촌이 두 분 계신다.

I have two uncles.

→ 영어로는 큰 아빠, 작은 아빠, 고모부, 이모부, 삼촌이 모두 uncle입니다.

• 나는 이모가 한 분 있다.

I have one aunt.

→ 영어로는 큰 엄마, 작은 엄마, 고모, 이모, 숙모, 외숙모가 모두 aunt입니다.

• 난 삼촌만 있어서 고모가 있는 친구들이 부럽다.

I only have uncles, so I envy my friends who have aunts.

• 삼촌은 아직 결혼을 안 했다.

My uncle is not yet married.

• 외삼촌은 용돈을 잘 주신다.

My uncle often gives me some pocket money.

• 고모부께서 용돈을 주셨다.

My uncle gave me some pocket money.

• 할아버지 생신이어서 외삼촌댁에 갔는데 용돈을 5만 원이나 받았다.

I visited my uncle's house for grandfather's birthday and got 50,000 won in pocket money.

• 방학이라 광주에 있는 외삼촌댁에 놀러 갔다.

It was my vacation, so I went to my uncle's house in Gwangju.

• 고모는 나를 무척 예뻐하신다.

My aunt adores me.

→ adore 아주 좋아하다

• 이모는 나보고 더 예뻐졌다고 칭찬을 하셨다.

My aunt complimented me on how I look prettier.
→ compliment 칭찬하다

• 고모가 생일 선물로 인형을 사 주셨다.

My aunt bought me a doll for my birthday present.

• 오늘 이모네 식구가 우리 집에 놀러 왔다.

Today, my aunt's family came to visit us.

• 고모네 가족과 제주도에 놀러 갔다.

We went to Jeju Island together with my aunt's family.

• 이모는 우리 집에서 가까운 데 사신다.

My aunt lives near my house.

• 내 사촌 형은 공부도 잘하고 운동도 잘한다.

My cousin is good at studying and playing sports.
→ 사촌은 형, 누나, 동생 구분 없이 모두 cousin입니다.

• 이모가 아기를 낳았는데 너무 예뻤다.

My aunt gave birth to a really pretty baby.
→ give birth to ~을 낳다, 출산하다

• 사촌 동생은 나를 엄청 잘 따른다.

My cousin brother/sister really likes me.

• 사촌 철수는 나랑 같은 학년이다.

My cousin Cheolsoo is in the same grade as me.
→ grade 학년

• 사촌 언니는 나보다 2살 많다.

My cousin is two years older than me.

• 사촌들과 밤늦게까지 놀았다.

I played with my cousins until late at night.

• 사촌 언니들과 함께 노는 건 정말 재미있다.

Hanging out with my cousins is really fun.
→ hang out 어울려 놀다

• 사촌 형이 너무 많이 변해서 처음에는 못 알아봤다.

I didn't recognize my cousin at first because he had changed so much.
→ recognize 알아보다

• 친척들이 모두 모이는 명절이 나는 정말 좋다.

I love holidays when all of my relatives get together.
→ get together 모이다

My Best Friend, Jeongho Wednesday, March 19, Rainy

I moved to this town a year ago, so I didn't know the kids here.

I met Jeongho then. I learned we both like to play video games

and to read comic books. Since then, he and I have always been

together. Jeongho is truly my best friend.

나의 단짝 친구 정호 3월 19일 수요일, 비 옴

나는 이 동네로 1년 전에 이사 와서 이곳 아이들을 잘 몰랐다. 그때 정호를 만났다. 둘 다 게임 하기와 만화책 읽기를 좋아한다
는 걸 알게 되었다. 그때부터 정호와 나는 항상 함께해 왔다. 정호는 진정 나의 베프다.

· **comic book** 만화책 **since** ~ 이래로, 이후로 **truly** 진심으로, 정말로

친구 사귀기 ★ Making Friends

- 나는 친구가 많다.

I have a lot of friends.

- 나는 친구가 많아서 좋다.

I'm happy that I have a lot of friends.

- 나는 친한 친구가 많지 않다.

I don't have many close friends.

- 2학년 때 이 학교로 전학을 와서 친구가 별로 없다.

I don't have many friends because I transferred to this school in the 2nd grade.

→ transfer 전학하다, 옮기다

- 작년에 이 동네로 이사를 와서 아는 애들이 별로 없다.

I moved to this town a year ago, so I don't really know the kids in here.

- 나는 친구를 잘 사귀는 편이다.

I make friends easily. /
It is rather easy for me to make new friends.

→ rather 꽤, 상당히, 오히려

- 나는 친구 사귀기가 힘들다.

I have a hard time making friends.

→ have a hard time -ing ~하느라 고생하다

- 나는 수줍음이 많아서 처음 보는 사람에게 말을 잘 못 건다.

I can't talk to someone new because I'm too shy. /
I can't really start a conversation because I'm too shy.

- 친구를 잘 사귀는 수호가 부럽다.

I envy Suho's sociable personality.

→ sociable 사교적인   personality 성격

- 예린이와 친구가 되고 싶다.

I want to be friends with Yerin.

- 오늘 예린이라는 친구를 사귀었다.

Today, I became friends with Yerin.

- 예린이와 나는 공통점이 많다.

Yerin and I have a lot in common.

→ in common 공통으로

159

- 예린이랑 나는 잘 통한다.

Yerin and I have a perfect connection.

- 태서는 놀이터에서 같이 놀다가 친해졌다.

Taeseo and I got close while hanging out together on the playground.

→ get close 친해지다   hang out 어울려 다니다, 놀다

- 태서와는 같은 태권도학원에 다니면서 친해졌다.

Taeseo and I got close because we are in the same taekwondo class.

- 나는 학원에 안 다녀서 같이 놀 친구가 없다.

Because I don't go to a hagwon, I don't have friends to play with.

- 학원을 많이 다녀서 친구랑 놀 시간이 없다.

I go to so many different hagwons that I don't have any time for friends.

- 친구를 가리지 말고 골고루 사귀고 싶다.

I don't want to be picky when making friends with others. /
I am interested in being friends with many different people.

→ picky 까다로운

친한 친구 ★ Close Friends

- 나의 가장 친한 친구는 경준이다.

Kyeongjun is my closest friend.

- 나의 베프는 경준이다.

Kyeoungjun is my best friend. /
Kyeoungjun is my bestie.

- 지우와 나는 1학년 때부터 친구다.

Jiwoo and I have been friends since we were in the 1st grade.

- 우리는 같은 유치원을 나왔다.

We went to the same kindergarten.

- 우리는 같이 축구를 하며 단짝이 되었다.

We became best friends while playing soccer together.

• 우리는 매일 만나서 집에 같이 온다.

Everyday, we meet and come home together.

• 우리는 부모님끼리도 친하시다.

Our parents are close as well.

→ as well ~도 또한

• 우리의 우정이 영원했으면 좋겠다.

I hope our friendship lasts forever.

→ last 계속되다, 지속되다

• 친한 친구가 다른 반이어서 너무 슬프다.

I'm so sad because my best friend is in a different class.

• 친한 친구가 다른 학교로 전학을 가서 너무 슬프다.

I'm so sad because my close friend is transferring to another school.

친구와 어울리기 ★ Hanging out with Friends

• 그 애랑 놀면 정말 재미있다.

It's really fun to hang out with her.

• 그 애랑 놀면 자꾸 싸우게 된다.

Whenever I hang out with him, we end up fighting.

→ end up -ing 결국 ~하게 되다

• 오늘 영서가 우리 집에 놀러 왔다.

Today, Yeongseo came to play at my house.

• 친구들과 함께 숙제를 했다.

I did my homework together with my friends.

• 학원 가기 전에 친구와 놀이터에서 놀았다.

I played with my friend on the playground before going to my hagwon.

• 친구들이랑 놀 때가 가장 기분이 좋다.

I feel happiest when playing with my friends.

- 내 친구들은 주로 밖에서 노는 것을 좋아한다.

My friends usually prefer playing outside. /
My friends usually enjoy outdoor activities.

→ outdoor activity 야외 활동

- 희서는 집에서 노는 걸 좋아한다.

Heeseo likes to play at home.

- 요새는 여자애들끼리만 친하게 지낸다.

These days, girls are only close with other girls.

- 친한 친구들과 비밀 모임을 만들었다.

I made a secret club with my close friends.

친구의 장단점 ★ The Strengths and Weaknesses of My Friends

- 상우는 정말 착하다.

Sangwoo is really kind.

- 상우는 양보를 잘한다.

Sangwoo is considerate. /
Sangwoo always lets others go before him.

→ considerate 사려 깊은, 배려하는　let A 동사 원형 A가 ~하게 하다

- 상우는 축구를 잘한다.

Sangwoo plays soccer very well.

- 서윤이는 공부도 잘하고 예쁘다.

Seoyun is a pretty girl who also studies well.

- 서윤이는 키가 크고 운동을 잘한다.

Seoyun is tall and athletic.

→ athletic 운동을 잘하는, 운동 신경이 좋은

- 서윤이는 친구들 사이에 인기가 많다.

Seoyun is popular with her friends.

- 민서는 리더십이 좋아서 항상 회장을 한다.

Thanks to her great leadership, Minseo is always the class president.

→ thanks to ~ 덕분에

- 민서는 성격이 좋아서 아이들이 많이 따른다.

Minseo is so friendly that everyone likes her.

- 민서는 고집이 세고 좀 이기적이다.

Minseo is stubborn and a bit selfish.

→ stubborn 고집 센   selfish 이기적인

- 희수는 잘 삐친다.

Heesoo gets upset easily.

- 희수와 어울리기는 하지만 맘에 들지는 않는다.

I hang out with Heesoo, but I don't really like her.

- 희수는 한번 삐치면 오래 간다.

Once she's upset, Heesoo doesn't get over it quickly.

→ get over 극복하다

- 준일이는 자기 맘대로만 하려고 한다.

Junil always tries to get his way.

→ get one's way 제멋대로 하다

- 준일이는 자기 주장이 너무 강하다.

Junil has a strong voice. /
Junil is very bossy. /
Junil is always bossing others around.

→ bossy 으스대는, 자기 주장만 하는
boss around 쥐고 흔들다, 이래라 저래라 하다

- 준일이는 쌀쌀맞은 것 같아도 나의 소중한 친구다.

Although Junil seems to act cold, he is still my dear friend.

친구와의 싸움 ★ Fights with Friends

- 오늘 학교에서 정윤이랑 싸웠다.

Today, I fought with Jeongyun at school.

- 정윤이가 나를 뚱보라고 놀렸다.

Jeongyun made fun of me by calling me fat.

- 오늘 민호와 상우가 크게 싸웠다.

Today, Minho and Sangwoo had a big fight.

- 둘 다 나랑 많이 친하기 때문에 중간에서 정말 곤란했다.

Both of them are really close to me, so I was awkwardly caught in the middle.

→ awkwardly 어색하게, 서투르게

- 누구 편을 들 수도 없고 애매하다.

I am in trouble now because I can't take anyone's side.

→ in trouble 곤란한   take one's side ~의 편을 들다

- 오늘 민호와 주먹으로 치고 받고 싸웠다.

Today, Minho and I beat each other up.

→ beat up 때리다, 두들겨 패다   each other 서로

- 민호가 먼저 나를 때렸다.

Minho hit me first.

- 그 애를 놀린 건 내가 잘못한 것 같다.

I made fun of him, so it was partly my fault.

→ make fun of ~을 놀리다   partly 부분적으로, 어느 정도

- 하지만 나를 세게 때린 민호가 더 잘못했다고 생각한다.

But I think Minho is guiltier because he hit me hard.

→ guilty 책임이 있는, 유죄의

- 민호가 먼저 사과하기 전에는 다시는 같이 안 놀 거다.

I'm not going to play with Minho unless he apologizes first.

→ apologize 사과하다

- 수현이란 남자애가 자꾸 나를 괴롭힌다.

This boy named Suhyeon constantly bugs me.

→ bug 귀찮게 하다, 괴롭히다

- 수현이가 오늘 나한테 욕을 했다.

Suhyeon swore at me today.

→ swear 욕하다 (swear-swore-sworn)

- 자꾸 나를 놀리고 못살게 군다.

He kept teasing and annoying me.

→ tease 놀리다

- 서진이가 내 흉을 보고 다닌다고 한다.

I heard that Seojin is talking about me behind my back.

→ talk behind one's back ~의 험담을 하다

- 서진이가 자꾸 나를 따돌린다.

Seojin keeps bullying me.

→ bully 따돌리다, 괴롭히다, 골목대장

- 친구들이 자꾸 내 얼굴이 크다고 놀려서 속상하다.

I am hurt because my friends keep on teasing me about having a big head.

- 우리 반 여자애들은 완전 조폭이다.

The girls in my class act like bullies.

- 같이 놀다가 희수가 삐쳤다.

While we were playing together, Heesoo became sulky.

→ sulky 부루퉁한, 삐친

- 희수가 왜 화가 났는지 모르겠다.

I don't know why Heesoo was angry.

- 생각해 보면 싸울 일도 아니었는데.

Come to think of it, it was nothing to fight over.

→ come to think of it 생각해 보면

- 내가 좀 더 참을 걸 그랬다.

I should have been more patient.

→ patient 참을성 있는

- 정현이랑 빨리 화해하고 싶다.

I want to make up with Jeonghyeon as soon as possible.

→ make up with ~와 화해하다

- 내일 내가 먼저 사과해야겠다.

I should apologize first tomorrow.

- 민호와 상우가 빨리 화해하면 좋겠다.

I hope Minho and Sangwoo make up soon.

친구와 화해하기 ★ Making up with My Friends

- 오늘 정현이한테 먼저 사과했다.

Today, I apologized to Jeonghyeon first.

- 내가 미안하다고 했더니 친구도 미안하다고 했다.

I said I was sorry, and he said he was sorry, too.

- 그 애는 절대 미안하다는 소리를 안 한다.

That boy never says sorry.

- 친구에게 사과 편지를 주었다.

I gave a letter of apology to my friend.

→ apology 사과

- 그 애한테 사과 문자를 보냈더니 그 애도 미안하다고 답장을 보냈다.

I texted her a message apologizing, so she replied back that she was sorry.
→ text a message 문자를 보내다　apologize 사과하다
　 reply back 답장을 하다. 회답하다

- 친구랑 싸우면 나는 먼저 사과하는 편이다.

When I fight with my friends, I'm usually the first one to say sorry.

- 친구와 싸운 뒤 화해하고 나면 더 친해지는 것 같다.

After fighting and making up with my friends, I think we get even closer.

- 싸우고 나서 사과를 안 했더니 사이가 멀어졌다.

Because we had a fight and never apologized, we drifted apart.
→ drift apart 사이가 멀어지다

- 난 화도 잘 내지만 잘 풀어지기도 한다.

I tend to get angry easily, but I get over it quickly too.
→ get over 극복하다. 회복하다

- 우리는 화해하긴 했지만 왠지 서먹하다.

We made up, but things are still awkward between us.
→ make up 화해하다　awkward 어색한. 서먹한

- 친구와 화해를 했더니 마음이 너무 편하다.

I feel so good after making up with my friends.

- 내 생각에 먼저 져 주는 게 이기는 거다.

I think you win when you give in first.
→ give in 항복하다

- 미안하다고는 했지만 진심은 아니었다.

I said I was sorry, but I didn't really mean it.

- 부모님께서 사과하라고 하셔서 그 애한테 문자를 보냈다.

Because my parents told me to apologize, I sent a text message to him.
→ text message 문자 메시지

왕따 ★ Bullying

- 우리 반은 왕따가 없다.

  There are no outcasts in my class.

  → outcast 따돌림받는 사람

- 반 애들이 재준이를 은근히 왕따시키는 것 같다.

  I think my classmates are secretly isolating Jaejun.

  → isolate 소외시키다, 왕따시키다

- 남을 괴롭히는 아이들이 반마다 꼭 있다.

  There are always bullies in every class.

- 만약 어떤 애들이 나를 왕따시킨다면 너무 충격 받을 것 같다.

  If a group of kids ever bullied/picked on me, I would be devastated.

  → pick on 놀리다, 괴롭히다 devastated 엄청난 충격을 받은

- 왕따가 된 아이가 불쌍하다.

  I feel so bad for the outcast.

- 아무도 그 애에게 말을 걸지 않는다.

  No one talks to him.

- 내가 우리 반 왕따인 애를 위해 용감하게 나섰다.

  I bravely stood up for the outcast in my class.

  → stand up for ~을 옹호하다

- 그 애를 도와주고 싶지만 나도 그 애처럼 왕따가 될까 봐 두렵다.

  I want to help him, but I'm afraid of becoming an outcast like him.

- 그 애가 따돌림 당하는 것을 선생님에게 말씀을 드려야겠다.

  I should tell my teacher that he/she is being bullied.

- 내가 왕따인 것 같아 괴롭다.

  I feel devastated because I feel like an outcast.

- 아이들이 나한테만 절대 말을 붙이지 않고 내가 지나가면 웃는다.

  My classmates never talk to me and laugh whenever I pass by.

- 만약 그 애들이 계속 그러면 선생님께 말씀 드릴 거다.

  If they keep on doing that, I'm going to tell the teacher about it.

- 선생님은 왕따 문제가 생기면 우리가 도와줘야 한다고 하신다.

My teacher says we have to help when there is bullying going on.

파자마 파티 ★ Pajama Party

- 엄마에게 우리 집에서 파자마 파티를 하자고 졸랐다.

I begged my mother to have a pajama party at our house.

→ beg 간청하다, 애원하다

- 이번 주말에 우리 집에서 파자마 파티를 하기로 했다.

There will be a pajama party at my house this weekend.

- 누구누구를 초대해야 할까?

I wonder who I should invite.

- 어제 영민이네 집에서 파자마 파티를 했다.

Yesterday, there was a pajama party at Yeongmin's house.

- 친구들과 밤새 수다를 떨었다.

My friends and I talked all night long.

→ all night long 밤새도록

- 우리는 숨바꼭질, 보드게임, 컴퓨터게임을 하며 놀았다.

We played hide-and-seek, board games, and computer games.

- 새벽까지 놀아서 다음날 우리는 모두 늦잠을 잤다.

Because we played till dawn, we all slept in the next day.

→ dawn 새벽   sleep in (평소 일어나는 시간보다) 늦잠을 자다

- 파자마 파티는 정말 재미있다!

Pajama parties are really fun!

- 파자마 파티를 자주 할 수 있다면 얼마나 좋을까?

How nice would it be if I could often have pajama parties?

- 밤새 얘기만 했는데도 너무나 재미있었다.

Although all we did was talk all night long, it was still very fun.

• 어른들이 자라고 했지만 우리는 하나도 졸리지 않았다.	The adults told us to sleep, but we were not sleepy at all.

친구 생일파티 ★ Friends' Birthday Parties

• 오늘 한서의 생일파티가 있었다.	Hanseo's birthday party was today.
• 친구 생일선물을 뭘 해야 할지 모르겠다.	I don't know what to give to my friend for her birthday.
• 친구 생일선물을 사려는데 돈이 부족하다.	I am trying to buy a birthday present for my friend, but I am short of cash.
	→ short of ~이 부족한 cash 돈, 현금
• 나는 자동우산을 선물로 샀다.	I bought an automatic umbrella as a present.
	→ automatic 자동의
• 나는 친구의 생일파티에 초대받지 못했다.	I didn't get invited to my friend's birthday party.
• 독감에 걸려서 친구 생일파티에 못 갔다.	I couldn't go to my friend's birthday party because I had come down with the flu.
	→ come down with ~로 앓아눕다 flu 독감
• 나도 정말 가고 싶었는데 무지 속상하다.	I really wanted to go, so I am very disappointed.
	→ disappointed 실망한
• 맛있는 음식도 많이 먹고 게임도 하고 정말 재미있었다.	I ate plenty of delicious food and played games. It was really fun.

• 난 지수와 사귀고 싶다.

I want to go out with Jisu.

→ go out with ~와 사귀다

• 그 애가 지수와 사귄다는 소문이 있어
속상하다.

There is a rumor that he/she is going out with Jisu. It's hurting me.

→ rumor 소문   hurt 마음을 아프게 하다

• 지수가 좋아하는 여자애한테 고백했다.

Jisu told the girl that he liked her.

• 지수는 좋아하는 애한테 데이트 신청했다가
거절당했다.

Jisu asked his crush out on a date but got rejected.

→ crush 강렬한 사랑, 사랑의 대상
   ask... out on a date ~에게 데이트 신청하다   reject 거절하다

• 난 지수에게 문자로 좋아한다고 고백했다.

I told Jisu that I liked him by texting him.

• 난 지수와 사귀기로 했다.

I have decided to go steady with Jisu.

→ go steady with ~와 사귀다, 데이트하다

• 밸런타인데이 때 그 애에게 고백할 생각이다.

I'm going to tell him/her that I like him/her on Valentine's Day.

• 지수와 나는 아주 특별한 친구 사이다.

Jisu and I are very special friends.

• 지수는 내 남친이다.

Jisu is my boyfriend.

• 지혜는 내 여친이다.

Jihye is my girlfriend.

• 우리는 같이 등하교 하고 같은 학원에 다닌다.

We commute to school together and then go to the same academy.

→ commute 통학하다, 출퇴근하다   academy 학원

• 어떤 아이들은 우리가 같이 놀면 놀린다.

Some friends tease us when we hang out together.

애완동물

Mimi and Eddie

Saturday, July 8, Humid

There are two puppies in my house. Their names are Mimi and

Eddie. Taking care of them is my responsibility. Looking after pets

is difficult. But I love being with them because they are very cute.

미미와 에디   7월 8일 토요일, 습한 날씨

우리 집에는 강아지가 두 마리 있다. 이름은 '미미'와 '에디'이다. 강아지들을 돌보는 건 내 책임이다. 애완동물을 돌보는 건
정말 힘들다. 하지만 강아지들이 너무 귀여워서 함께 있으면 정말 좋다.

· **responsibility** 책임, 책무 **look after** ~을 돌보다 (= take care of)

- 우리 집은 고양이를 기른다.

Our family has a pet cat.

- 강아지를 정말 갖고 싶은데 엄마가 안 사 주신다.

I really want a puppy, but my mother will not buy me one.

- 우리 집엔 강아지가 두 마리 있다.

There are two dogs in my house.

- 아빠가 내 생일에 고양이를 사 주셨다.

My father bought me a cat for my birthday.

- 엄마는 드디어 내가 애완동물 키우는 걸 허락해 주셨다.

My mom finally allowed me to have a pet.

- 우리 집 고양이 이름은 '모모'이다.

Our cat's name is Momo.

- 모모는 암컷이다.

Momo is a female cat.

→ female 암컷의, 여성의

- 제리는 수컷이다.

Jerry is a male cat.

→ male 수컷의, 남성의

- 엄마는 민지가 아토피여서 애완동물을 키울 수 없다고 하신다.

My mother says that we can't have pets because of Minji's atopic eczema.

→ atopic eczema 아토피성 습진

- 동생이 빨리 나아서 우리가 강아지를 키울 수 있으면 좋겠다.

I hope my younger sister gets well soon so that we can have a pet dog.

→ get well 병이 낫다

- 엄마는 고양이가 무섭다고 하신다.

My mother says she is scared of cats.

→ be scared of ~을 두려워하다

애완동물 돌보기 · Taking Care of Pets

- 고양이 먹이 주는 것은 내 책임이다.

Feeding the cat is my responsibility.

→ feed 먹이를 주다   responsibility 책임

- 미미가 내 숙제를 물어뜯어 놓았다.

Mimi chewed up my homework.

→ chew up 씹다, 엉망으로 부수다

- 고양이가 내 팔을 할퀴었다.

A cat scratched my arm.

→ scratch 할퀴다, 긁다

- 우리 집 고양이는 배변 훈련이 되어 있다.

My cat is toilet-trained.

→ toilet-trained 배변 훈련된

- 우리 집 강아지는 아직 대소변을 못 가린다.

My puppy still needs more toilet training.

→ toilet training 배변 훈련

- 아무데나 똥오줌을 싸서 괴롭다.

Because it pees and poops everywhere, it annoys me.

→ pee 오줌 싸다; 오줌   poop 똥 싸다; 똥

- 미미가 내 침대에 오줌을 쌌다.

Mimi peed on my bed.

- 엄마는 고양이가 어지럽힌 것을 나에게 치우라고 하셨다.

My mother told me to clean up after my cat.

→ clean up after ~ 뒤를 따라다니며 치우다

- 엄마가 고양이 돌보는 것은 내 책임이라고 하셨다.

My mother told me that it is my responsibility to take care of the cat.

- 애완동물을 돌보는 것은 참 힘든 일이다.

Taking care of pets is a really difficult job.

- 동물병원에 가서 예방접종을 했다.

I went to the animal hospital for a vaccination. /
I brought my pet to the vet for a vaccination.

→ vaccination 예방접종   vet 수의사

• 우리 집 강아지가 임신을 했다.	**My dog is pregnant.** → pregnant 임신한
• 우리 집 미미가 오늘 새끼를 낳았다.	**My dog Mimi gave birth today.** → give birth 출산하다
• 새끼들을 보고 있으면 너무 귀여워서 시간 가는 줄 모르겠다.	**Every time I look at the puppies, they are so cute that I lose track of time.** → lose track of ~을 놓치다
• 미미가 많이 아프다.	**Mimi is very sick.**
• 유기견들은 너무 불쌍하다.	**Stray dogs are so pitiful.** → stray 주인 없는, 길 잃은 pitiful 측은한
• 우리 강아지가 오래오래 살았으면 좋겠다.	**I hope my puppy lives for a long time.**
• 우리 집 강아지는 비만이다.	**My puppy is obese/overweight.** → obese 비만인 overweight 과체중인, 비만인
• 우리 집 고양이는 목욕을 정말 싫어한다.	**My cat really hates baths.**
• 애완동물 때문에 집에서 이상한 냄새가 난다.	**Because we have a pet, my house smells funny.**

다양한 애완동물 ★ Kinds of Pets

• 우리 집 토끼 이름은 '토순이'다.	**My pet rabbit's name is Tosuni.**
• 내 친구 수호는 앵무새를 키운다.	**My friend Sooho has a pet parrot.** → parrot 앵무새
• 나는 고슴도치를 두 마리 키우고 있다.	**I have two pet hedgehogs.** → hedgehog 고슴도치
• 주원이가 자기 햄스터를 나에게 주었다.	**Juwon gave me his hamster.**

174

- 예나네 집에 햄스터를 구경하러 갔다.

I went to Yena's home to see her hamsters.

- 햄스터는 야행성이다.

Hamsters are active at night.

- 친구가 새끼 물고기를 내게 나눠 주었다.

My friend shared his baby fish with me.

- 물고기를 키우려고 수족관을 샀다.

I bought an aquarium to raise fish.

→ aquarium 수족관

- 수족관의 물을 갈아 주었다.

I changed the water in the aquarium.

- 우리 집 흰동가리가 알을 낳았다.

My clown fish laid eggs.

→ clown fish 흰동가리 (영화 '니모'에 나오는 물고기 종류)

- 거북이가 우리를 탈출했다.

My turtle escaped from its cage.

→ escape 도망치다   cage 우리

- 우리 옆집은 뱀을 키운다.

My neighbor has a pet snake.

→ neighbor 이웃, 이웃사람

Part
4

학교 생활 및 공부

School Life & Academics

학교 생활

Jump Rope Is Hard!

Monday, April 14, Windy

I played jump rope in P.E. Jump rope was actually harder than I had thought. I got really tired after jumping only 20 times. However, it seems like a great way to exercise. From now on, my goal is to jump rope 100 times.

줄넘기는 어려워!   4월 14일 월요일, 바람 붐

체육시간에 줄넘기를 했다. 줄넘기는 생각했던 것보다 실제 더 힘들었다. 겨우 20번 하고 지쳐 버렸다. 그래도 줄넘기는 운동하기에 좋은 방법인 것 같다. 지금부터 나의 목표는 줄넘기 100번이다.

· **jump rope** 줄넘기; 줄넘기하다   **P.E.** 체육 (= physical exercise)   **goal** 목표

- 나는 나라초등학교에 다닌다.

I go to Nara Elementary School.

- 우리 학교는 나라초등학교다.

My school is Nara Elementary School.

- 나는 올해 2학년이다.

I am in the 2nd grade now.

→ grade 학년

- 나는 1학년 3반이다.

I am in class 3 in grade 1.

- 1학년은 5반까지 있다.

Grade 1 has 5 classes.

- 우리 교실은 2층에 있다.

My classroom is in the 2nd floor.

- 우리 반 학생은 25명이다.

There are 25 students in my class.

- 우리 반은 여학생보다 남학생이 3명 더 많다.

There are 3 more boys than girls in our class.

- 우리 반은 남자와 여자 16명씩 총 32명이다.

My class has a total of 32 students with 16 boys and 16 girls.

→ a total of 전부, 총

- 나는 우리 반에서 키 번호가 10번이다.

I am the tenth tallest student in my class. / I got assigned the number 10 according to height in my class.

→ get assigned 지정 받다, 할당되다   height 높이, 키

- 내 자리는 교실 맨 뒤다.

My seat is at the very back of the classroom.

- 내 자리는 1분단 맨 앞 줄이다.

My seat is in the front row of the first column.

→ row (옆으로 늘어서 있는) 열, 줄   column 세로열, 분단

- 뒷자리에 앉아서 칠판이 잘 안 보인다.

Because I sit in the back, I can't see the blackboard clearly.

→ blackboard 칠판

- 우리 교실에서는 운동장이 보인다.   I can see the schoolyard from my classroom.

- 내 자리는 복도 쪽이다.   My seat is on the hallway side.

  → hallway 복도

담임 선생님 ★ Homeroom Teacher

- 우리 담임 선생님은 이혜숙 선생님이다.   My homeroom teacher is Ms. Hyesuk Lee.

  → homeroom teacher 담임 선생님

- 우리 선생님은 정말 좋은 분이다.   My teacher is really nice and kind.

- 우리 선생님은 매우 친절하시다.   My teacher is really kind.

- 우리 선생님은 굉장히 엄하시다.   My teacher is really strict.

  → strict 엄한, 엄격한

- 우리 선생님은 진짜 무섭다.   My teacher is so scary.

- 우리 선생님은 유머가 넘치신다.   My teacher is really humorous.

- 우리 선생님은 연세가 많으시다.   My teacher is old.

- 우리 선생님은 숙제가 많기로 유명하다.   My teacher is known for giving a lot of homework.

  → be known for ～로 알려지다

- 선생님은 나를 무척 예뻐하신다.   My teacher likes me very much.

- 우리 선생님은 여자애들만 예뻐하신다.   My teacher only likes the girls. / My teacher seems to favor the girls.

  → favor 편애하다, 총애하다

- 선생님은 나를 자주 혼내신다.   My teacher scolds me very often.

180

• 우리 선생님은 멋쟁이시다.

My teacher is very fashionable.

→ fashionable 유행을 따르는

• 우리 선생님은 마음 따뜻한 할머니 같다.

My teacher is like a warm-hearted grandmother.

→ warm-hearted 마음이 따뜻한, 온정이 많은

짝/모둠 ★ My Seatmate / Group

• 오늘은 짝을 바꾸는 날이었다.

Today was the day we changed seatmates. / Today, we were supposed to switch seatmates.

→ seatmate (자리) 짝꿍   switch 바꾸다, 교체하다

• 오늘 학교에서 짝을 바꿨다.

Today at school, we changed seatmates.

• 우리 반은 한 달에 한 번 짝을 바꾼다.

In my class, we change partners every month.

• 제비뽑기로 자리를 바꿨다.

We changed seats by drawing lots.

→ draw lots 제비를 뽑다

• 지우랑 짝이 되었다.

Jiwoo became my seatmate. / Jiwoo and I will sit together.

• 친한 친구와 짝이 되어서 기분이 너무 좋다.

I am thrilled to have my best friend as my seatmate.

→ thrilled 아주 흥분한

• 오늘 내가 가장 싫어하는 아이와 짝이 되고 말았다.

Today, the kid that I hate the most became my seatmate.

• 우리 반 최고 까불이가 내 옆에 앉게 되어 너무 속상하다.

I am so upset because the naughtiest boy in my class came to sit next to me.

→ naughty 버릇없는, 장난꾸러기의   next to ~의 옆에

• 내 짝은 정말 착하다.	My seatmate is really nice.
• 내 짝은 자꾸 나를 괴롭힌다.	My seatmate keeps bothering me.
	→ bother 괴롭히다, 신경 쓰이게 하다
• 짝이랑 떠들다가 선생님께 혼났다.	I got into trouble with the teacher for chatting with my seatmate.
	→ chat 수다를 떨다
• 짝이 계속 나를 놀려서 너무나 화가 났다.	I was so angry because my seatmate kept teasing me.
• 내 짝은 나와 같은 아파트에 산다.	My seatmate and I live in the same apartment.
• 내 짝은 작년에 우리 학교로 전학을 왔다.	My seatmate transferred to my school just a year ago.
• 오늘 우리 모둠이 일등을 했다.	Today, my group came in first.
	→ come in first 일등을 하다
• 오늘 우리 모둠이 꼴등을 했다.	Today, my group came in last.
	→ come in last 꼴등을 하다
• 우리 모둠에는 공부 잘하는 애들이 많다.	There are a lot of smart students in my group.
• 우리 모둠에는 장난꾸러기들이 많다.	There are many naughty students in my group.
• 다른 모둠은 6명인데, 우리 모둠은 5명이다.	There are six students in other groups, but my group has five students.
• 우리 모둠의 모둠장은 시원이다.	Our group's leader is Siwon.
• 나도 모둠장을 하고 싶었는데.	I wanted to be the group leader, too.
• 우리 모둠 아이들이 정말 마음에 든다.	I really like my group members.

수업 시간/좋아하는 과목 ★ My Classes / My Favorite Subject

- 오늘은 4교시 수업이었다.

  Today, we had 4 periods.
  → period 시간, 시기

- 오늘 수업은 사회, 국어, 수학, 과학이었다.

  Today's classes were social studies, Korean, math, and science.
  → social studies 사회

- 오늘은 5교시가 있는 날이다.

  Today, we have five periods.

- 화목에는 5교시 수업을 한다.

  On Tuesdays and Thursdays, we have 5 periods.

- 아침 자습시간에 〈프레니〉를 읽었다.

  In the morning study hall, I read *Franny*.
  → study hall 자습 시간, 자습실

- 수요일은 학교가 일찍 끝나서 좋다.

  I like Wednesdays because school ends early.

- 오늘 국어 시간에 시에 대해 배웠다.

  In today's Korean class, I learned about poetry.
  → poetry 시

- 오늘 수학 시간에 도형에 대해 배웠다.

  In math class today, I learned about shapes.
  → shape 도형, 모양

- 선생님이 내일까지 구구단을 외워 오라고 하셨다.

  The teacher told us to memorize the multiplication table by tomorrow.
  → memorize 외우다   multiplication table 구구단

- 오늘 체육 시간에 줄넘기를 했다.

  In today's P.E. class, I played jump rope.
  → P.E. 체육 (= physical education)

- 비가 와서 강당에서 체육 수업을 했다.

  We had P.E. class in the auditorium because of the rain.
  → auditorium 강당

- 미술 시간에 과학 상상화 그리기를 했다.

In art class, we drew pictures of our imaginary future that is well-developed by science.
→ imaginary 상상에만 존재하는, 가상적인   well-developed 잘 발달된

- 미술 시간에 수채화를 그렸다.

In art class, we painted with watercolors.
→ watercolor 수채 물감

- 오늘 음악 시간에 '뻐꾸기'라는 노래를 배웠다.

Today in music class, we learned the song called *Cuckoo*.

- 오늘 과학실에서 실험을 했다.

Today, I did an experiment in the lab.
→ experiment 실험   lab 실험실, 연구실(= laboratory)

- 내가 제일 좋아하는 수업은 체육이다.

My favorite class is P.E.

- 내가 제일 싫어하는 과목은 수학이다.

My least favorite subject is math.
→ subject 과목

- 학교 영어 수업은 정말 쉽다.

The English classes at school are very easy.

- 수학 수업은 학원에서 미리 공부한 내용 이어서 너무 쉽다.

Because I have already studied math at a hagwon, math class is very easy.

- 수학은 재미있다.

Math is fun.

- 나는 사회가 제일 어려운 과목이다.

Social studies is the most difficult subject for me.
→ social studies 사회

- 사회는 암기할 게 정말 많다.

There are so many things to memorize for social studies.

- 나는 암기 과목에 진짜 약하다.

I am not really good at subjects requiring memorization.
→ require 요구하다   memorization 암기, 기억

- 오늘 체육 수업은 정말 재미있었다.

Today's P.E. class was really fun.

- 오늘은 학교에서 수학을 2교시나 해서 정말 지루했다.

Today was so boring because we had two periods of math at school.

- 나는 과학 시간이 좋다. 특히 실험을 할 때면.

I like science class, especially when we do an experiment.

- 수학을 할 때는 왜 이리 시간이 늦게 가는지 모르겠다.

I don't know why time passes this slowly when I am in math class.

발표 ★ Participating in Class

- 나는 수업 중에 발표를 잘한다.

I participate well in class.
→ participate 참여하다 (수업 시간에 손 들고 발표하거나 토론 중 말하는 것 포함)

- 나는 학급 토론 시간에 발표를 잘 못한다.

I don't really participate in class discussions.
→ discussion 토론

- 나는 학급 토론 시간에 발표하는 게 정말 싫다.

I really hate speaking in class discussions.

- 발표를 할 때마다 너무 떨린다.

Whenever I have to speak, I am so nervous.
→ nervous 긴장한, 떨리는

- 나는 토론 시간에 발표할 때마다 목소리가 갈라진다.

Whenever I speak in a discussion, my voice cracks.
→ crack 갈라지다

- 사회 시간에 반 앞에 나가서 발표했는데 많이 떨렸다.

In my social studies class, I did a presentation in front of the entire class. I was so nervous.
→ presentation 발표, 프레젠테이션   entire 전체의

- 내 생각을 발표할 때 큰 소리로 말하는 연습을 해야겠다.

I should practice speaking loudly when presenting my ideas.
→ present 발표하다

- 나는 손을 들었는데 선생님께서 시켜 주시지 않았다.

I raised my hand, but the teacher didn't call on me.

→ call on 시키다, 요청하다

- 발표를 더 많이 해야겠다.

I should participate more.

- 앞으로는 적극적으로 발표를 할 것이다.

From now on, I will actively participate.

→ actively 적극적으로

- 오늘 발표를 잘해서 칭찬 스티커를 받았다.

Because I participated well today, I got some praise stickers.

→ praise 칭찬

- 수업시간에 발표를 할 때면 얼굴이 화끈거리고 부끄럽다.

Whenever I speak in class, I blush and feel shy.

→ blush 얼굴이 빨개지다

- 틀리게 말하면 반 아이들이 웃을까 봐 걱정이 된다.

I am worried that my classmates might laugh if I said something wrong.

점심 급식 ★ School Lunch

- 오늘 점심은 카레라이스였다.

Today's lunch was curry and rice.

- 오늘 내가 가장 좋아하는 돈가스가 나왔다.

Today's lunch was my favorite food, pork cutlet.

→ pork cutlet 돈가스

- 오늘 급식에 내가 가장 싫어하는 버섯이 나왔다.

For today's lunch, there were mushrooms, which I hate the most.

- 수요일은 맛있는 게 많이 나와서 좋다.

I like Wednesdays because there are so many delicious foods to eat.

- 고기 반찬은 항상 부족하다.

We always run out of meat dishes.

→ run out of ~이 떨어지다

- 반찬이 부족해서 급식실에 음식을 더 가지러 갔다.

Because there weren't enough dishes, I went to the school cafeteria to get more food.

→ cafeteria 구내 식당, 급식실

- 내가 먼저 줄을 섰는데 찬우가 끼어들었다.

I lined up first, but Chanwoo cut in line.

→ line up 줄 서다   cut in line 새치기하다, 줄에 끼어들다

- 숟가락을 안 가져와서 일회용 수저를 사용했다.

Because I didn't bring my spoon, I used a disposable one.

→ disposable 일회용의

- 학교 급식은 정말 맛이 없다.

The school meals are horrible.

→ horrible 끔찍한

- 오늘 메뉴는 내가 싫어하는 음식뿐이었다.

Today's menu was full of food that I hate.

- 하지만 음식을 남기면 안 돼서 다 먹었다.

But I shouldn't throw away food, so I ate it all.

→ throw away 버리다

- 급식에 나오는 국은 늘 싱겁다.

The soup at school is always bland.

→ bland 담백한, 순한

- 급식을 맨 꼴찌로 먹었다.

I was the last one to eat lunch.

- 반찬을 하나도 남기지 않아서 칭찬 스티커를 받았다.

Because I didn't throw away any food, I received a good-job sticker.

- 집에서는 편식을 하는데 학교에서는 그렇지 않다.

I am a picky eater at home, but at school I am not.

→ picky 까다로운

- 나는 뭐든지 잘 먹기 때문에 급식 시간이 제일 좋다.

Because I can eat anything, I love lunch time the most.

- 오늘은 우리 모둠이 급식 도우미를 했다.

  Today was our group's turn to help serve lunch.

  → turn 순서, 당번

- 어떤 애는 자꾸 반찬을 더 달라고 했다.

  Someone kept asking for more food.

  → ask for 요구하다

- 오늘 급식 도우미로 우리 엄마가 오셨다.

  Today, my mother came as a lunch helper.

- 엄마가 점심시간에 우리 반 급식 도우미로 오셔서 무척 반가웠다.

  I was so happy to see my mother coming to help my class during lunch time.

- 급식 도우미로 엄마 대신 할머니가 오셨다.

  Instead of my mother, my grandmother came as a meal helper.

수업 시간 외 놀기 ★ Out-of-Class Activities

- 쉬는 시간마다 우리는 복도에 앉아서 공기놀이를 한다.

  Whenever we have break time, we sit in the hallway and play Jackstones.

  → break time 쉬는 시간   hallway 복도   Jackstones 서양식 공기 (= Jacks)

- 공기놀이에서 4단이 제일 어렵다.

  Level 4 is the hardest one when playing Jacks.

- 요즘 우리 반에서는 실뜨기 놀이가 유행이다.

  These days, Cat's Cradle is a popular game in my class.

  → Cat's Cradle 실뜨기

- 학교 운동장에서 친구들과 잡기 놀이를 했다.

  I played tag with my friends in the schoolyard.

  → play tag 술래잡기하다

- 점심시간에 반 친구들과 딱지치기를 했다.

  During lunch break, I played the slap-match game with my classmates.

  → slap-match game 딱지치기

- 점심시간에 친구들과 사방치기를 했다.

  During lunch break, I played hopscotch with my friends.

  → hopscotch 사방치기

- 점심 먹고 교실 뒷쪽에서 친구들과 할리갈리 (보드게임의 일종)를 했다.

  After lunch, I played Halli Galli with my friends at the back of the classroom.

- 점심시간에 학교 도서관에 가서 책을 빌렸다.

  During lunchtime, I went to the school library and borrowed a book.

- 급식을 빨리 먹고 운동장에 나가서 놀았다.

  I quickly finished my lunch and then went out to the schoolyard and played there.

- 지윤이가 밥을 너무 늦게 먹어서 조금밖에 못 놀았다.

  Because Jiyoon took a long time to finish her lunch, we didn't have much time to play.

- 아이들과 노느라 수업 종소리를 못 들었다.

  Because I was playing with my friends, I didn't hear the bell.

- 학교 끝나고 친구들이랑 놀이터에서 1시간 놀다가 집에 갔다.

  After school, I played with my friends on the playground for an hour before coming home.

- 학교 끝나고 아이들이랑 축구를 하다가 학원에 지각했다.

  Because I played soccer with my friends after school, I was late for my hagwon.

- 친구들이랑 놀다가 방과후 수업에 가는 걸 깜빡했다.

  While playing with my friends, I forgot to go to my after-school classes.

- 쉬는 시간이 좀 더 길었으면 좋겠다.

  I wish break time were longer.

- 쉬는 시간에는 특별한 걸 하지 않아도 즐겁다.

  Even if I don't do anything special during recess, it is still fun.

  → recess 쉬는 시간

교실 청소 ★ Cleaning up the Classroom

- 이번 주는 우리 모둠이 청소 당번이다.

  My group is the cleaning team this week. / My group is in charge of cleaning this week.

  → in charge of ~담당인, ~을 맡고 있는

- 오늘은 대청소 날이었다.

  Today was the big cleaning day.

- 선생님이 청소 시간에 1인 1역을 정해 주셨다.

  During cleaning time, the teacher gave each of us different duties.

  → duty 의무, 할 일

- 나는 책상 위를 걸레로 닦았다.

  I wiped the desks with wet towels.

  → wipe 닦다

- 진공청소기로 교실 청소를 했다.

  I vacuumed the classroom.

  → vacuum 진공청소기로 청소하다

- 나는 복도를 대걸레로 닦았다.

  I cleaned the hallway with a mop.

  → mop 대걸레

- 준서랑 계단을 빗자루로 쓸었다.

  Junseo and I swept the staircase with brooms.

  → sweep 쓸다 (sweep-swept-swept)   staircase 계단   broom 빗자루

- 나는 걸레 빠는 담당이었다.

  I was the washer for wet towels.

- 대걸레를 빨기는 아주 힘들다.

  It is really hard to wash the mop.

- 우리 세 명이 함께 나가서 화단에 물을 주었다.

  Three of us went out together to water the garden.

  → water 물을 주다; 물

- 재활용품 상자를 1층까지 들고 가야 해서 정말 무거웠다.

  I had to carry the recycling box to the first floor. It was very heavy.

  → recycling 재활용

• 분리수거는 정말 하기 힘들다.

Recycling is really hard to do.

• 유리창을 깨끗이 닦았더니 유리가 반짝반짝 했다.

Because I cleaned the window, the glass was shining.

• 도영이는 청소시간에 청소를 안 하고 계속 빼질댔다.

Doyeong kept on fooling around and didn't do his job during cleaning time.

→ fool around 빈둥거리다, 노닥거리다

• 수업 시간에 떠든 벌로 나는 교실 청소를 해야 했다.

As punishment for talking in class, I had to clean the classroom.

→ punishment 벌

• 청소를 하느라 영어 학원에 늦고 말았다.

Because I was cleaning, I was late for my English hagwon.

• 체육도 하고 교실 청소도 했더니 좀 피곤했다.

After having P.E. and cleaning up the classroom, I got a little tired.

• 내 방 청소도 안 하는데 교실 청소를 했다니!

I don't even clean my own room, but I cleaned up the classroom!

• 먼지가 너무 심해 교실 청소하는 게 싫다.

It's so dusty that I hate cleaning the classroom.

→ dusty 먼지투성이인

방과 후 수업 ★ After-School Classes

• 방과후 수업으로 체스와 미술을 신청했다.

For the after-school program, I signed up for the chess and art classes.

→ sign up for ~에 등록하다, 신청하다

• 방과후 수업 중 과학 실험은 이미 전부 마감됐다.

The lab class in the after-school program is already fully booked.

→ booked 예약된, 매진된

- 알고 보니 학생들이 선착순으로 등록을 한 것이다.

I found that students signed up on a first-come, first-served basis.

→ first-come, first-served basis 선착순

- 요리와 과학 실험 수업은 인기가 많아 추첨제로 학생들을 뽑는다.

Because the cooking class and the science lab experiment class are very popular, the students are selected by drawing lots.

→ select 뽑다 draw lots 추첨을 하다, 제비를 뽑다

- 방과후 수업으로 쿠킹 클래스를 들으려고 했는데 떨어졌다.

I was going to take a cooking class in the after-school program, but I failed to get into it.

- 방과후 수업 신청이 오늘까지였는데 신청서를 집에 놓고 갔다.

Today was the last day to sign up for the after-school program, but I left the sign-up slip at home.

→ sing-up slip 신청서

- 나는 월수금에 영어 방과후 수업을 듣는다.

On Mondays, Wednesdays, and Fridays, I go to the English class in the after-school program.

- 방과후 미술은 오후 2시 30분에 시작한다.

The art class in the after-school program starts at 2:30 p.m.

- 희정이도 미술을 같이 할 거라서 너무 좋다.

I am so happy that Heejeong will be in the art class with me.

- 방과후 수업 시간까지 도서실에 가서 책을 읽었다.

Until it was time for the after-school program, I went to the library and read some books.

- 학교 수업보다 방과후 수업에 재미있는 게 더 많다.

There are more fun things in the after-school program than in my school classes.

- 방과후 수업에서 플루트 연주하는 법을 배우고 있다.

I am learning how to play the flute in the after-school program.

- 나는 주말 학교 프로그램에서 댄스를 배우고 있다.

  I am learning to dance in the weekend school program.

- 컴퓨터반에서 MS 워드 자격증 시험을 준비하고 있다.

  I am preparing for the certificate exam for MS Word in my computer class.

  → certificate 자격증

- 로봇반에서 내가 만든 로봇을 곧 전시할 예정이다.

  Soon, the robot that I made in my robot class will be exhibited/displayed.

  → exhibit/display 전시하다

- 방과후 수업에 연극반이 있으면 좋겠다.

  I hope there is a drama class in the after-school program.

  → drama 연극, 드라마

알림장 ★ School Planner

- 알림장을 학교에 놓고 왔다.

  I left my school planner at school.

  → 영어에는 우리의 '알림장'에 해당하는 것이 없습니다. 일정과 주의사항을 적는다는 점에서 school planner가 가장 유사하지만, 교사가 꼭 쓰도록 지시하지 않는다는 점은 다릅니다.

- 집에 알림장을 두고 와서 숙제를 못 적었다.

  Because I left my school planner at home, I couldn't write down my homework.

- 알림장을 다 못 적었다.

  I didn't finish completing my planner.

  → complete 완성하다

- 엄마가 알림장에 사인을 안 해 주셔서 칭찬 스티커를 못 받았다.

  Because my mother didn't sign my school planner, I couldn't get a praise sticker.

- 학교에 알림장을 놓고 와서 수호에게 전화를 걸어 숙제를 물어봤다.

  Because I left my school planner at school, I called Sooho to ask him about the homework.

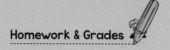
숙제 및 성적

I Messed up My Exam

Tuesday, May 10, Sunny

Today, I took midterm exams. It was a long day because I had four tests. I did a good job on the Korean and social studies exams, but I got three wrong on the math exam. I thought I had studied hard, but maybe I did not study enough. I am afraid to see my report card next week.

시험을 망쳤다   5월 10일 화요일, 맑음

오늘 중간고사가 있었다. 시험이 네 과목이어서 무척 힘든 하루였다. 국어랑 사회 시험은 잘 봤는데, 수학 시험에서 3문제나 틀렸다. 공부를 열심히 했다고 생각했는데 아마 충분하지 않나 보다. 다음 주에 성적표를 보는 게 두렵다.

- **midterm exam** 중간고사 **do a good job** 잘하다 **report card** 성적표

숙제 ★ Homework

• 오늘 숙제는 일기 쓰는 것뿐이다.

The only homework I have today is to write in my diary.

• 오늘 숙제는 독서록 쓰기랑 수학 문제 틀린 것 고쳐 오기다.

Today's homework is to write a book report and to correct the wrong answers for math problems.

→ book report 독서록   correct 고치다, 수정하다

• 오늘 숙제는 부모님 안마해 드리기다.

Today's homework is to give a massage to my parents.

• 사회 숙제는 수요일까지 하면 된다.

My social studies homework is due on Wednesday.

→ due 예정된, ~하기로 되어 있는

• 오늘은 숙제가 엄청 많다.

I have a lot of homework today.

• 선생님이 숙제를 너무 많이 내 주셨다.

My teacher gave us homework too much.

• 우리 반은 항상 숙제가 너무 많다.

There is always too much homework in my class.

• 우리 반은 숙제가 많지 않다.

There is not much homework in my class.

• 수영이네 집에 모여 국어 모둠 숙제를 했다.

We gathered at Sooyeong's house and did group homework for Korean class.

• 모둠 숙제를 하기 위해 우리는 역할 분담을 했다.

To do the group homework, we chose our roles.

• 나는 연극에서 '호랑이' 역할을 맡았다.

In the play, I have the role of Tiger.

• 사회 숙제로 PPT를 만들었다.

I made a Powerpoint presentation for my social studies homework.

- 숙제를 해야 하는데 과학 교과서를 학교에서 가져오지 않았다.

I have to do my homework, but I forgot to bring my science textbook from school.
→ textbook 교과서

- 숙제가 많아서 밤 늦게까지 해야 했다.

Because I had too much homework, I had to do it until late at night.

- 숙제를 다 하고 나니 벌써 밤 10시였다.

After I finished my homework, it was already 10 o'clock at night.

- 이제 일기 쓰기만 빼고 숙제를 다 했다.

I have finished all of my homework except for writing in my diary.
→ except for ~을 제외하고

- 남은 숙제는 내일 아침에 일찍 일어나서 해야겠다.

I will wake up early tomorrow to do the rest of my homework.
→ rest 나머지, 남은 것

- 숙제를 해야 하는데 컴퓨터가 고장 났다.

I have to do my homework, but my computer broke.

- 숙제한 것을 출력해야 하는데, 프린터 잉크가 떨어졌다.

I have to print my homework, but there is no ink in my printer. /
I have to print my homework, but my printer ran out of ink.

- 학원 숙제 때문에 학교 숙제를 못했다.

Because of my hagwon homework, I couldn't do my school homework.

- 주말에 할아버지 댁에 다녀오느라 숙제를 못했다.

I couldn't do my homework because I visited my grandfather this weekend.

- 선생님이 숙제 검사를 하셨다.

The teacher checked our homework.

- 깜빡 잊고 숙제를 집에서 안 가져갔다.

I forgot to bring my homework from home.

- 숙제를 못해 가서 선생님께 꾸중을 들었다.

I got into trouble with my teacher because I couldn't do my homework.
→ get into trouble with ~에게 혼나다

- 숙제 없는 세상에서 살고 싶다.

I want to live in a world where there is no homework.

- 학교에서 다 배우는데 왜 또 숙제를 해야 하나?

We learn everything at school. Why do we still have to do homework?

수행평가 ★ Performance Evaluations

- 선생님이 강낭콩을 키우는 숙제를 내 주셨다.

The teacher told us to grow some beans for our homework.

- 강낭콩 키우기는 수행평가에 들어간다.

Growing beans is included in the assessment.

→ assessment 평가

- 내일 줄넘기 수행평가가 있어서 동생이랑 연습을 했다.

Tomorrow, I have a jump-rope test, so I practiced it with my younger brother.

- 체육 수행평가가 있는 날인데 발목을 삐어서 하지 못했다.

There was a P.E. performance evaluation today, but I couldn't participate because of my ankle injury.

→ performance evaluation 수행평가   injury 부상

- 우리 동네 가게를 조사하는 게 숙제인데, 그것은 수행평가에 들어간다.

Doing research on the stores in my town is my homework. It is included in my performance evaluation.

→ research 조사

- 오늘은 영어 수행평가로 말하기 시험이 있었다.

Today, we had a speaking test for the English assessment.

- 영어 말하기 시험을 망쳐서 너무 속상하다.

I am so upset because I messed up on my English speaking test.

→ mess up 망치다

197

- 수요일에 미술 수행평가를 했는데 나는 그날 결석을 해서 오늘 시험을 봐야 했다.

  There was an art test on Wednesday. But I was absent that day, so I had to take it today.

- 나는 일반 시험보다 수행평가에서 더 좋은 점수를 받는다.

  I get better scores on my performance evaluations than on my general tests.

  → score 점수   general 일반적인

칭찬/벌 ★ Compliments / Punishments

- 오늘 국어 시간에 시를 잘 썼다고 선생님께서 칭찬해 주셨다.

  My teacher praised me during Korean class because I wrote a good poem.

  → praise 칭찬하다   poem 시

- 미술 시간에 친구 얼굴 그리기를 했는데, 선생님이 잘 그렸다고 말씀해 주셨다.

  In art class, I had to draw a friend's face. The teacher said that my drawing was good.

- 오늘 우리 모둠이 서로 협동을 잘한다고 칭찬 받았다.

  Today, my group received a compliment for working together well. /
  Today, my group received a compliment for cooperating well with each other.

  → compliment 칭찬   cooperate 협동하다

- 선생님께 칭찬을 받으니 기분이 정말 좋았다.

  I was so happy to get a compliment from the teacher.

- 앞으로 선생님 말씀을 더욱 잘 듣겠다.

  From now on, I will be more obedient to my teacher. /
  From now on, I will listen to my teacher even better.

  → obedient 말을 잘 듣는, 순종적인

- 우리 선생님은 학생들이 잘하면 칭찬 스티커를 주신다.

  My teacher gives out praise stickers when students do well.

- 오늘은 칭찬 스티커를 많이 받아서 기분이 엄청 좋았다.

I was really happy that I received many good-job stickers today.

- 오늘 칭찬 스티커를 2장이나 받았다.

Today, I got two reward stickers.

→ reward 보상

- 점심시간에 급식을 하나도 남기지 않아서 칭찬 스티커를 받았다.

I got a good-job sticker for not throwing away any food during lunchtime.

- 태서가 우리 반에서 스티커를 가장 많이 모았다.

Taeseo has collected the most stickers in my class.

→ collect 모으다

- 효선이는 장난이 너무 심해서 우리 반에서 칭찬 스티커가 제일 적다.

Because Hyoseon is too playful, she has the lowest number of stickers in my class.

→ playful 장난기 많은, 놀기 좋아하는

- 스티커를 20장 모아서 '짝 바꾸기 쿠폰'을 상으로 받았다.

Because I have collected twenty stickers, I received a "changing seatmate card" as a prize.

- 열심히 해서 10장을 더 모아서 '숙제 면제권'을 받아야겠다.

I will work to get ten more so that I can earn the "homework pass card."

- 우리 모둠이 제일 잘해서 각자 칭찬 도장을 3개씩 받았다.

Because my group was the best one, each of us received three praise stamps.

→ stamp 도장

- 분명히 내가 우리 반에서 스티커를 제일 많이 받을 거다!

I am sure I will be the one with the most stickers in my class!

- 오늘 수업 시간에 떠들다가 선생님께 혼났다.

Today, I was told off by my teacher for chatting during class.

→ tell ~ off ~에게 호통치다

- 숙제를 깜빡 잊고 안 가져와서 벌로 교실을 청소해야 했다.

Because I had forgotten to bring my homework, I had to clean up the classroom as punishment.

- 오늘 지각을 해서 벌로 교실 뒤에 서 있었다.

Because I was late for class today, I had to stand in the back of the classroom as punishment.

- 책을 가져오지 않은 애들은 교실 뒤로 가서 서 있었다.

The students who didn't bring their textbooks were sent to the back of the classroom and had to stand there.

- 친구와 싸우면 벽을 보고 서 있어야 한다.

When we fight with a friend, we have to stand facing the wall.

→ face 마주 서다, 마주 보다

- 친구와 싸워서 선생님께서 반성문을 쓰라고 하셨다.

Because I had fought with my friend, the teacher told me to write a letter of apology.

→ letter of apology 반성문

- 수업 중에 휴대폰을 보다가 선생님께 걸렸다.

I got caught looking at my cell phone by my teacher during class.

→ get caught 걸리다

- 수업 중에 구슬을 갖고 있다가 선생님한테 뺏겼다.

I was holding some marbles (in my hands) during class, so the teacher took them away.

→ marbles 구슬

- 복도에서 뛰다가 선생님한테 혼났다.

The teacher scolded me for running in the hallway.

- 벌을 받은 날은 하루 종일 기분이 나쁘다.

When I get punished, I feel bad all day long.

시험 ★ Exams

- 선생님께서 내일 과학 단원평가를 본다고 하셨다.

The teacher said that we have a chapter test in science tomorrow.

→ chapter test 단원평가

• 내일 시험이 있어서 수학 공부를 했다.

I studied math because there is a test tomorrow.

• 오늘 중간고사/기말고사를 봤다.

Today, I had a midterm/final.

→ midterm (exam) 중간고사   final (exam) 기말고사

• 내일부터 중간고사/기말고사 기간이다.

Midterms/Finals start tomorrow.

• 오늘 국어 3단원 시험을 봤다.

Today, we had a quiz for chapter 3 in the Korean class.

• 우리 학교는 중간고사와 기말고사가 없다.

My school doesn't have midterms and finals.

• 오늘은 국어와 수학 시험을 봤다.

Today, we had tests in Korean and math.

• 시험을 4과목이나 보느라 힘든 하루였다.

It was a long day for me because I had four exams.

• 시험 볼 때는 항상 긴장된다.

Whenever I take a test, I am nervous.

• 어제 가족 모임이 있어서 시험 공부를 별로 하지 못했다.

Because I had a family gathering yesterday, I couldn't study very much for my test.

→ family gathering 가족 모임

• 100점을 받으면 아빠가 새 핸드폰을 사 준다고 하셨다.

My dad promised to get me a new cell phone if I get a 100 on my exam.

→ promise to ~하기로 약속하다

• 시험이 생각보다 쉬웠다.

The test was easier than I had expected.

• 이번 수학 시험은 정말 어려웠다.

This time, the math test was really difficult.

• 시험이 너무 어려워서 시간이 모자랐다.

Because the test was too hard, I ran out of time.

• 풀긴 다 풀었는데 검토할 시간이 부족했다.

I answered all of the questions, but I didn't have time to check them over.

→ check over 검토하다

- 4학년이 되니 시험이 더 어려워졌다.

Ever since I became a 4th grader, the exams have become harder.

→ ever since ~이후로 줄곧

- 시험 보는 도중에 화장실에 너무나 가고 싶었다.

I really wanted to go to the bathroom while taking the test.

- 시험이 끝나서 친구들과 놀았다.

I played with my friends because the exam was over.

- 시험이 끝나니 날아갈 것만 같다.

I feel like flying because the exam is over. / I felt very relieved when the exam was over.

→ feel like -ing ~하고 싶은 기분이다   relieved 안심한, 안도한

- 시험 없는 세상에서 살 수 있다면!

I wish I could live in a world where there are no exams!

- 시험에 전혀 생각지도 못한 문제가 나와서 낙담했다.

I was disappointed because there was an unexpected question on the test.

→ disappointed 실망한   unexpected 예상 못한

- 문제가 술술 풀렸는데 왠지 불안하다.

I didn't have any difficulty taking the test, but somehow I am anxious.

→ anxious 불안한, 걱정되는

성적 ★ Grades

- 받아쓰기에서 100점을 맞았다.

I got a 100 on my spelling test.

- 기말고사에서 나는 전과목 올백을 맞았다.

On my finals, I got perfect grades in all of the subjects.

→ grade 성적, 학점

• 시험지를 짝이랑 바꿔서 채점했다.

I exchanged test papers with my seatmate, and then we marked each other's paper.

→ exchange 교환하다　mark 채점하다

• 과학 시험에서 100점 받은 사람이 한 명도 없었다.

There was no one who got a perfect score on the science exam.

→ perfect score 만점

• 우리 반에서 국어 100점이 딱 2명이었다.

There were only 2 students who got a 100 on the Korean test in my class.

• 수학에서 딱 하나 틀렸다.

I only made one mistake on my math exam.

• 답을 아는 문제를 틀려서 속상하다.

I feel bad that I missed the question that I knew the answer to.

• 어려운 문제는 다 맞았는데 쉬운 문제를 틀렸다.

I got all of the difficult questions right, but I got the easy one wrong.

→ get ~ right ~을 맞다　get ~ wrong ~을 틀리다

• 문제를 잘못 읽어서 틀렸다.

I got it wrong because I misunderstood the question.

→ misunderstand 잘못 알다, 오해하다

• 실수로 두 문제 틀려서 속상하다.

I am distressed about getting two questions wrong by mistake.

→ distressed 괴로워하는　by mistake 실수로

• 마지막에 답을 고친 문제가 틀렸다.

The one that I changed the answer to at the last moment is the one that I got wrong.

→ at the last moment 마지막 순간에

• 12번 문제는 찍었는데 맞았다.

I guessed at question number 12, but I got it right.

• 영주가 시험을 못 봤다고 울었다.

Yeongjoo cried and said that she didn't do well on her test.

- 엄마가 시험을 잘 봤다고 후라이드 치킨을 사 주셨다.

  My mother bought me some fried chicken for doing well on my exam.

- 내 점수가 지난 번보다 20점이나 올랐다.

  My score went up by 20 points from the last time.

  → go up 올라가다

- 시험을 못 봐서 엄마한테 혼났다.

  My mother scolded me for not doing well on my exam.

- 엄마가 문제를 똑바로 읽으라고 하셨다.

  My mother told me to read the questions carefully.

- 다음에는 성적이 오르면 좋겠다.

  I hope my grades get better next time.

- 다음 시험에서는 꼭 100점을 받고 싶다.

  I really want to get a 100 on my next exam.

- 다음 시험에서는 열심히 해서 꼭 100점을 받겠다.

  I will try hard to make sure that I get a 100 on my next exam.

  → make sure 반드시 ~하다

- 다음부터는 답을 검토해야겠다.

  I will review my answers from now on.

  → review 검토하다

- 시험 결과에 울고 웃게 되다니 참 웃긴다!

  It is so funny that the exam makes me laugh and cry!

교내 대회 / 수상 ★ School Competitions / Prizes

- 교내 영어말하기 대회에 참가 신청을 했다.

  I signed up for the English Speaking Contest in my school.

  → sign up for ~에 신청하다, 등록하다

- 학교에서 열리는 동요대회에 나가기로 했다.

  I have decided to participate in the school's singing competition.

  → competition 대회

- 엄마가 경험 삼아 한번 나가 보라고 하셨다.

My mother suggested that I give it a try to get experience.

→ suggest 제안하다   give it a try 시도하다, 한번 해 보다

- 내일이 독서퀴즈대회다.

Tomorrow, we have a reading quiz.

- 영어말하기 대회 예선이 다음 주 수요일에 있다.

The preliminary for the English Speaking Contest is next Wednesday.

→ preliminary 예선; 예비의

- 오늘부터 열심히 연습해야겠다.

I will practice hard from today.

- 학년별 독서퀴즈대회에서 은상을 받았다.

I received the silver medal in the reading quiz competition in my grade.

- 과학 상상화 그리기 대회에서 상을 받았다.

I won the prize in the drawing contest for sci-fi pictures.

→ sci-fi 공상과학 (= science fiction)

- 내가 반 아이들의 투표로 결정되는 착한 어린이상을 받았다.

I received the good behavior award, which is a prize given to a person voted on by his or her classmates.

→ behavior 행동, 태도   award 상   vote 투표하다

- 성적이 많이 올랐다고 학력 증진상을 받았다.

Because my grades have improved a lot, I received the academic enhancement award.

→ improve 향상하다   academic 학업의   enhancement 향상

- 수학경시대회에서 은상을 받았다.

I came in second in the math competition.

- 우리 반은 은상 1명, 동상 3명이다.

One student from my class got the silver medal while three others got the bronze.

→ bronze 동상, 동

- 우리 반은 수학경시대회 금상은 한 명도 없다.

There were no gold medal winners in my class.

- 우리 반에서는 아쉽게도 상을 받은 친구가 한 명도 없었다.

Sadly, there was no one in my class who won a prize.

- 교내 논술대회에서 동상을 받았다.

I won the bronze medal in the school essay contest.

- 영어말하기 대회 예선에서 내가 우리 반 대표로 뽑혔다.

In the preliminary for the English Speaking Contest, I was selected as my class representative.

→ representative 대표자

- 영어말하기 대회에서 장려상을 받았다.

I received the encouragement award at the English Speaking Contest.

→ encouragement 장려, 격려

- 본선에 참가만 해도 상을 주었다.

Prizes were given to everyone who participated in the finals.

→ final(s) 본선, 결승전

- 본선에 나가니 다른 참가자들이 너무나 잘해서 기가 죽었다.

When I went to the finals, I was discouraged by the other excellent participants.

→ discouraged 낙담한   participant 참가자

- 무대에 서니 너무나 떨렸다.

When I stood up on the stage, I was so nervous.

- 어린이 동요대회에 나갔는데 예선에서 떨어졌다.

I participated in the singing competition for children, but I didn't pass the preliminary.

- 예선을 통과해 본선에 나가다니 떨리면서도 흥분된다.

Since I made it through the preliminary, I can go to the finals. It is making me both excited and nervous.

→ make it through ~을 통과하다

- 같이 중창하는 아이들끼리 옷을 맞춰 입었다.

My quartet members and I made uniforms for ourselves.

→ quartet 사중창단, 사중주단

• 오늘 학교에서 다독상을 받았다.

Today, I received an award for reading a lot of books.

• 상 받는 친구들이 너무 부러웠다.

I was so envious of my friends who got awards.

→ envious 부러운

• 상을 타지는 못했지만 좋은 경험이었다고 생각한다.

Although I didn't win any award, I think it was a valuable experience.

→ valuable 소중한, 귀중한

• 다음에는 더 열심히 해서 상을 받아야겠다.

I will try harder the next time so that I can get an award.

• 이게 꿈이냐 생시냐! 내가 1등을 했다!

Oh, my gosh! I can't believe it! I came in first place!

→ first place 일등

She Is a Schoolgirl Now! Monday, March 2, Chilly

Today, there was a school entrance ceremony for my little sister.
I attended it with my parents. My grandparents also came to
celebrate her being a student. After the ceremony, we went to a
Chinese restaurant. I can't believe my little sister is a schoolgirl
now.

이제는 동생도 학생! 3월 2일 월요일, 쌀쌀한 날씨

오늘은 동생의 입학식 날이었다. 나는 부모님과 함께 참석했다. 할아버지, 할머니도 동생이 학생이 된 것을 축하하러 오셨다.
우리는 입학식이 끝나고 중국 음식점에 갔다. 내 동생이 학생이 되다니 신기하다.

· **entrance ceremony** 입학식 **attend** 참석하다 **celebrate** 축하하다

입학식 ★ Entrance Ceremonies

• 나는 올해 초등학교에 입학한다.

Starting this year, I am attending elementary school.

• 초등학생이 된다고 생각하니 설렌다.

Thinking about becoming an elementary school student excites me. /
Thinking about becoming an elementary school student makes me feel excited.

→ excite 흥분시키다　excited 흥분한, 신이 난

• 이모가 입학 선물로 가방을 사 주셨다.

My aunt bought me a backpack for a present because I go to school.

→ backpack 배낭, 책가방

• 입학한다고 삼촌이 선물로 용돈을 주셨다.

My uncle gave me some pocket money for a present because I start going to school.

• 나는 1학년 5반으로 배정을 받았다.

I was assigned to class 5 in grade 1.

→ be assigned 배정 받다

• 오늘 입학식을 했다.

There was a school entrance ceremony today.

→ entrance ceremony 입학식

• 괜히 겁이 나고 걱정이 되었다.

I was scared and worried for no reason.

→ for no reason 아무 이유 없이

• 오늘 동생이 초등학교에 입학했다.

My younger brother enrolled in elementary school today.

→ enroll 등록하다, 입학하다

• 입학식은 학교 강당에서 열렸다.

The entrance ceremony was held in the school auditorium.

→ be held 열리다　auditorium 강당

• 선생님은 좋은 분 같아 보였다.

The teacher looked very kind.

- 할아버지와 할머니가 내 입학식에 오셨다.

  My grandfather and grandmother came to my entrance ceremony.

- 엄마가 꽃다발을 사 오셨다.

  My mom brought some flowers for me.

- 나는 꽃다발을 들고 가족들과 사진을 찍었다.

  I held the flowers in my hand and took a picture with my family.

  → take a picture 사진 찍다

- 동생 입학식에 가다가 학교 앞에서 꽃다발을 샀다.

  On my way to my younger sister's entrance ceremony, I bought some flowers in front of the school.

  → on one's way 가는 길에

- 입학식이 끝나고 가족들과 패밀리 레스토랑에 갔다.

  After the entrance ceremony, my family and I went to a family restaurant.

- 귀여운 동생들이 신입생으로 들어왔다.

  Some cute little ones enrolled as new students.

- 나도 몇 년 전에 저런 신입생이었다니!

  I can't believe I was one of those new students just a few years ago.

- 동생 입학식 때문에 잔치 기분이 들었다.

  My younger brother's entrance ceremony made us feel in a party mood.

졸업식/중학교 배정 ★ Graduation Ceremonies / Going to Middle School

- 오늘 나는 초등학교를 졸업했다.

  Today, I graduated from elementary school.

  → graduate from ~을 졸업하다

- 오늘 졸업식이 있었다.

  There was a graduation ceremony today.

  → graduation ceremony 졸업식

- 오늘 누나의 졸업식에 갔다.

  Today, I went to my sister's graduation.

- 아빠가 회사에 휴가를 내고 내 졸업식에 오셨다.

My father took a day off from work and came to my graduation.
→ take a day off 하루 휴가를 내다

- 아빠는 출장 때문에 내 졸업식에 참석하지 못하셨다.

My father couldn't make it to my graduation because of his business trip.
→ make it to ~에 오다, 도착하다   business trip 출장

- 내가 졸업생 대표로 나가서 상을 받았다.

I received an award as the representative of the graduating students.
→ representative 대표

- 선생님께 꽃다발을 드리고 함께 사진을 찍었다.

I gave some flowers to my teacher, and we took a picture together.

- 선생님이 졸업장을 주시면서 꼭 안아 주셨다.

While handing me the diploma, she hugged me tightly.
→ hand 건네 주다   diploma 졸업장   hug 안다, 포옹하다   tightly 꽉, 세게

- 정든 학교를 떠난다고 생각하니 너무 슬펐다.

I was so sad at the thought of leaving my beloved school.
→ beloved 사랑하는

- 친구들과 헤어지게 된다고 생각하니 눈물이 났다.

I cried at the thought of parting from my friends.
→ part 헤어지다

- 졸업식장 여기저기에서 우는 친구들이 보였다.

I could see my friends crying here and there during the graduation ceremony.

- 나는 영도중학교에 배정되었다.

I was assigned to Yeongdo Middle School.
→ be assigned 배정 받다

- 우리는 대부분 영도중에 간다.

Most of us are going to Yeongdo Middle School.

- 태준이와 인호는 신목중학교에 간다.

Taejun and Inho will go to Shinmok Middle School.

- 친한 친구들과 학교가 달라서 너무 슬프다.

  I am so sad because my close friends and I will be going to different schools.

- 졸업식이 끝나고 가족들과 식사하러 갔다.

  After graduation, I went out to eat with my family.

- 이제 중학생이라니 실감이 나지 않는다.

  I can't believe that I am a middle school student now.

- 졸업은 기쁜데 중학생이 되는 게 약간 두렵다.

  Graduating makes me happy, but I am also a bit scared of becoming a middle school student.

- 친구들이랑 사진을 많이 찍었다.

  I took a lot of photos with my friends.

개학 ★ Starting School

- 내일이 개학이다.

  School starts tomorrow.

- 오늘 개학을 했다.

  Today, school started.

- 오늘 개학을 해서 친구들을 오랜만에 만났다.

  Today was the first day of school, so I met my friends after a long time.

- 오랜만에 친구들을 보니 무척 반가웠다.

  Because I hadn't seen them for a long time, I was so happy to see them.

- 학교 가려고 일찍 일어나려니 힘들었다.

  It was hard for me to wake up early to go to school.

- 어떤 친구들은 방학 동안 키가 훌쩍 커 있었다.

  Some of my friends grew much taller during vacation.

- 반 친구들이 전부 새까맣게 탔다.

  All of my classmates were tanned.

  → tanned 햇볕에 탄

• 어젯밤 늦게까지 방학 숙제를 했다.

I had to do my vacation homework until late last night.

• 방학 숙제로 한 작품을 조심해서 학교로 들고 갔다.

I carefully carried my vacation project to school.

• 방학 숙제를 실수로 집에 놓고 갔다.

I left my vacation homework at home by mistake.

• 방학 숙제를 제출한 사람은 겨우 5명이었다.

There were only 5 students who submitted their vacation homework.

→ submit 제출하다

• 개학 첫날 선생님을 보니 헤어스타일이 바뀌었다.

When I saw my teacher on the first day after vacation, I noticed that her hairstyle had changed.

→ notice 알아채다

• 개학을 하니 엄마가 기뻐하신다.

My mother is so happy that I'm going back to school.

• 방학은 왜 이렇게 빨리 끝나는 것일까?

I wonder why vacations end so quickly.

• 개학이 다가오면 우울해진다.

As the school starting date is coming, I am becoming more depressed.

→ depressed 우울한

새 학년 ★ The New School Year

• 봄방학이 끝나고 새 학년이 시작되었다.

Spring vacation has ended, so the new school year has begun.

• 오늘부터 3학년이다.

Starting today, I am a 3rd grader.

→ grader ~학년의 학생

- 내가 벌써 4학년이라니 믿기지가 않는다.

  I can't believe that I am already in the 4th grade.

- 학년이 올라가니 마음가짐이 달라졌다.

  I found my attitude has changed now that I am in a higher grade.

  → attitude 태도, 마음가짐   now that 이제 ~하니

- 혁주와 같은 반이 되어서 너무 다행이다.

  I feel relieved that Hyeokjoo and I are in the same class.

  → relieved 안심한, 다행인

- 친한 친구들과 헤어지게 되어서 무척 속상하다.

  I am really depressed about parting ways with my close friends.

  → part ways 갈라지다, 떨어지다

- 새로운 담임선생님이 좋은 분이었으면 좋겠다.

  I hope my new homeroom teacher is a nice person.

  → homeroom teacher 담임선생님

- 담임선생님이 무섭기로 소문난 분이어서 걱정이다.

  I am worried because I have a homeroom teacher who is famous for being scary.

- 새로운 담임선생님은 우리 학교의 유일한 남자 선생님이시다.

  The new homeroom teacher is the one and only male teacher at my school.

  → one and only 오직 하나인   male 남자의

- 우리 선생님은 화중초등학교에서 전근 오신 분이다.

  My teacher has transferred to my school from Hwajung Elementary School.

- 생각했던 것보다 선생님이 친절하셨다.

  The teacher was kinder than I had expected.

- 이번 학년에는 친구를 많이 사귀는 것이 목표다.

  My goal for this year is to make a lot of friends.

- 5학년이니까 공부를 더 열심히 해야겠다.

  I will study harder since I am in the 5th grade.

- 학년이 올라갈 때마다 엄마는 나더러 다 컸다고 하신다.

Whenever I go up to a higher grade, my mother tells me that I am all grown up.

- 새 학년이 될 때 좋은 점은 새 학용품을 사는 것이다.

A good thing about having the new school year is that I can buy new school supplies.

→ school supplies 학용품

전학생 ★ Transferred Students

- 오늘 우리 반에 전학생이 왔다.

Today, a new student came to my class.

- 새로 전학 온 친구의 이름은 박정호다.

The newly transferred student's name is Jeongho Park.

- 전학생은 성격이 활달해 인기가 많다.

The new student is outgoing, so he is popular.

→ outgoing 외향적인, 사교적인   popular 인기 있는

- 전학 온 친구는 얌전하고 말이 없다.

The new student is very well-mannered and quiet.

→ well-mannered 얌전한, 예절 바른

- 선생님께서 내게 전학 온 친구를 도와주라고 부탁하셨다.

My teacher asked me to help out the new student.

- 전학 온 친구가 학교에 잘 적응하도록 도와줘야겠다.

I will help the new student to fit well into our school.

→ fit well into ~에 잘 적응하다, 어울리다

- 전학 온 아이랑 친구가 되고 싶다.

I want to be friends with the new student.

- 재민이가 다른 학교로 전학을 갔다.

Jaemin transferred to another school.

- 민경이가 다른 학교로 전학을 가 버려서 외롭다.

Because Minkyeong transferred to another school, I am lonely.

- 나는 내일 다른 학교로 전학을 간다.

  I am transferring to another school tomorrow.

- 새로운 학교에 가려니 설레기도 하고 떨리기도 한다.

  Now that I am going to a new school, I am both excited and nervous.

- 이사를 해서 새로운 학교로 전학을 왔다.

  Because I moved, I also transferred to a new school.

- 새 학교의 이름은 쌍문초등학교다.

  My new school's name is Ssangmoon Elementary School.

- 반 친구들이 모두 친절하다.

  All of my classmates are very kind.

- 오늘 유진이라는 아이와 친해졌다.

  Today, I got close with a girl called Yoojin.

  → get closer 더 친해지다

- 이곳에는 친구가 별로 없어서 좀 쓸쓸하다.

  Because I don't really have many friends here, I feel a bit lonely.

  → a bit 조금   lonely 외로운

- 반 친구들과 가능한 한 빨리 친해지고 싶다.

  I want to be good friends with my classmates as soon as possible.

  → as soon as possible 가능한 한 빨리

- 새로 전학 온 학교는 전에 다니던 학교보다 운동장이 넓다.

  My new school has a bigger schoolyard than my previous school.

  → previous 예전의

- 새 학교는 개교한 지 얼마 안 돼 시설이 좋다.

  Because the new school was founded only a few years ago, its facilities are very good.

  → found 설립하다, 세우다   facility 시설

- 새로 온 학교는 시설이 너무 낡아 사용하기 불편하다.

  My new school's facilities are so worn out that they are very inconvenient to use.

  → worn out 닳은, 낡은   inconvenient 불편한

- 전에 다니던 학교 친구들이 그립다.

  I miss my friends from my old school.

학급 임원 선거 ★ Class Elections

- 내일 학급 임원 선거가 있다고 한다.

  There will be a class election tomorrow.
  → election 선거

- 오늘 학급 회장 선거를 했다.

  Today, there was an election for class president.
  → class president 반 회장

- 우리 학교는 2학년부터 6학년까지 학급 회장을 뽑도록 한다.

  My school allows the classes from grade 2 to grade 6 to have presidents.

- 나는 학급 회장이 되고 싶다.

  I want to be the class president.

- 처음으로 선거에 나가는 거라 떨린다.

  It is my first time to run in an election, so I am nervous.
  → run in an election 선거에 나가다

- 연설문을 뭐라고 써야 할지 모르겠다.

  I don't know what to write for my speech.
  → speech 연설

- 1학기 회장은 주로 인기가 많은 아이들이 뽑힌다.

  Usually, the popular kids are chosen as the 1st semester presidents.
  → be chosen 선출되다, 선택되다   semester 학기

- 경준이는 인기가 많아서 늘 회장으로 뽑힌다.

  Because Kyeongjun is popular, he is always elected president.
  → elect (선거로) 뽑다, 선출하다

- 승우가 가장 강력한 라이벌이다.

  Seungwoo is my biggest competition.
  → competition 경쟁, 경쟁 상대

- 친구가 나를 회장 후보로 추천했다.

  My friend recommended me as a presidential candidate.
  → recommend 추천하다   candidate 후보

- 나는 회장이 되면 우리 반을 학교에서 제일 재미있는 반으로 만들겠다고 했다.

  I said that if I become the class president, I will make my class the most fun class in the school.

- 친구들 앞에서 회장이 되고 싶은 이유를 말하는데 무척 떨렸다.

  As I was saying my reasons for running for president, I was shaking.

  → run for ~에 출마하다

- 남자 회장은 동욱이가 됐고, 여자 회장은 희수가 됐다.

  Dongwook became the male president, and Heesoo was the female one.

  → female 여성의, 여자의

- 희수는 착해서 반 애들이 많이 뽑아 준 것 같다.

  I think a lot of my classmates voted for Heesoo because she is very nice.

- 2반은 예준이가 회장이 되었다고 한다.

  I heard that Yejun became the president of class 2.

- 막 전학 온 애가 회장으로 뽑혔다.

  A student who just transferred was elected president.

- 겨우 2표 차이로 회장 선거에서 떨어졌다. 하지만 차점자로서 부회장이 되어 기쁘다.

  I only lost the presidential election by 2 votes. But I am still glad to become the vice president as the runner up.

  → presidential election 회장 선거   vice president 부회장
    vote (선거에서의) 표, 투표하다   runner up 차석, 차점자

- 오늘 임원 선거에 나갔다가 떨어졌다.

  I ran in the class election today, but I lost.

- 부회장 선거에서 겨우 2표 차로 떨어졌다.

  I lost the vice presidential election by just two votes.

- 철기는 선거에서 3표밖에 받지 못했다.

  Cheolgi only got three votes in the election.

- 연서는 부회장 선거에서 기권했다.

  Yeonseo withdrew from the vice presidential election.

  → withdraw 물러나다 (withdraw-withdrew-withdrawn)

- 나는 주로 2학기에 회장이 된다.

  I usually become the class president in the 2nd semester.

- 엄마는 2학기 회장이 일하기 더 하기 편하다고 하신다.

Mom says that being the 2nd semester's president is easier to work.

- 2학기에는 꼭 회장이 되었으면 좋겠다.

I really hope that I become the president in the 2nd semester.

- 1학기 동안 회장으로서 최선을 다 해야겠다.

I will do my best as the class president for the 1st semester.

- 선생님이 응원해 주셔서 더 힘이 났다.

I became more determined because of my teacher's encouragement.

→ determined 굳게 결심한, 결연한 encouragement 격려, 응원

전교 학생회장 선거 ★ Student Leader Elections

- 내일은 전교 학생회장 선거가 있는 날이다.

There will be the election for the student body president tomorrow. /
There will be an election for the president of the student council.

→ student body/council 학생회

- 집에서 친구들과 함께 선거 운동에 쓸 홍보물을 만들었다.

I made some promotional materials for the election campaign at home with my friends.

→ promotional material 홍보물 election campaign 선거 운동

- 아침마다 교문에서 선거 운동이 한창이다.

Every morning, I see the election campaigns going on at the school entrance.

→ entrance 출입구, 문

- 후보들은 학교를 돌면서 선거 운동을 하느라 바쁘다.

The candidates are busy campaigning for the elections around the school.

→ campaign 캠페인/운동을 벌이다

- 전교 학생회장은 6학년에서 뽑고, 부회장 두 명은 5학년과 6학년에서 모두 뽑는다.

  A student council leader is elected from among the 6th graders while two vice presidents are elected from both the 5th and 6th graders.

- 누가 학생회장이 될지 참 궁금하다.

  I am really curious as to who will become the student president.

- 서윤이네 언니가 전교 학생회장 선거에 출마했다.

  Seoyun's older sister is running for president of the student council.

- 기호 1번 후보의 연설이 가장 인상적이었다.

  The first candidate's speech was the most memorable one.
  → memorable 기억에 남는, 인상적인

- 나는 기호 2번을 뽑았다.

  I voted for the 2nd candidate.

- 나도 6학년이 되면 전교 학생회장에 출마하고 싶다.

  I want to run for student leader when I become a 6th grader.

- 오늘 후보 등록을 했고 앞으로 선거운동으로 바쁠 것이다.

  I registered as a candidate today, and I will be busy with my campaign from now on.
  → register 등록하다

- 친구들이 포스터와 피켓 만드는 것을 도와주기로 했다.

  My friends offered to help by making posters and pickets.
  → offer (기꺼이) 해 주겠다고 하다   picket 피켓, 팻말

- 내가 전교 학생회장이 되었다.

  I became the president of the student body.

학부모총회/학부모 참관 수업/학부모 상담
★ PTA / Open Class / Parent-Teacher Conference

- 오늘은 학부모총회가 있어서 학교가 일찍 끝났다.

  School ended early today because there was a PTA meeting.
  → PTA 학부모회(Parent-Teacher Association)

- 엄마가 학부모총회에 다녀오셨다.

My mom has come back from the PTA.

- 엄마는 학부모총회 때마다 나보다 더 긴장하신다.

Whenever there is a PTA meeting, my mother gets more nervous than me.

- 내가 회장이어서 엄마가 반 대표를 맡으셨다.

Because I am the class president, my mom became the Class Mom.

→ Class Mom 학부모 반 대표

- 오늘은 학부모 참관 수업이 있는 날이었다.

We had an open class today.

→ open class 공개 수업

- 오늘은 학부모 참관 수업이 있는 날이어서 엄마가 학교에 오셨다.

My mother came to school today because there was an open class.

- 부모님이 와 계시니 발표를 하는 동안 정말 떨렸다.

I was really nervous during my presentation with my parents there.

→ presentation 발표

- 이번 주는 학부모 상담 기간이다.

This week, there is a parent-teacher conference.

→ parent-teacher conference 학부모 상담

- 선생님과 엄마가 무슨 말씀을 나누셨는지 궁금하다.

I wonder what my mother and teacher talked about.

- 엄마가 학부모 상담을 다녀왔는데 선생님이 내 칭찬을 많이 하셨다고 했다.

My mother came back from the meeting, and she told me that teacher said a lot of nice things about me.

- 선생님께서 내 칭찬을 하셨다고 해서 기분이 정말 좋았다.

I felt really happy because I heard that my teacher had complimented me.

→ compliment 칭찬하다

Field Trip Day

Thursday, April 28, Sunny

I went to Gyeongbok Palace on a field trip. It is the place where the kings in the Chosun Dynasty lived. It is not fascinating to me anymore because I have been there a lot with my mother. But I enjoyed playing and eating *kimbap* with my friends. I hope we go to Lotte World for our next field trip.

체험학습의 날　4월 28일 목요일, 맑음

체험학습으로 경복궁에 다녀왔다. 경복궁은 조선시대 왕들이 살던 곳이다. 나는 엄마랑 경복궁에 많이 와 봤기 때문에 조금 시시했다. 하지만 친구들과 함께 김밥도 먹고 놀 수 있어서 좋았다. 다음 체험학습은 롯데월드로 가면 좋겠다.

· **field trip** 체험학습　**fascinating** 대단히 흥미로운, 대단한

현장체험학습/수련회 ★ Field Trips/Retreats

- 내일은 현장체험학습을 가는 날이다.

Tomorrow is a field trip day.

- 내일은 드디어 현장체험학습 가는 날이다.

Tomorrow is finally the day we go on a field trip.

- 오늘 경복궁으로 현장체험학습을 다녀왔다.

I have been to Kyeongbok Palace on a field trip.

- 엄마가 점심으로 김밥을 싸 주셨다.

My mother packed me *kimbap* for lunch.

→ pack 싸다

- 가윤이랑 버스에 함께 앉았다.

I sat with Gayun in the bus.

- 버스 타고 한참 가기 때문에 메스꺼움을 대비해 멀미약을 먹었다.

Because of the long bus ride, I took some motion-sickness pills for nausea.

→ motion-sickness 멀미　nausea 메스꺼움

- 버스에서 친구들과 게임을 하며 신나게 놀았다.

My friends and I had a fun time playing games on the bus.

- 그곳에 도착하니 벌써 점심시간이어서 우리는 모여 앉아서 점심을 먹었다.

When we arrived there, it was already lunchtime. We sat together and ate lunch.

- 엄마가 귤과 과자를 간식으로 싸 주셨다.

My mother packed tangerines and chips for snacks.

- 이번 현장학습은 자유 시간이 많아서 참 좋았다.

I really liked this field trip because we had a lot of free time.

- 현장학습을 가는 날이면 마음껏 군것질을 할 수 있어서 좋다.

I love field trips because I can eat as many snacks as I want to.

- 돌아오는 길에 우리는 모두 피곤해서 버스에서 곯아떨어졌다.

On our way home, all of us were so tired that we fell asleep on the bus.

- 금요일에 강화도로 컵스카우트 수련회를 다녀왔다.

On Friday, I went to Ganghwa Island for a Cub Scout retreat.

→ retreat 휴양, 수련회

- 1박2일로 임원수련회를 다녀왔다.

I went to an overnight retreat for student representatives. /
I went to an overnight camp with the other members of the student council.

→ overnight 밤사이에, 하룻밤의   student representative 학생 대표, 임원

- 제주도로 2박3일 수학여행을 다녀왔다.

I went to Jeju Island for 3 days on a school trip.

- 오리엔테이션은 솔직히 좀 지루했다.

The orientation was actually a bit boring.

- 교관 선생님이 엄청 무서웠다.

The instructor was really scary.

→ instructor 강사

- 장기자랑 시간에 승호가 춤을 멋지게 췄다.

During the talent show, Seungho danced wonderfully.

→ talent show 장기자랑, 학예회

- 캠프 파이어가 가장 재미있었다.

I enjoyed the campfire the most.

- 밤 늦게까지 안 자고 친구들과 놀았다.

I didn't go to sleep until late at night because I was playing with my friends. /
I stayed awake to play with my friends until late at night.

- 선생님께서 빨리 자라고 하셨다.

Our teacher told us to go to sleep right away.

- 수련회는 정말 재미있었다.

The retreat was so much fun.

- 학교 행사 중 수학여행이 가장 즐겁다.

Among the school events, a school trip is the most fun activity.

- 현장학습을 가면 뭔가를 배우는 것보다 친구들과 노는 게 즐겁다.

Whenever I go on a field trip, I enjoy playing with my friends far more than learning something.

학예회/발표회 ★ Talent Shows

• 다음 주 수요일에 학예회가 열린다.

There will be a school talent show next Wednesday.

→ talent show 장기 자랑, 학예회, 발표회

• 3, 4교시에 학교 학예회 연습을 했다.

During 3rd and 4th periods, we practiced for the school talent show.

• 우리는 지영이네 집에 모여 연습을 했다.

We gathered at Jiyeong's home and practiced.

• 우리 반은 〈로미오와 줄리엣〉 연극을 하기로 했다.

My class has decided to perform the play *Romeo and Juliet*.

→ perform 공연하다   play 연극

• 나는 친구들과 장기자랑에서 춤을 출 것이다.

My friends and I will dance in the talent show.

• 4반은 꽁트를 하는데 정말 재미있다.

Class 4 is performing a skit, and it is really funny.

→ skit 촌극

• 흰색 상의에 검은색 하의로 복장을 통일하기로 했다.

We decided to wear white for our tops and black for our bottoms.

→ top 상의   bottom 하의

• 우리 반은 의상을 대여하기로 했다.

My class decided to rent costumes.

→ rent 대여하다   costume 의상, 복장

• 우리 반 남자애들은 태권도 시범을 보였다.

The boys from my class put on a taekwondo performance demonstration.

→ performance 공연   demonstration 시범

• 나는 학교 합창대회 연습하느라 바쁘다.

I am very busy practicing for the school singing/choir competition.

→ choir 합창

- 매일매일 학교 연주회 연습을 하고 있다.

  I am practicing for the school concert every day.

- 공연은 대성공이었다!

  The performance was a big success!

- 박수를 엄청 많이 받았다.

  We got a huge round of applause.

  → huge 엄청난, 거대한   a round of applause 한 차례의 박수

- 우리 반이 제일 잘한 것 같다.

  I think my class was the best.

- 엄마가 꽃다발을 주며 잘했다고 말해 주셨다.

  Mom said I was wonderful while handing me some flowers. /
  My mother said I did a good job and gave me some flowers.

  → hand 건네주다   do a good job 잘하다

- 아빠는 내가 제일 멋있었다고 칭찬해 주셨다.

  Dad complimented me by saying I was the best one.

- 발표회가 끝나고 선생님께서 우리 반에게 맛있는 햄버거를 사 주셨다.

  After the performance, my teacher bought some delicious hamburgers for my class.

- 공연을 무사히 마쳐서 다행이다.

  I am so relieved that the performance went well.

  → relieved 안심한, 안도한   go well 순조로이 진행되다

- 다음 학예회 때는 더 잘할 수 있을 것 같다.

  I think I can do better at the next talent show.

- 엄마가 전 공연을 동영상으로 찍어 주셔서 집에서 봤다.

  My mother videotaped the entire performance, so I watched it at home.

  → videotape 비디오테이프에 녹화하다

운동회 ★ Field Days

- 오늘은 우리 학교 운동회가 있는 날이었다.

  We had a field day at my school today.

  → field day 운동회 (= sports day)

• 드디어 오늘 기다리고 기다리던 운동회가 열렸다.	Finally, today was the field day that I had been waiting for so badly. → badly 몹시
• 일기예보에서 비가 온다고 해서 걱정했는데 날씨가 정말 좋았다.	I was worried because the weather forecast said that it would rain today. But the weather was very good. → weather forecast 일기예보
• 비가 와서 운동회가 다음 주로 연기되었다.	The field day has been postponed until next week because of rain. → postpone 연기하다
• 나는 청군이고 동생은 백군이었다.	I was on Team Blue while my younger sister was on Team White.
• 교실에서 공연 의상으로 갈아입었다.	I changed into my costume for the performance in the classroom. → change into ~로 갈아입다 costume 의상
• 1학년은 꼭두각시 공연을 했다.	Grade 1 performed a puppet dance. → puppet 꼭두각시, 인형 perform 공연하다
• 3학년은 부채춤을 췄다.	Grade 3 performed a fan dance.
• 5학년은 포크댄스를 췄다.	Grade 5 performed a folk dance.
• 오자미 던지기가 가장 재미있었다.	Throwing the beanbag was the most fun game. → beanbag 오자미
• 박이 잘 터지지 않았다.	The gourd didn't open easily. → gourd 박
• 줄다리기에서 2-1로 백군이 이겼다.	Team White won tug of war by a score of 2 to 1. → tug of war 줄다리기
• 달리기에서 2등을 했다.	I came in 2nd place in the race.

- 달리기를 하다 넘어지고 말았다.

I fell down while running.

- 내가 우리 반 계주 대표로 뽑혔다.

I was chosen as the class representative for the relay.

→ representative 대표 relay 계주

- 계주에서 청군이 이겼다.

Team Blue won the relay.

- 우리 반은 응원 경연대회에서 최고점을 받았다.

My class received the highest score in the cheering competition.

→ cheer 응원하다

- 운동회에서 백군이 우승했다.

Team White was the winner of the field day.

- 큰 공을 굴리며 뛰는 동생들이 너무나 귀여웠다.

The young ones looked so cute when they were running around, rolling the big balls.

- 2학년 자리는 햇빛이 정면이라 너무 눈이 부셨다.

The 2nd graders' seats were directly facing the sun, so my eyes hurt.

→ directly 곧장, 직접적으로 face ~를 향하다

- 점심으로 엄마가 싸 주신 김밥을 먹었다.

I ate *kimbap* that my mom made for lunch.

- 운동회여서 점심으로 맛있는 반찬이 많이 나왔다.

Since it was field day, many delicious foods were provided for lunch.

→ provide 제공하다

- 오전 내내 열심히 뛰어서 그런지 점심이 정말 맛있었다.

Running around all morning seemed to make me think that lunch tasted so good.

- 운동회 날은 수업을 안 해서 좋다!

I like field day because there are no classes!

- 운동회가 끝나면 우리 가족은 꼭 외식을 한다.

Whenever field day is over, my family goes out to eat.

- 현장학습보다 훨씬 더 재미있는 운동회!

No wonder field day is even more fun than a field trip!

단축수업/재량휴업일/개교개념일
★ Early Dismissal / Temporary Closing of the School / School Foundation Day

• 내일 예술제가 있어서 오늘은 단축수업을 했다.

Because there is a talent show tomorrow, the school hours were shortened today.

→ shorten 단축하다, 짧아지다

• 오늘은 4교시까지 단축수업을 했다.

Today, school was dismissed after 4th period.

→ dismiss 해산시키다, 물러나게 하다   period (학교의 일과) 시간

• 종업식 날까지 계속 단축수업을 한다고 한다.

School will get out early until the last day of school.

• 내일은 연휴를 위한 학교 재량 휴업일이라서 수업이 없다.

There is no school tomorrow because the school will be temporarily closed for long holidays.

→ 학교장의 재량으로 휴업을 하는 경우는 다른 휴일과 연이어 긴 연휴를 갖도록 임시로 휴업하는 경우가 많습니다.

• 오늘은 우리 학교 개교기념일이다.

Today is my school's foundation day.

→ school's foundation day 개교기념일

• 오늘은 개교기념일이라 학교를 안 갔다.

I didn't go to school today because it is my school's foundation day.

• 할머니 생신이셔서 체험학습 신청서를 내고 광주에 갔다.

Because of my grandmother's birthday, I turned in an excused absence form and went to Gwangju.

→ turn in 내다, 제출하다   excused absence 양해를 얻은 불참
   form 서식, 신청 용지

• 체험학습 신청서를 내고 3일 동안 강원도에 가족여행을 다녀왔다.

I turned in an excused absence form and went on a family trip to Gangwon Province for 3 days.

• 이모네 가족과 함께 제주도에 가기 위해 체험학습 신청서를 냈다.

I turned in an excused absence form to go to Jeju Island together with my aunt's family.

• 봉사활동으로 1학년 급식 도우미를 했다.

For my volunteer work, I helped serve lunch to 1st graders.
→ volunteer work 봉사활동

• 봉사활동 사이트에서 봉사활동을 신청했다.

I signed up to be a volunteer on the volunteer work website.
→ sign up 신청하다, 등록하다   volunteer 자원자, 자원봉사자

• 초등학생이 참가할 만한 봉사활동 기회가 별로 없다.

There are not many volunteer opportunities that elementary students can participate in.
→ participate 참여하다

• 1년에 2시간의 봉사활동을 해야 한다.

I have to do 2 hours of volunteer work per year.

• 장애인 체험을 하는 장애체험 프로그램에 다녀왔다.

I have been to a disability program designed for the experience of people with disability.
→ disability 장애

• 봉사활동으로 공원 산책로를 청소했다.

I cleaned up the trails at the park for my volunteer work.
→ trail 오솔길, 산길

• 봉사활동으로 오늘 학교 주변 쓰레기를 주웠다.

Today, I picked up trash around the school area for my volunteer work.

• 날씨는 추웠지만 깨끗해진 공원을 보니 기분이 좋았다.

Although it was cold, I felt good after seeing the cleaned-up park.
→ cleaned-up 청소가 된

• 오늘은 합창단에서 양로원으로 봉사활동을 갔다.

My choir went to a nursing home to do some volunteer work today.
→ nursing home 양로원

- 할머니, 할아버지들 앞에서 노래를 불렀다.

We sang in front of the elderly.

→ the elderly 연세 드신 분들, 어르신들

- 우리 할머니, 할아버지 같은 분들이 우리를 진심으로 반겨 주셨다.

The elderly, who are like our grandparents, wholeheartedly welcomed us.

→ wholeheartedly 진심으로

- 봉사활동은 힘들지만 보람 있는 일이다.

Volunteer work is hard, but it still is worth it.

- 많은 종류의 봉사활동을 해보고 싶다.

I would like to participate in various types of volunteer work.

- 부모님이 늘 봉사활동을 하셨는데 나도 이제 동참한다.

My parents have always been volunteer workers, and now I am doing volunteer work together with them.

- 누나와 같은 봉사활동을 하게 되었다.

I just happen to do the same volunteer work as my sister does.

→ happen to (우연히) ~하게 되다

방학 ★ Vacation

- 방학이 시작하려면 일주일밖에 안 남았다.

There is only a week left before vacation starts.

- 방학이 너무 기다려진다. 어서 방학이 왔으면!

I can't wait for vacation. I hope it comes soon!

- 오늘 여름/겨울방학을 했다.

Today my summer/winter vacation started.

- 오늘은 방학식만 해서 일찍 끝났다.

School finished early today because we only had the end of semester assembly.

→ end of semester 학기 말   assembly 조례, 집회

231

- 방학 생활계획표를 짰다.

I made a daily schedule for vacation.

→ daily schedule 생활계획표, 일과표

- 방학에는 늦잠 잘 수 있어서 좋다.

I like vacation because I can sleep in late.

- 방학 때 수영을 배우기로 했다.

I've decided to learn how to swim during vacation.

- 방학 때 학원 특강을 들어야 한다.

I have to take some intensive courses during vacation.

→ intensive 집중적인

- 방학 때 책을 많이 읽기로 엄마와 약속했다.

I promised my mom that I would read many books during vacation.

- 찬희는 방학 때 해외여행을 간다고 한다.

Chanhee said he is traveling abroad during the vacation.

→ abroad 해외로

- 나는 이번 방학에 영어를 배우러 필리핀으로 가게 되었다.

This vacation, I will be going to the Philippines to learn English.

- 방학을 해서 영주에 있는 할머니 댁에 다녀왔다.

Since I am on vacation, I visited my grandmother's house in Yeongju.

- 학원 방학 동안 이모네랑 대천에 다녀왔다.

I went to Daechun with my aunt's family during my hagwon vacation.

- 방학이라 중국으로 가족 여행을 다녀왔다.

Since I am on vacation, I went to China on a family trip.

- 벌써 방학이 반밖에 안 남았다니.

I can't believe that only half of my vacation is left.

- 방학 동안 학원을 다니니까 전혀 방학 같지가 않다.

Since I go to hagwons during vacation, it doesn't feel like a holiday at all.

- 겨울방학은 여름방학보다 길어서 더 좋다.

I prefer winter vacation because it is longer than summer vacation.

- 방학은 다른 때보다 시간이 더 빨리 간다.

During vacation, time passes faster than other days.

- 방학이 너무 짧아 아쉽다.

I am sad because vacation is too short.

- 방학은 생각만 해도 기분이 좋아진다.

Just thinking of vacation makes me feel happy.

- 방학이어도 학원에 가느라 쉬지도 못한다.

Though it is time for vacation, I can't even get any rest because I have to go to my hagwon.

방학숙제 ★ Vacation Homework

- 방학숙제는 일기, 독서록, 줄넘기다.

My vacation homework is to write in my diary, to write a book report, and to jump rope.

- 일기는 일주일에 2번 이상 써야 한다.

I have to write in my diary at least two times a week.

- 방학숙제로 독서록 5편을 써야 한다.

I have to write five book reports for vacation homework.

- 우리 반은 늘 방학숙제가 많다.

My class is always given a lot of homework for vacation.

- 친척에게 편지 쓰기가 방학숙제여서 할아버지께 편지를 썼다.

I wrote a letter to my grandfather in order to do my homework of writing a letter to a relative.

→ in order to ~하기 위하여   relative 친척

- 박물관 견학이 방학숙제여서 오늘 국립중앙박물관에 다녀왔다.

I visited the National Museum of Korea today because I had to visit a museum for my vacation homework.

- 방학숙제로 미술관에 다녀왔다.

I visited an art museum for my vacation homework.

- 다음 주가 개학인데 아직 방학숙제를 하나도 끝내지 못했다.

The new semester will start next week, but I haven't finished any of my vacation homework yet.

- 오늘부터 방학숙제를 부지런히 해야겠다.

I really have to work hard on my vacation homework starting today.

- 어젯밤 늦게까지 방학숙제를 했다.

Yesterday, I did my vacation assignment until late at night.

→ assignment 과제, 숙제

- 다음부터는 방학숙제를 미리미리 해야겠다.

Starting next time, I will do my vacation homework beforehand.

→ beforehand 미리

- 쉬라고 있는 방학에 숙제가 왜 이렇게 많은 걸까?

Vacations are for resting! What's all this homework for?

- 숙제 없는 방학을 만드는 교육감님이 나왔으면!

I wish we had a superintendent who would give us a homework-free vacation!

→ superintendent 관리자, 감독관 -free ~ 없는

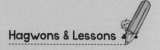
Life Tied up with Hagwons

Friday, June 5, Cloudy

I go to an English hagwon on Mondays, Wednesdays, and Fridays and to a math hagwon on Tuesdays and Thursdays. I study better by going to the hagwons than by studying alone at home. But the large amount of homework for my hagwons does not allow me to play. I am afraid that I might fall behind at school if I don't go to my hagwons, though.

학원에 매인 생활   6월 5일 금요일, 흐림

나는 월수금에는 영어학원, 화목에는 수학학원을 다닌다. 나는 집에서 혼자 공부하는 것보다 학원에 다니는 것이 공부가 더 잘 된다. 하지만 학원 숙제가 많아서 놀 수가 없다. 그래도 학원에 안 가면 학교 성적이 뒤쳐질까 두렵다.

· **tied up with** ~로 바쁜, 매인   **amount** 양, 분량   **fall behind** 뒤쳐지다

- 나는 일주일에 세 번 태권도학원에 간다.

  I go to a taekwondo studio three times a week.

- 나는 학원에 별로 안 다닌다.

  I don't go to many hagwons.

- 나는 학원을 하나도 안 다닌다.

  I don't even go to a single hagwon.

- 나는 영어학원만 간다.

  I only go to an English hagwon.

- 나는 주중에는 늘 학원에 가야 한다.

  I always have to go to my hagwon on weekdays.

- 나는 원기랑 같은 학원에 다닌다.

  Wongi and I go to the same hagwon.

- 나는 집에서 혼자 공부하는 것보다 학원에 다니는 게 공부가 더 잘된다.

  I study better by going to the hagwon than by studying alone at home.

- 나는 학원에 다니는 것보다 집에서 공부하는 게 좋다.

  I prefer studying at home than going to a hagwon.

- 화요일에는 수학에 중국어 수업까지 있어서 힘들다.

  Tuesdays are so tiring because I have math and Chinese lesson.

  → tiring 피곤하게 만드는, 피곤한

- 지난 토요일에 학원 레벨 테스트를 봤다.

  I took a level test for a hagwon last Saturday.

- 목요일은 피아노 수업밖에 없어서 꽤 한가하다.

  I am pretty free on Thursdays because I only have a piano lesson.

- 금요일은 학원을 가지 않는 날이다.

  Friday is a no-hagwon day.

- 영어학원을 청담으로 옮겼다.

  I transferred to Chungdam English Hagwon.

- 우리 학원에서 나는 높은 레벨이다.

  I am in the high level at my hagwon.

- 수요일에 과학학원을 빠져서 오늘 보충수업에 가야 했다.

Because I missed my science hagwon class on Wednesday, I had to attend a makeup class today.

→ makeup class 보충수업

- 태권도 때문에 논술을 화요일에서 수요일로 옮겼다.

Because of my taekwondo classes, I changed my writing class from Tuesdays to Wednesdays.

- 피아노를 일주일에 세 번에서 두 번으로 줄였다.

I cut my piano lessons from three times a week to two times.

- 학원 버스가 동네를 너무 많이 돈다.

My hagwon bus goes around the whole town too much.

- 버스를 놓쳐서 엄마가 태워다 주셨다.

Because I missed the bus, my mother drove me.

- 많이 아파서 일주일 내내 학원에 가지 못했다.

I couldn't go to my hagwon for this whole week because I was very sick.

- 친구 집에서 놀다가 학원에 늦어 엄마한테 혼났다.

My mom scolded me because I was late for my hagwon while playing at my friend's house.

- 논술은 이번 달까지만 하고 끊을 예정이다.

I will stop going to my writing classes after this month.

- 피아노는 계속 다니고 싶다.

I want to continue my piano lessons.

→ continue 계속하다

영어/영어학원 ★ English / English Lessons

- 나는 영어학원에 안 다닌다.

I don't go to an English hagwon. / I don't take any English private lesson.

- 나는 집으로 배달오는 학습지로 영어공부를 한다.

I study English by doing the worksheets delivered to me at my home.

→ worksheet (학습용) 문제지, 학습지   delivered 배달되는

- 나는 화상영어를 듣고 있다.

I study English by the web conferencing system.

→ web conferencing system 화상회의 시스템

- 나는 학교 방과후 수업으로 영어를 배운다.

I learn English in the after-school program at school.

- 나는 월수금에 영어학원에 다닌다.

I go to an English hagwon on Mondays, Wednesdays, and Fridays.

- 내 레벨은 AP3이다.

My level is AP3.

- 영어학원에서 파닉스를 배우고 있다.

I am learning phonics at my English hagwon.

- 우리 학원은 숙제가 많기로 유명하다.

My hagwon is famous for giving out tons of homework.

→ tons of 엄청나게 많은 ~

- 온라인 숙제가 매일매일 있다.

Every day, I have online homework.

- 단어를 하루에 30개씩 외워야 한다.

I have to memorize 30 words per day.

→ memorize 외우다

- 숙제로 영어일기를 써야 한다.

I have to write an English diary for my homework.

- 영어학원 숙제가 너무 많아서 힘들다.

I am having a hard time because I have too much homework for English hagwon.

- 내 독후감이 이달의 독후감으로 뽑혔다.

My book report was selected as the book report of the month.

→ select 뽑다, 선택하다

- 원어민 선생님이 뭐라고 하시는지 모르겠다.

I don't understand the native teacher.

- 우리 원어민 선생님은 호주에서 오셨다.

My native teacher is from Australia.

- 원어민 선생님이 미국 교포라서 한국말도 잘하신다.

My native teacher is Korean-American, so he speaks Korean very well.

→ Korean-American 한국계 미국인

수학 문제집/수학 학원 ★ Math Workbooks/Math Hagwon

- 나는 매일 아침 연산 학습지를 푼다.

I solve arithmetic practice sheets every morning.

→ arithmetic 산수의, 연산의   sheet (종이) 한 장

- 나는 매일 수학 문제집을 4페이지씩 푼다.

I do 4 pages in my math workbook each day.

- 어제 학습지를 다 못 풀었다.

I didn't finish my worksheets yesterday.

- 문제집이 밀려서 엄마한테 혼났다.

I got into trouble with my mother because I was behind schedule in doing my workbook.

→ behind schedule 예정보다 늦게

- 나는 화목에 수학학원을 다닌다.

I go to my math hagwon on Tuesdays and Thursdays.

- 나는 수학 과외를 받고 있다.

I have a math tutor.

→ tutor 개인 지도 교사

- 친구들과 함께 공부하면 더욱 열심히 하게 된다.

I study harder when I study with my friends.

- 수학은 집에서 문제집을 풀면서 혼자 공부한다.

For math, I study alone at home by solving problems in a practice book.

→ solve 풀다, 해결하다   practice book 연습서, 문제집

- 수학은 인강을 들으며 공부한다.

I study math through an online class.

→ online class 인터넷 강의

• 틀린 문제를 오답노트에 정리했다.

I reviewed the wrong answers and resolved them in my notebook.

→ review 검토하다   resolve 해결하다

• 학교에서 배우는 수학은 쉽다.

The math I learn at school is easy for me.

• 5학년이 되니 수학이 더 어려워졌다.

Math has gotten harder now that I am in the 5th grade.

• 아무래도 수학학원에 다녀야 될 것 같다.

I think I have to go to a math hagwon.

• 나는 한 학기에 수학 문제집을 세 권 푼다.

I complete 3 math workbooks per semester.

• 수학학원 선생님은 숙제를 너무 많이 내주신다.

My math hagwon teacher gives out too much homework.

• 나는 도형에 약하다.

Geometry is my weak spot.

→ Geometry 기하학, 도형   weak spot 약점

• 수학학원을 다른 곳으로 옮겼다.

I moved to a new math hagwon.

• 학원에서 수학 선행을 하는 아이들이 많다.

A lot of students learn more advanced math at hagwons.

→ advanced 상급의

• 수학학원에 다니면서 수학 성적이 많이 올랐다.

My math grade improved a lot after I started taking math lessons at a hagwon.

→ improve 향상되다

피아노/바이올린/플루트 학원 ★ Piano / Violin / Flute Lessons

• 오늘 처음으로 피아노학원에 갔다.

Today, I went to the piano hagwon for the first time.

• 나는 매일 피아노학원에 간다.

I go to piano hagwon every day.

• 나는 일곱 살 때부터 피아노학원에 다녔다.

I have been going to the piano hagwon since I was seven.

- 나는 주 2회 방문 교사에게서 피아노 레슨을 받는다.

  I have a piano lesson from a visiting tutor twice a week.

- 지금 바이엘을 치고 있다.

  Currently I am learning Beyer sheet music.

  → currently 현재, 지금

- 체르니 100번에 들어갔다.

  I finally got to the Czerny 100 sheet music.

- 내가 다니는 학원 중에 피아노학원이 제일 좋다.

  Among the hagwons that I am attending, I like piano hagwon the most.

- 피아노 선생님이 나에게 피아노에 소질이 있다고 하셨다.

  My piano teacher said that I am talented in piano.

  → talented 재능이 있는

- 내 꿈은 피아니스트가 되는 것이다.

  My dream is to be a pianist.

- 피아노학원에 그만 다니고 싶다.

  I don't want to go to piano hagwon anymore.

- 이번 목요일에 피아노학원 발표회를 한다.

  There is a recital for my piano hagwon this Thursday.

  → recital 발표회, 연주회

- 연주회에서 내가 발표할 곡은 '젓가락 행진곡'이다.

  The title I am going to play at the recital is "Chopsticks."

- 아직 악보를 다 못 외웠다.

  I haven't memorized the whole piece yet.

  → piece (미술 · 음악 등의) 작품

- 오늘 피아노학원에서 발표회를 했다.

  Today there was a recital for my piano hagwon.

- 다음 주 콩쿨 때문에 학원에서 열심히 연습했다.

  I practiced very hard in my hagwon because of the competition next week.

  → competition (경연)대회

- 피아노 콩쿨에 나가서 금상을 탔다.

  I competed in the piano competition and won Gold Prize.

  → compete 경쟁하다, 경연하다

- 3학년이 되어 바이올린을 시작했다.

  I started learning to play the violin now that I am 3rd grader.

- 엄마가 바이올린을 배워 보겠냐고 물어보셨다.

  My mother asked me if I want to learn the violin.

- 수영이는 바이올린을 잘 연주한다.

  Suyeong plays the violin very well.

- 바이올린을 배우려면 연습을 많이 해야 한다.

  It takes a lot of practice to learn the violin.

- 나는 학교 오케스트라에서 바이올린을 연주한다.

  I play the violin in the school orchestra.

- 나는 아직 바이올린을 배운 지 얼마 되지 않아서 연주할 수 있는 곡이 많지 않다.

  Because I just started learning the violin, there are not many musical pieces that I can play.

  → musical piece 악곡

- 우리 바이올린학원 선생님은 정말 엄하시다.

  My violin hagwon teacher is very strict.

- 플루트를 배워 보고 싶다.

  I want to learn to play the flute.

- 나는 플루트 연주를 배우기 시작했다.

  I started learning how to play the flute.

- 플루트는 소리가 매우 아름답다.

  The flute has a very beautiful sound.

- 나는 일주일에 한 번 플루트 레슨을 받는다.

  I have a flute lesson once a week.

미술학원 ★ Art Class

- 나는 목요일마다 미술학원에 간다.

  I go to art hagwon every Thursday.

- 다른 학원은 가끔 안 가도 미술학원은 꼭 간다.

  I sometimes skip other hagwons, but I never miss art hagwon.

  → skip 거르다, 빼먹다   miss 빠지다

- 오늘 미술학원에서 크리스마스 화환을 만들었다.

  Today I made a Christmas wreath in my art hagwon.

  → wreath 화환

- 오늘 미술학원에서 찰흙으로 사람 모형을 만들었다.

  Today I made a human figure with clay in my art hagwon.

  → figure 모양, 모형

- 선생님이 여름 휴가에 관한 그림을 그리라고 하셨다.

  My teacher told us to draw a picture about summer vacation.

- 나는 그리기보다 만들기가 좋다.

  I prefer crafting to drawing.

  → craft 공예품을 만들다, 공예품

- 나는 나보다 나이가 많은 3학년들이랑 같이 수업을 받는다.

  I am in the same class with the 3rd graders, who are older than me.

- 그림을 그리다 보면 스트레스가 모두 풀린다.

  When I draw, all my stress disappear.

  → disappear 사라지다

- 미술학원은 숙제가 없어서 좋다.

  I like the art hagwon because there is no homework.

- 미술학원에 갈 때는 준비물이 많다.

  There are a lot of things to bring when going to the art hagwon.

- 미술학원에서 만든 작품을 방학숙제로 냈다.

  As a vacation project, I turned in the piece that I made in my art hagwon.

  → turn in 제출하다, 내다

태권도/줄넘기/수영 ★ Taekwondo / Jump Rope / Swimming

- 나는 3시에 태권도학원에 간다.

  I go to taekwondo hagwon at 3 o'clock.

- 나는 일곱 살에 태권도를 시작했다.

  I started taekwondo when I was seven.

• 나는 초록띠다.	I am in the green belt level.
• 오늘 태권도학원에서 심사가 있었다.	Today there was a belt test in my taekwondo hagwon.
• 오늘 심사에서 검정띠를 땄다.	I got Black Belt in today's belt test.
• 나는 음악 줄넘기 수업을 듣고 있다.	I attend music jump rope class.
• 오늘 줄넘기를 300개 했다.	Today I did jump rope for 300 times.
• 오늘 쌩쌩이를 10개나 했다.	Today I did double skipping for 10 times. → double skipping (줄넘기) 2단 뛰기, 쌩쌩이
• 나는 X자 넘기는 아직 못한다.	I still can't do the cross jump.
• 줄넘기를 하면 땀이 많이 나지만 개운하다.	When I do jump rope, I sweat a lot but it feels refreshing. → refreshing 상쾌한, 개운한
• 줄넘기 수업 중 목요일 수업이 제일 재미있다.	Among the jump rope lessons, Thursday one is the most fun.
• 나는 수영을 못한다.	I can't swim.
• 나는 물을 무서워한다.	I am afraid of water.
• 여름이라 수영 강습을 시작했다.	I started to learn swimming because it is summer.
• 오늘 수영에서 배영을 배웠다.	Today in the swimming lesson, I learned backstroke. → backstroke 배영
• 나는 자유형보다 평형이 편하다.	Breaststroke is more comfortable than free stroke. → Breaststroke 평영 free stroke 자유형
• 지우는 접영도 할 수 있다.	Jiwoo can do butterfly. → butterfly 접영

- 수영을 마치고 나면 항상 배가 고프다.

Whenever I finish swimming, I feel hungry.

- 수영은 재미있지만 수영하다가 코로 물이 들어가는 것은 정말 싫다.

Swimming is fun, but I really hate getting water in the nose while swimming.

- 물을 무서워했는데, 수영을 배운 이후로는 두려움이 사라졌다.

I was afraid of water, but my fear disappeared after learning swimming.

컴퓨터 ★ Computer

- 방과후 컴퓨터 수업을 신청했다.

I signed up for the after-school computer class.

- 컴퓨터 수업에서 DIAT 워드를 신청했다.

I signed up for DIAT word lesson at the computer class.

- 포토샵을 배우고 싶은데 엄마가 파워포인트를 신청하라고 하셨다.

I wanted to learn Photoshop but Mom told me to sign up for Powerpoint class.

- 나는 타자가 1분에 300타다.

I can type 300 characters per minute.

→ character 글자, 부호

- 상우가 우리 반에서 타자를 제일 빨리 친다.

Sangwoo types at the fastest rate in my class.

→ rate 속도

- 그 애는 영타가 분당 100타 정도 된다.

He can type about 100 English characters per minute.

- 타자 연습을 열심히 해야겠다.

I have to practice typing hard.

- 파워포인트 수업은 무척 재미있다.

The Powerpoint class is very fun.

- ITQ 한글 시험을 신청했다.

I registered for the ITQ Korean test.

→ register 등록하다

- 다음 주에 ITQ 파포 시험이 있다.

I have an ITQ Powerpoint test next week.

- ITQ 엑셀 자격증을 땄다.

I earned a certificate for ITQ Excel.

→ earn (자격을) 얻다   certificate 자격증

- 컴퓨터학원을 다닌 이후 전보다 타자가 빨라졌다.

Since I went to the computer hagwon, I can type faster than before.

- 나는 MS 워드 자격증을 따기 위해 학원에 등록했다.

I enrolled in a hagwon to earn a MS word certificate.

→ enroll in ~에 등록하다

발레/방송댄스 ★ Ballet / Dance

- 나는 화목에 발레학원을 다닌다.

I go to a ballet hagwon on Tuesdays and Thursdays.

- 발레학원에는 예쁘고 마른 친구들이 많다.

There are a lot of skinny and pretty girls in the ballet hagwon.

→ skinny 비쩍 마른

- 발레를 하기 전에 먼저 스트레칭을 한다.

Before doing the ballet, we do stretching first.

→ stretch 스트레칭하다, 펼치다

- 나는 몸이 유연하다/뻣뻣하다.

I am flexible/stiff.

→ flexible 유연한   stiff 뻣뻣한

- 오늘 발레 공연이 있었다.

There was a ballet performance today.

- 나는 발레복을 입고 관중들 앞에서 춤을 추는 게 너무 좋다.

I really like wearing ballet suits and performing in front of audience.

→ ballet suit 발레복   audience 관중

- 내 꿈은 발레리나다.

My dream is to be a ballerina.

- 오늘 학원에서 발레 슈즈를 잃어버렸다.

I lost my toe shoes in my ballet hagwon today.

- 발레 끝나고 집에 오면 다리가 너무 아프다.

When I come home after the ballet hagwon, my legs hurt so much.

- 이번 달부터 방송댄스를 배우기로 했다.

From this month on, I will be learning dancing.

- 오늘이 첫 수업이었다.

Today was the first class.

- 동작이 따라하기 어렵다.

It's hard to follow the moves.

→ move 동작, 움직임

- 춤을 추니까 스트레스가 확 풀린다.

Dancing helps me to release my stress.

→ release 풀다, 해소하다

역사/논술/과학 ★ History / Essay Writing / Science

- 매주 토요일에는 유적지를 방문하는 역사체험 수업을 듣는다.

Every Saturday, I attend a history program that includes visiting historical sites.

→ historical site 유적지

- 오늘은 역사 수업에서 암사동 선사주거지에 갔다.

I went to Amsa-dong Prehistoric Settlement Site in the history class.

→ prehistoric 선사 시대의   settlement site 주거지 유적

- 오늘은 민서네 집에서 논술 모둠수업을 했다.

Today I had a private essay group lesson in Minseo's house.

- 토론식 수업이어서 무척 재미있었다.

It was a debate class so it was really fun.

→ debate 토론

- 과학학원에서는 실험도 하고 실험 보고서도 만든다.

In my science hagwon, we do experiments and make lab reports.

→ experiment 실험

- 나는 과학고 입학을 목표로 하고 있어서 과학학원을 다닌다.

My goal is to enter a science high school, so I go to science hagwon.

Part
5

명절·공휴일 및 가족 행사

Holidays & Family Events

명절 및 공휴일

Lunar New Year's Day

Tuesday, January 18, Cold

My family went to my grandparents' house for Lunar New Year's Day. My sister and I dressed up in *hanbok* and bowed to my grandparents. My grandpa gave me 10,000 won for New Year's money. I love Lunar New Year's Day because I can get money for bowing. This year, I earned 100,000 won. Yahoo!

설날   1월 18일 화요일, 추운 날씨

설날이어서 우리 가족은 조부모님 댁에 갔다. 언니와 나는 한복을 입고 할아버지, 할머니께 세배를 드렸다. 할아버지가 세뱃돈으로 만 원을 주셨다. 설날은 세뱃돈을 받을 수 있어서 참 좋다. 올해는 십만 원이나 벌었다. 신난다!

· Lunar New Year's Day 설날 (lunar: 음력의)   **dress up** (옷 등을) 차려입다   **bow** 절하다; 절   **earn** (돈을) 벌다

새해 / 설 ★ New Year / New Year's Day

• 새로운 한 해가 밝았다.

A new year has begun.

• 새해가 되었다.

Now it's a new year.

• 새해가 되어 나는 열 살이 되었다.

I am 10 now that a new year has begun.

• 올해는 용의 해다.

It is the year of the dragon.

• 오늘은 음력으로 새해 첫날인 설날이다.

Today is the first day of the new year according to the lunar calendar.

→ according to ~에 따르면 lunar calendar 음력

• 올해 설 연휴는 길다.

The new year holiday is long this year.

• 설이라서 할머니 댁에 갔다.

I went to my grandma's house for New Year's Day.

• 길이 많이 막혀서 할머니 댁까지 오는 데 7시간이 걸렸다.

The traffic was so heavy that it took us 7 hours to get to my grandma's house.

→ traffic 교통 heavy (양이 보통보다) 많은, 심한 get to ~에 도착하다

• 설이라 맛있는 음식이 많다.

There are many delicious foods since it is New Year's Day. /
A lot of food is served on New Year's Day.

→ serve (음식 등을) 내오다

• 엄마는 음식 준비를 하셨다.

My mother prepared some food.

→ prepare 준비하다

• 아빠랑 나는 전을 부쳤다.

My father and I fried some Korean pancakes.

• 설날이어서 떡국을 먹었다.

I ate *tteokguk*(rice-cake soup) because it was New Year's Day.

→ rice-cake 떡

- 엄마가 만드신 떡국은 언제나 맛있다.

My mother's *tteokguk* is always so delicious.

- 음식을 계속 먹었더니 배가 터질 것 같다.

My stomach is about to explode from eating constantly. /

My stomach is about to burst because I kept eating.

→ be about to 막 ~하려고 하다   explode 폭발하다   constantly 계속
burst 터지다

- 떡국 먹고 나이도 한 살 더 먹었다.

I ate my rice cake soup and aged a year.

- 아침 일찍 일어나 차례를 지냈다.

I woke up early and participated in the memorial service.

→ memorial service 차례, 제사, 추도식

- 차례를 지낸 후 성묘를 갔다.

After the memorial service, I visited my ancestors' graves.

→ ancestor 조상   grave 묘, 산소

설 가족모임 ★ Family Gatherings on New Year's Day

- 설날에 일찍 일어나 큰집으로 갔다.

On New Year's Day, I woke up early and went to my uncle's house.

- 설이라서 할머니, 할아버지가 올라오셨다.

My grandparents came for the new year holiday.

- 우리 아빠가 장손이어서 친척들이 모두 우리집으로 오신다.

My father is the eldest son, so all of the relatives come to my house.

- 설이어서 친척들이 다 함께 모였다.

All of my relatives are gathered together on New Year's Day.

→ be gathered (행사 등으로 인해) 모이다

- 우리는 명절이면 모든 친척들이 할아버지 집에 모인다.

When we have holidays, all of my relatives gather at my grandfather's house.

- 가족들과 친척들이 함께 모여 윷놀이를 했다.

My family and relatives gathered together and played *yootnori*.

→ *yootnori*: a board game played with four sticks

- 내일은 새해 문안 인사를 드리러 친척들 집을 방문할 거라고 한다.

I heard that we will be visiting some of my relatives' homes to make new year's visits tomorrow.

→ make a visit 방문하다

- 큰집 식구들이 우리를 반갑게 맞아 주셔서 기분이 좋았다.

I was glad that my uncle's family welcomed us warmly. /
I felt good because my uncle's family was very happy to see us.

- 우리 사촌형은 나랑 정말 잘 놀아 준다.

My cousin plays well with me.

- 사촌 동생들을 돌보느라 엄청 피곤했다.

I was so tired from looking after my cousins who are younger than me.

→ look after ~을 돌보다

- 우리 집은 명절에 아무데도 안 간다.

My family doesn't go anywhere on holidays.

- 우리 집은 친척이 별로 없어서 명절에 심심하다.

Because I don't have a lot of relatives, I feel bored on holidays.

- 큰엄마와 우리 엄마는 일을 너무 많이 하셔서 안쓰럽다.

I feel bad for my aunt and mother because they work too much.

- 친척들을 만나는 설날이 좋다!

I love New Year's Day because I get to meet my relatives!

• 설날이어서 한복을 입었다.

I dressed up in a *hanbok* because it was New Year's Day.

→ *hanbok*: Korean traditional clothes

• 작년에 입던 한복이 작아서 새로 샀다.

The *hanbok* that I wore last year was too small for me, so I bought a new one. / I had a new *hanbok* because I outgrew the one that I wore last year.

→ outgrow (몸이 커져 옷이) 맞지 않게 되다

• 작년에 입던 한복이 지금은 너무 짧다.

The *hanbok* that I used to wear last year is too short for me now.

• 한복을 입고 할아버지, 할머니께 세배를 드리며 새해 복 많이 받으시라고 했다.

I dressed up in a *hanbok*, bowed to my grandparents, and wished them a happy new year.

→ bow 절하다; 절, 세배

• 부모님께 세배를 하고 세뱃돈을 받았다.

I received new year's money after performing a new year's bow to my parents.

→ new year's money 세뱃돈   new year's bow 세배

• 아빠가 세뱃돈으로 만 원을 주셨다.

My dad gave me 10,000 won for my new year's bow.

• 설은 세뱃돈을 받을 수 있어서 참 좋다.

I love New Year's Day because I can get money for bowing.

• 나는 친척이 적어서 세뱃돈을 별로 못 받는다.

I can't get a lot of money for bowing because I have only a few relatives.

• 올해는 세뱃돈으로 십만 원을 받았다.

This year, I got 100,000 won for my new year's bows.

- 수민이는 세뱃돈을 이십만 원이나 받았다고 한다.

  Sumin said she got 200,000 won for her new year's bows.

- 이 돈으로 내가 사고 싶은 것을 사야겠다.

  I will buy what I want with this money.

- 세뱃돈을 은행에 저금했다.

  I put the new year's money into my savings account.

  → savings account 예금 계좌

- 세뱃돈으로 만화책을 샀다.

  With the money from my new year's bows, I bought some comic books.

새해 다짐 ★ New Year's Resolutions

- 가족 모두가 모여 새해 결심을 했다.

  Everyone in my family gathered and decided on their new year's resolutions.

  → resolution 결심

- 엄마는 꼭 살을 빼겠다고 하셨다.

  My mom said she will lose some weight.

  → lose weight 살을 빼다

- 아빠는 담배를 끊겠다고 하셨다.

  My dad said he will stop smoking.

- 올해에는 친구들과 사이 좋게 지내고 공부도 더 열심히 할 것이다.

  This year, I will get along with my friends and study harder.

  → get along with ~와 잘 지내다

- 새해에는 독서를 더 많이 하겠다.

  In the new year, I will read more.

- 올해는 친구들을 더 많이 사귀고 싶다.

  This year, I want to make more friends.

- 올해는 수학 공부를 더 열심히 하겠다.

  I will study math harder this year.

- 오늘은 추석이다.

Today is *Chuseok*.

- 추석은 음력으로 8월 15일이다.

Chuseok is August 15 on the lunar calendar.

- 추석은 한국식 추수감사절이다.

Chuseok is Korean Thanksgiving.

→ Thanksgiving 추수감사절

- 할머니 댁에 가는데 차가 너무 막혔다.

There was heavy traffic on our way to my grandmother's house.

→ on one's way to ~로 가는 길에

- 휴게소에서 점심을 먹었다.

We ate lunch at the rest area.

→ rest area 휴게소

- 추석 연휴가 짧아 길이 더 많이 막혔다.

The traffic was even heavier because of the short *Chuseok* holiday.

- 추석이어서 친척들이 우리 집에 모였다.

Since it is *Chuseok*, our relatives gathered at my house.

- 추석날 친척들이 오서서 집이 꽉 찼다.

My relatives came for *Chuseok*, so my house was packed/crowded.

→ packed 꽉 찬   crowded 붐비는

- 밤에 보름달이 하늘 높이 환하게 떠 있었다.

At night, the full moon was shining up in the sky.

→ full moon 보름달   shine 빛나다

- 날씨가 좋아 보름달이 잘 보였다.

I could see the full moon clearly because the weather was good.

→ clearly 분명히, 또렷이

- 날씨가 안 좋아 보름달을 볼 수 없었다.

Because of the gloomy weather, I couldn't see the full moon.

→ gloomy 음울한, 흐린

- 보름달을 보며 소원을 빌었다.

I made a wish to the full moon.

→ make a wish 소원을 빌다

추석 음식 ★ *Chuseok* Foods

- 대표적인 추석 음식은 '송편'이다.

Songpyeon is the food that represents *Chuseok*.

- 마트에 햇과일이 많이 나와 있었다.

There were a lot of newly harvested fruits at the market.

→ newly 새로   harvested 추수된, 수확된

- 추석은 맛있는 음식이 많아서 좋다.

I love *Chuseok* because there are so many delicious foods to eat.

- 엄마가 떡집에서 송편을 사 오셨다.

My mother bought *songpyeon* from the rice cake store.

- 올해는 집에서 송편을 만들었다.

We made *songpyeon* at home this year.

- 온 가족이 모여 송편을 만들었다.

Everyone in my family gathered and made *songpyeon*.

- 나는 깨 넣은 송편이 좋아서 송편 안에 깨를 많이 넣었다.

I love *songpyeon* with sesame filling, so I put a lot of sesame seeds inside each *songpyeon*.

→ sesame (seed) 참깨   filling (음식의) 소, 속

- 송편을 예쁘게 만들면 예쁜 아기를 낳는다고 한다.

It is said that a person who makes pretty *songpyeon* will have pretty babies.

- 전 부치는 냄새가 온 집안에 진동했다.

The entire house was filled with the smell of fried pancakes.

- 전을 너무 많이 먹었더니 배가 불렀다.

I was full from eating too many fried pancakes.

- 동생이랑 밤을 까먹었다.

  My younger brother and I peeled chestnuts and ate them.

  → peel (껍질을) 까다   chestnut 밤

- 우리 가족은 밤을 엄청 좋아한다.

  My family loves chestnuts.

- 할머니께서 내가 좋아하는 식혜를 만들어 주셨다.

  My grandmother made my favorite *sikhye*. (rice beverage)

- 우리 할머니 식혜는 정말 끝내준다.

  My grandmother's *sikhye* is the best ever.

국경일 및 공휴일 ★ Legal Holidays

- 오늘은 3월 1일 삼일절이다.

  Today is March 1, *Samiljeol*.

- 삼일절은 1919년 3월 1일에 불 붙은 독립운동을 기념하는 국경일이다.

  Samiljeol is a national holiday in remembrance of the independence movement ignited on March 1, 1919.

  → national holiday 국경일   in remembrance of ~을 기념하여
  independence movement 독립운동   ignite 불을 붙이다

- 삼일절이어서 태극기를 달았다.

  I put up a Korean flag because it is *Samiljeol*.

  → flag 기, 깃발

- 요즘은 국경일에 태극기를 다는 사람들이 많지 않다.

  Many people don't put up the national flag on national holidays these days.

  → national flag 국기

- 아빠가 태극기 다는 법을 가르쳐 주셨다.

  My father taught me how to hang the Korean flag.

  → hang 걸다, 달다

- 오늘은 석가탄신일이다.

  Today is Buddha's Birthday.

  → Buddha 부처

- 석가탄신일은 음력 4월 8일이다.

Buddha's Birthday is on April 8 on the lunar calendar.

- 석가탄신일이어서 엄마랑 절에 갔다.

I went to a temple with my mother because it was Buddha's Birthday.

- 절에 가서 연등을 달고 점심을 먹었다.

In the temple, I hung some paper lanterns and ate lunch.

→ hang 걸다 (hang-hung-hung)　paper lantern 종이등

- 오늘은 현충일이다.

Today is Memorial Day.

→ memorial (죽은 사람을) 기념하기 위한

- 현충일은 6월 6일이다.

Memorial Day is June 6.

- 현충일이어서 조기를 달았다.

I hoisted the flag at half-mast since it was Memorial Day.

→ at half-mast 반기 위치에, 조기로

- 현충일은 나라를 위해 목숨을 바친 분들을 기리는 날이다.

Memorial Day is the day when we remember the people who sacrificed their lives for our country.

→ sacrifice 희생하다

- 오늘은 제헌절이다.

Today is Constitution Day.

→ constitution 헌법

- 제헌절은 7월 17일이다.

Constitution Day is July 17.

- 제헌절은 우리나라 헌법이 제정된 날을 기념하는 날이다.

Constitution Day marks the day of Korea's enactment of our constitution.

→ mark 기념하다　enactment 법률 제정, 입법

- 오늘은 광복절이다.

Today is Independence Day.

→ independence 독립

- 광복절은 8월 15일이다.

Independence Day is August 15.

• 광복절은 우리나라의 독립기념일이다.

Gwangbokjeol is Korea's independence day.

• 개천절은 10월 3일이다.

National Foundation Day is October 3.

→ foundation 설립, 창립

• 우리나라 건국을 기념하는 날이다.

It celebrates the establishment of the country.

→ celebrate 기념하다   establishment 설립, 수립

• 한글날은 10월 9일이다.

Hangeul Day is October 9.

• 한글날은 훈민정음의 반포를 기념하고
한글의 가치를 기리는 날이다.

Hangeul Day celebrates the proclamation of *Hunminjeogeum* and marks the value of *Hangeul*.

→ proclamation 선언, 선포

• 한글은 세계에서 가장 과학적인 문자 체계다.

Hangeul is the most scientific writing system in the world.

→ scientific 과학적인

• 한글은 유네스코 세계기록유산으로 등재되어
있다.

Hangeul is designated as Memory of the World by the UNESCO.

→ be designated 지정되다   Memory of the World 세계기록유산

• 한글은 세종대왕께서 만드셨다.

Hangeul was created by King Sejong.

각종 기념일

 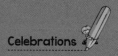
Valentine's Day

Friday, February 14, Freezing

Today is Valentine's Day. In Korea, Valentine's Day is a day when girls give chocolates to the boys they like. Yeji passed out chocolates to all of her classmates. Jinsu received Valentines from two girls. Oh, I envy him!

밸런타인데이   2월 14일 금요일, 엄청 추움

오늘은 밸런타인데이다. 한국에서 밸런타인데이는 여자가 좋아하는 남자에게 초콜릿을 주는 날이다. 예지가 반 전체에 초콜릿을 돌렸다. 진수는 여자 애 두 명한테서 밸런타인 선물을 받았다. 아, 부럽다!

· **pass out** 나눠 주다

261

• 오늘은 밸런타인데이다.

Today is Valentine's Day.

• 한국의 밸런타인데이는 여자가 좋아하는 남자에게 초콜릿을 주는 날이다.

In Korea, Valentine's Day is a day when girls give chocolates to the boys they like.

• 집에서 엄마랑 초콜릿을 만들었다.

I made chocolates at home with my mom.

• 초콜릿을 사서 예쁘게 포장한 뒤 작고 귀여운 카드도 넣었다.

I bought chocolates and wrapped them beautifully together with a cute little card.

→ wrap 포장하다

• 아빠와 동생에게 초콜릿을 선물했다.

I gave chocolates to my father and younger brother.

• 밸런타인데이여서 반 친구들에게 초콜릿을 나눠 주었다.

I gave out chocolates to my classmates since it was Valentine's Day.

→ give out 나누어 주다

• 수정이가 반 전체에 초콜릿을 주었다.

Sujeong gave chocolates to the entire class.

• 좋아하는 남자애한테 초콜릿을 주는 친구들도 있었다.

Some of my friends gave chocolates to the boys that they like.

• 미란이가 시원이에게 초콜릿을 주었다.

Miran gave chocolates to Siwon.

• 오늘 초콜릿을 여러 개 받았다. 아, 이 놈의 인기!

Today, I received a lot of chocolates. I'm so popular!

• 오늘 예지한테서 초콜릿을 받았다. 기분이 완전 좋다.

Today, I received chocolates from Yeji. I feel so good.

• 맘에 들지 않는 남자 애가 자꾸 초콜릿을 달라고 했다.

A boy that I don't really like kept asking me for chocolates.

→ keep -ing 계속 ~하다

화이트데이 ★ White Day

• 오늘은 화이트데이다.

Today is White Day.

• 화이트데이는 남자가 좋아하는 여자에게 사탕을 주는 날이다.

White Day is a day when boys give candy to the girls they like.

• 화이트데이는 일본 제과회사에서 만들어 낸 날이라고 한다.

It is said that White Day was made up by a confectionery company in Japan.

→ make up 만들어 내다   confectionery 과자류

• 엄마에게 사탕을 선물해 드렸다.

I gave candy to my mom.

• 오늘 학교에서 남자 애들한테 사탕을 많이 받았다.

Today, I received a lot of candy from some boys at school.

• 사탕을 많이 받아 기분이 좋았다.

I was so happy to get lots of candy.

• 기대하지 않던 사탕 선물을 받아서 기뻤다.

I felt happy because I wasn't expecting candy presents.

• 내가 별로 좋아하지 않는 남자 애한테서 사탕을 받았다.

I got candy from a boy that I don't really like.

• 사탕을 하나도 못 받아서 무척 속상하다.

I am so upset because I didn't get any sweets.

→ sweets 사탕, 단 음식

• 사탕 받은 친구들이 부러웠다.

I envied my friends who got sweets.

• 책상 서랍에 사탕 꾸러미가 있었다.

There were candy packs inside my desk drawer.

→ packs 묶음, 꾸러미   drawer 서랍

• 누가 거기에 넣어 두었는지 궁금하다.

I wonder who put them there.

• 사탕을 줄 때 두근거리고 부끄러웠다.

I was shy and nervous when giving candy.

• 사탕을 주고 싶은 애가 없다.	There's no one that I want to give candy to.
• 아빠가 나랑 엄마에게 사탕 바구니를 선물해 주셨다.	My father gave candy baskets to my mother and me.
	→ basket 바구니
• 역시 우리 아빠가 최고다!	No wonder my dad is the best!

어린이날 ★ Children's Day

• 오늘은 5월 5일 어린이날이다.	Today is May 5, Children's Day!
• 어린이날이어서 가족과 놀이공원에 갔다.	I went to an amusement park with my family because it was Children's Day.
	→ amusement park 놀이공원
• 어린이날이라 워터파크에 놀러 갔다.	I went to a waterpark because it was Children's Day.
• 아빠가 어린이날 선물로 자전거를 사 주셨다.	My dad bought me a bicycle as a Children's Day present.
• 할아버지가 어린이날 선물로 용돈을 주셨다.	Grandpa gave me some pocket money as a Children's Day gift.
• 나는 어린이날 선물로 책과 옷을 받았다.	I received books and clothes as Children's Day presents.
• 쑥쑥공원에서 어린이날 행사를 하고 있었다.	There was a Children's Day event at Suksuk Park.
• 재미있는 행사가 무척 많았다.	There were a lot of fun events.
• 어린이날이어서 풍선과 사탕을 무료로 나눠 주었다.	Free balloons and candy were given out for Children's Day.
	→ give out 나눠 주다

- 선물을 많아 받아 기분이 좋다.

I am happy that I got a lot of presents.

- 나는 '페이스페인팅'이랑 '팔찌 만들기'를 했다.

I participated in the face-painting and bracelet-making activities.

→ participate 참여하다   bracelet 팔찌

- 어린이날이어서 패밀리 레스토랑에서 외식을 했다.

Because it was Children's Day, my family ate out at a family restaurant.

→ eat out 외식을 하다

- 나는 스파게티가 먹고 싶었는데 동생이 짜장면을 먹고 싶다고 우겨서 우리는 중국 음식점에 갔다.

Actually, I wanted to eat spaghetti, but my younger brother insisted on eating *jajangmyeon*. So we went to a Chinese restaurant.

→ insist on ~을 고집하다, 우기다

- 매일매일 어린이날이었으면 좋겠다.

I wish everyday were Children's Day.

어버이날 ★ Parents' Day

- 오늘은 5월 8일 어버이날이다.

Today is May 8, Parents' Day.

- 학교에서 만든 카네이션을 부모님 가슴에 달아 드렸다.

I made carnation corsages at school and put them on my parents' chests.

→ corsage 코르사주(옷에 다는 꽃 장식)   chest 가슴

- 부모님께 카네이션과 함께 카드를 선물로 드렸다.

I gave carnation corsages along with a card to my parents as presents.

- 동생과 함께 '어버이 은혜' 노래를 부모님께 불러 드렸다.

I sang *Parents' Grace* to my parents together with my younger sister.

→ grace 은혜, 은총

- 카드에 앞으로 동생과 싸우지 않고 부모님 말씀도 잘 듣겠다고 썼다.

I wrote on the card that I won't fight with my younger sister anymore and will obey my parents.

→ obey 따르다, 복종하다

- 엄마가 내 카드를 읽고 감동 받았다고 하셨다. Mom told me that she was moved by my card.

- 앞으로 더 훌륭한 아들/딸이 될 것이다. I will be a better son/daughter from now on.

- 우리 아빠는 부모님께 엄청 효자다. My dad is such a good son to his parents.

- 나도 아빠처럼 효자가 되고 싶다. I want to be a good son like my dad.

스승의 날 ★ Teachers' Day

- 오늘은 스승의 날이다. Today is Teachers' Day.

- 선생님께 감사 카드를 써 드렸다. I wrote a thank-you card to my teacher.

- 선생님께서 효진이 편지를 읽어 주셨다. The teacher read us Hyojin's card.

- 우리 반 모두 '스승의 은혜' 노래를 불렀다. All of my class sang *Teacher's Grace*.

- 나는 졸업 후에도 우리 선생님을 찾아뵐 것이다. I will visit my teacher even after I graduate.

할로윈 ★ Halloween

- 오늘이 할로윈이여서 영어학원에서 할로윈 파티를 했다. Today was Halloween, so we had a Halloween party at my English hagwon.

- 외국 명절 중에 할로윈이 가장 재미있다. Among the holidays coming from other countries, Halloween is most fun.

- 오늘은 학원에 할로윈 의상을 입고 가는 날이다. Today is my hagwon's costume day for Halloween.

- 나는 마법사 모자를 쓰고 갔다. I went to my hagwon wearing a witch's hat.

• 나는 드라큘라 복장을 했다.

I dressed up as Dracula.

→ dress up 차려입다

• 나는 백설공주 옷을 입었다.

I dressed up as Snow White.

• 명훈이는 스파이더맨처럼 하고 왔다.

Myeonghoon came as Spiderman.

• 남자 아이들 분장은 무서워 보였다.

The boys' costumes looked scary.

• 남자 애들은 가면을 써서 누가 누구인지
알 수 없었다.

Because the boys were wearing masks,
I couldn't tell who was who.

• 학원에서 할로윈이라고 사탕을 나눠 주었다.

My hagwon gave out candy to us because
it was Halloween.

• 원어민 선생님께서 마녀 복장을 하고 사탕을
나눠 주셨다.

My native teacher dressed up as a witch
and gave out candy.

• Trick or Treat이라고 말하며 사탕을 받는
것이다.

We are supposed to say, "Trick or treat," to
get candy.

→ trick or treat 과자를 안 주면 장난칠 거예요 (할로윈 때 아이들이 집집마다 다니며
장난스럽게 하는 말이에요.)

• 동생이랑 Trick or Treat을 하며 돌아다녔다.

I went trick or treating with my younger
brother.

크리스마스 ★ Christmas

• 크리스마스가 다가와서 트리를 세웠다.

Christmas is coming soon, so I put up a
Christmas tree.

→ put up 세우다, 설치하다 (= set up)

• 동생과 함께 크리스마스 트리를 장식했다.

I decorated the Christmas tree with my
younger brother.

→ decorate 장식하다

- 전구의 반짝이는 불빛이 너무 예쁘다.

The twinkling lights of the bulbs are so beautiful.

→ twinkling 반짝거리는　bulb 전구

- 트리를 설치하니 크리스마스 기분이 난다.

Putting up the Christmas tree gave me a Christmas feeling.

- 동생과 함께 캐롤을 즐겁게 불렀다.

I joyfully sang Christmas carols with my younger sister.

→ joyfully 기쁘게, 즐겁게

- 내가 제일 좋아하는 캐롤은 '징글벨'이다.

My favorite Christmas carol is *Jingle Bells*.

- 영어학원에서 캐롤을 배웠다.

At my English hagwon, I learned some carols.

- 오늘 학원에서 크리스마스 파티를 했다.

Today, we had a Christmas party at my hagwon.

- 학교에서 크리스마스 카드를 만들었다.

I made a Christmas card at school.

- 엄마가 카드를 잘 만들었다고 말씀해 주셔서 기분이 좋았다.

I felt good when my mom said that my card looked good.

- 성탄절 카드를 만들어 할머니, 할아버지께 드렸다.

I made a Christmas card and gave it to my grandparents.

- 드디어 크리스마스다!

Finally, Christmas is here!

- 크리스마스는 예수님이 태어나신 것을 축하하는 날이다.

Christmas celebrates Jesus's birth.

→ celebrate 기념하다, 축하하다　birth 탄생

- 크리스마스 이브여서 외식을 했다.

It was Christmas Eve, so we ate out.

- 크리스마스 이브여서 우리는 케이크를 사서 크리스마스를 기념했다.

We bought a cake and celebrated Christmas on Christmas Eve.

- 크리스마스 이브여서 거리에 사람들이 엄청 많았다.

There were so many people on the streets since it was Christmas Eve.

- 크리스마스 이브에 나는 성탄절 미사를 드리러 교회에 갔다.

On Christmas Eve, I went to church for the Christmas mass.

→ mass 미사

- 성탄절 예배에 친구를 초대했다.

I invited my friend to the Christmas service.

→ service 예배

- 크리스마스에 우리 교회에서 성탄절 연극을 했다.

A nativity play was performed at my church on Christmas.

→ nativity play (크리스마스 때 아이들이 하는) 성탄극   perform 공연하다

- 올해 성탄절에는 눈이 많이 내리면 좋겠다.

I hope it snows a lot on Christmas this year.

- 화이트 크리스마스면 좋겠다.

I hope that we will have a White Christmas.

- 아쉽게도 성탄절에 눈이 내리지 않았다.

Sadly, it didn't snow on Christmas.

크리스마스 선물/산타클로스 · Christmas Presents / Santa Claus

- 부모님이 크리스마스 선물로 최신 핸드폰을 사 주셨다.

My parents bought me the latest mobile phone as a Christmas present.

→ latest 최신의   mobile phone 휴대폰

- 크리스마스 선물로 동생은 로봇을, 나는 킥보드를 받았다.

As a Christmas present, my younger brother got a robot, and I got a kickboard.

- 엄마가 비싼 선물은 안 된다고 말씀하셨다.

My mom told me not to ask for an expensive one.

- 자기 전에 양말을 트리에 걸어 놓았다.

I hung the stockings on the Christmas tree before going to bed.

- 일어나 보니 산타가 다녀가셨다.

When I woke up, I knew that Santa had visited me.

- 산타할아버지가 책을 선물해 주셨다.

  Santa Claus gave me some books.

- 산타할아버지는 내가 원하는 걸 모르시나 보다.

  Maybe Santa doesn't know what I want.

- 나는 게임기를 부탁드렸는데 말이다.

  I asked him for a game machine.

- 산타할아버지는 내가 원하는 것을 어떻게 아셨을까?

  How did Santa know what I wanted?

- 우리 집은 굴뚝이 없는데 산타 할아버지가 어떻게 들어오실까?

  My house doesn't have a chimney. How can Santa come in?

  → chimney 굴뚝

- 엄마는 내가 일년 동안 착하게 지내서 산타가 선물을 주셨다고 말씀하셨다.

  My mom told me Santa gave me a gift because I had been good throughout the year.

  → throughout ~ 동안, 내내

- 아무래도 아빠가 산타인 것 같다.

  I think that Santa is my dad.

- 산타가 진짜 있다고 하는 친구도 있고, 없다고 하는 친구도 있다.

  Some of my friends say that Santa is real while others say he isn't.

- 부모님이 산타인 척하면서 우리에게 선물을 주시는 거라고 한다.

  They say that it is our parents who pretend to be Santa and give presents to us.

  → pretend to ~하는 척하다

- 내 동생은 아직도 산타클로스가 있다고 믿고 있다.

  My younger brother still believes in Santa.

  → believe in ~의 존재를 믿다

가족 행사

 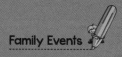
Happy Birthday, Minjoon!

Tuesday, November 11, Sunny

We had a birthday party for my little brother Minjoon. Several kids from his nursery school were invited. When I saw Minjoon receiving lots of gifts, I envied him. I wish my birthday would come soon. Anyway, happy birthday, my lovely cute bro!

민준아, 생일 축하해! 11월 11일 화요일 맑음

오늘은 내 동생 민준이의 생일 파티를 했다. 민준이의 유치원 친구들을 몇 명 초대했다. 민준이가 선물을 많이 받는 걸 보니 정말 부러웠다. 내 생일도 어서 왔으면 좋겠다. 어쨌든 "생일 축하해, 내 쪼그만 귀요미 동생아!"

· **nursery school** 어린이집, 유치원 **envy** 부러워하다 **anyway** 어쨌든, 여하튼 **bro** brother의 친근한 표시

• 내 생일은 4월 8일이다.

My birthday is April 8.

• 다음 주 수요일이 내 생일이다.

Next Wednesday is my birthday. /
My birthday is coming up on Wednesday.
→ come up (행사나 때가) 다가오다

• 오늘은 기다리고 기다리던 내 생일이다.

Today is my birthday, which I have been
badly waiting for.
→ badly 몹시, 매우

• 오늘 내 생일이어서 친구들이랑 생일파티를
했다.

Since today is my birthday, I had a birthday
party with my friends.

• 이번 달이 생일인 친구들끼리 태권도장에서
생일파티를 했다.

We had a birthday party at my taekwondo
school for people whose birthdays are in
this month.

• 빕스에서 친구들과 생일파티를 했다.

I had a birthday party at VIPS with my
friends.

• 우리 집에서 친구들과 생일파티를 했다.

I had a birthday party at home with my
friends.

• 민서랑 시원이랑 태우를 파티에 초대했다.

I invited Minseo, Siwon, and Taewoo to my
party.

• 반 아이들 모두를 초대했다.

I invited the entire class.
→ entire 전체의, 온

• 나는 초대장을 만들어서 친구들에게 주었다.

I made invitations and gave them to my
friends.
→ invitation 초대장

• 엄마가 우리에게 피자랑 후라이드 치킨을
시켜 주셨다.

Mom ordered pizza and fried chicken for
us.

- 엄마가 떡볶이랑 잡채를 해 주었다.

  My mother cooked *topokki* and *japchae* for us.

- 민서가 책을, 시원이가 팽이를 선물로 주었다.

  Minseo gave me a book, and Siwon gave me a top for presents.

- 태우가 아파서 파티에 못 와서 속상했다.

  I was sad that Taewoo couldn't make it to the party because he was sick.

  → make it to ~에 가다, 오다

- 올해는 가족끼리만 생일파티를 했다.

  This year, I had a birthday party with only my family.

- 아빠가 내가 좋아하는 아이스크림 케이크를 사 오셨다.

  My dad brought my favorite ice cream cake home.

- 아빠가 선물로 운동화를 사 주셨다.

  My dad bought me sneakers as a present.

  → sneakers 운동화

- 할머니가 생일이라고 용돈을 주셨다.

  Grandma gave me some pocket money for my birthday.

- 내 생일은 방학 때여서 속상하다.

  I am so sad my birthday is during vacation.

- 친구들로부터 생일선물을 많이 받았다.

  I received plenty of presents from my friends.

  → plenty of 많은 ~

부모님 생신 ★ Parents' Birthdays

- 오늘 엄마 생신이어서 저녁 외식을 했다.

  We went out for dinner since it was my mother's birthday today.

- 아빠 생신이어서 엄마가 맛있는 음식을 해 주셨다.

  Since it is my dad's birthday, my mom cooked some delicious food.

- 엄마는 올해 마흔 살이시다.

My mom is turning 40 this year.

→ turn (나이가) 되다

- 엄마를 위해 생일 카드를 준비했다.

I prepared a birthday card for my mother.

- 아빠가 엄마를 위해 미역국을 끓여 주셨다.

My dad boiled seaweed soup for my mom.

→ seaweed (김·미역 등의) 해초

- 모아 둔 용돈으로 아빠에게 열쇠고리를 사 드렸다.

With my saved-up allowance, I bought a key chain for my dad.

→ saved-up 모은   allowance 용돈   key chain 열쇠고리

- 아빠 생신선물로 효도 쿠폰을 만들어 드렸다.

I made love coupons for my dad's birthday present.

- 동생과 함께 노래를 불러 드렸다.

Together with my younger brother, we sang a song.

- 아빠가 우리에게 고마워하셨다.

My dad was grateful to us.

→ grateful 고마워하는

- 엄마는 우리의 선물을 받고 무척 기뻐하셨다.

My mom was so happy to receive our presents.

- 아빠는 우리가 가장 큰 선물이라고 하셨다.

My dad said that we were the biggest gifts.

- 집에 돌아와 우리는 케이크를 먹었다.

After coming back home, we ate cake.

- 아빠가 엄마 생일선물로 꽃다발과 목걸이를 사 오셨다.

My dad brought some flowers and a necklace for mother's birthday present.

- 오늘 엄마 생신인데 온 가족이 깜빡하고 말았다.

Today was my mother's birthday, but everyone in my family had forgotten about it.

- 우리는 너무 죄송했다.

We felt really sorry.

- 내년에는 꼭 생일선물을 드려야겠다.

I will make sure to give her a birthday present next year.

→ make sure 확실하게 하다

274

조부모 생신 ★ Grandparents' Birthdays

• 할아버지 생신이어서 할아버지댁에 갔다.

It was my grandfather's birthday, so we went to his house.

• 할머니 생신이어서 온 가족이 다 모였다.

Since it was my grandmother's birthday, all of my family members were gathered together.

→ be gathered (행사로 인해) 모이다

• 우리 할아버지는 올해 칠순이시다.

My grandfather is turning 70 this year.

• 할머니는 음력으로 생신을 쇠어서 매년 날짜가 다르다.

Grandma counts her birthday by using the lunar calendar, so it changes each year.

→ lunar calendar 음력

• 할아버지 생신은 사실 다음 주 수요일인데 오늘 미리 생일파티를 했다.

Grandpa's birthday is actually next Wednesday, but we had an early birthday party today.

• 할머니 생신이어서 근사한 한정식집에서 외식을 했다.

We ate out at a nice Korean restaurant because it was my grandmother's birthday.

• 할머니를 위해 생일축하 카드를 썼다.

I wrote a birthday card for my grandmother.

• 할머니는 내가 쓴 생일카드를 읽으시면서 무척 기뻐하는 것 같았다.

Grandma looked so pleased when she was reading my birthday card.

→ pleased 기뻐하는, 흡족한

• 선물을 드리는 대신 할아버지께 안마를 해 드렸다.

I gave my grandfather a massage, instead of giving him a present.

→ massage 안마, 마사지

• 생일축하 노래를 아주 크게 불러 드렸다.

I sang *Happy Birthday* really loudly.

- 나는 바이올린으로 생일축하 연주를 해 드렸다.

  I played the violin to congratulate him on his birthday.

  → congratulate 축하하다

- 할머니는 내 선물을 아주 좋아하셨다.

  My grandmother really liked my present.

- 엄마는 할머니가 좋아하는 떡을 준비하셨다.

  My mom prepared Grandma's favorite rice cake.

- 할아버지 칠순 기념으로 온 가족이 제주도로 여행을 갔다.

  To celebrate Grandpa's 70th birthday, all of my family members went to Jeju Island for a trip.

- 할머니 칠순 생일을 맞아 선물로 중국 여행을 보내 드렸다.

  For my grandmother's 70th birthday, we sent her on a trip to China for a present.

형제 생일 ★ Siblings' Birthdays

- 오늘은 언니 생일이다.

  Today is my older sister's birthday.

- 우리 가족은 생일이 가을에 몰려 있다.

  All of my family members' birthdays are in autumn.

- 형 생일은 9월이고, 내 생일은 10월이다.

  My older brother's birthday is in September, and mine is in October.

- 누나랑 내 생일은 5일밖에 차이 나지 않는다.

  My older sister's birthday and my birthday are only 5 days apart.

  → apart 떨어져

- 엄마 생일과 동생 생일이 겨우 하루 차이라서 생일파티를 함께 했다.

  My mother's birthday and my younger brother's birthday are only a day apart, so we had a birthday party for both of them.

- 언니는 식당에서 친구들과 생일파티를 했다.

  My older sister had a birthday party at a restaurant with her friends.

• 동생 생일선물로 장난감 자동차를 샀다.

I bought a toy car for my younger brother's birthday present.

• 동생은 내가 준 생일선물을 아주 마음에 들어 했다.

My younger brother really liked my present.

• 언니는 내가 사 준 선물이 마음에 들지 않는 것 같았다.

My sister did not seem to like the present that I bought for her.

• 엄마가 형 생일선물로 핸드폰을 사 주셨다.

My mother bought my older brother a cell phone for his birthday.

→ cell phone 휴대폰

• 형은 정말 좋겠다. 나도 핸드폰을 갖고 싶다.

I really envy my brother. I want to have a cell phone, too.

• 동생이 친구들한테 생일선물을 많이 받는 걸 보니 무지 부러웠다.

Seeing my younger sister receiving a lot of presents from her friends, I really envied her.

• 내 생일도 얼른 왔으면 좋겠다.

I hope my birthday comes soon, too.

결혼식 ★ Wedding

• 오늘 이모가 결혼을 했다.

Today was my aunt's wedding.

• 새로 이모부가 생겨서 신난다.

I am so happy to get a new uncle.

• 고모가 결혼을 하니 왠지 서운하다.

I am kind of sad about my aunt getting married.

→ kind of 약간

• 이모가 웨딩드레스를 입으니 정말 예뻤다.

My aunt looked so pretty in her wedding dress.

• 나도 이모처럼 예쁜 웨딩드레스를 입고 싶다.

I want to wear a pretty wedding dress like her.

- 엄마는 한복을 입으셨다.

Mom wore a *hanbok*.

- 멋진 턱시도를 입은 삼촌이 영화배우 같았다.

My uncle looked like a movie star in his gorgeous tuxedo.

→ gorgeous 아주 멋진   tuxedo 턱시도

- 친척들이 많이 오셨다.

A lot of relatives came.

- 멀리서 할아버지, 할머니도 결혼식에 오셨다.

My grandparents also came to the wedding from far away.

- 사촌 오빠 결혼식 때문에 부산에 다녀왔다.

Because of my cousin's wedding, I went to Busan.

- 주말이라 차가 막혀서 결혼식장에 10분 늦었다.

We were ten minutes late to the wedding because of the weekend traffic.

- 결혼식장에 도착하니 예식이 끝났다.

When I arrived at the wedding, the ceremony was over.

- 이모가 결혼을 하는데 할머니께서 우셨다.

Grandma cried at my aunt's wedding.

- 결혼식장에서 이모가 엄청 울어서 나도 눈물이 났다.

My aunt was crying so much during her wedding that it made me cry, too.

- 야외 결혼식이었는데 다행히 날씨가 아주 좋았다.

The wedding was held outside. Thankfully, the weather was very nice.

→ thankfully 고맙게도, 다행스럽게도

- 주례사가 좀 길어서 결혼식이 조금

The officiator's speech was rather long, making the ceremony a bit boring.

→ officiator 주례

- 삼촌 친구들이 결혼식장에서 축가를 불렀다.

My uncle's friends sang a congratulatory song at the wedding.

→ congratulatory 축하의

- 결혼식을 교회에서 해서 매우 엄숙했다.

The wedding was held at a church, so it was very solemn.

→ solemn 엄숙한

- 교회에서 결혼식을 했는데 기도가 많았다.

The wedding was held at a church, and there were a lot of prayers.

→ prayer 기도

- 결혼식이 끝나고 사진 촬영을 했다.

After the wedding ceremony, there was a photo shoot.

→ photo shoot 사진 촬영

- 결혼식 끝나고 폐백하는 걸 구경했다.

After the wedding, I watched the *Pyebaek*.

- 예식장 뷔페가 정말 맛있었다.

The buffet at the wedding hall was really delicious.

- 피로연장에 신랑 신부가 한복을 입고 와서 손님들에게 인사를 했다.

At the wedding reception, the bride and groom dressed up in *hanboks* and bowed to the guests.

→ reception 피로연 bride 신부 groom 신랑

- 삼촌은 태국으로 신혼여행을 간다고 하셨다.

My uncle said they are going to Thailand for their honeymoon.

→ honeymoon 신혼여행

- 고모의 웨딩카는 꽃으로 장식되어 있었다.

My aunt's wedding car was decorated with flowers.

장례식/제사 ★ Funerals/Memorial Ceremonies

- 어제 할아버지께서 돌아가셨다.

My grandfather passed away yesterday.

→ pass away 돌아가시다

- 할머니께서 오늘 암으로 세상을 떠나셨다.

My grandmother passed away due to cancer today.

→ due to ~때문에 cancer 암

- 할아버지가 돌아가셔서 너무 슬프다.

I am so sad that Grandpa just passed away.

- 나도 다른 사람들처럼 검은 옷을 입었다.

I dressed up in black just like everyone else.

→ dress up 차려입다

- 많은 분들이 장례식장에 오셨다.

A lot of people came to the funeral.

→ funeral 장례식

- 할아버지는 화장을 해서 추모공원에 모셨다.

Grandpa was cremated and then buried at a memorial park.

→ cremate 화장하다   memorial park 추모공원

- 아빠가 많이 우셔서 나도 눈물이 났다.

Dad cried a lot, and it made me cry, too.

- 오늘 할머니 제사라서 큰아빠 댁에 갔다.

Today was the memorial service day for my grandma, so we went to my uncle's house.

→ memorial service 제사

- 제사는 밤 12시에 지내는 거라고 한다.

The memorial service is supposed to be held at midnight.

→ be supposed to ~하기로 되어 있다

- 할아버지는 살아 계실 때 첫 손주라고 나를 유독 예뻐하셨다.

Grandpa especially adored me when he was alive because I was his first grandchild.

→ adore 아주 좋아하다   grandchild 손주

- 돌아가신 할머니가 정말 보고 싶다.

I really miss my grandmother who passed away.

이사 ★ Moving Day

- 오늘은 이사를 했다.

We moved today.

- 드디어 내 방이 생겨서 너무 좋다.

I am so happy that I am finally getting my own room.

• 동생도 자기 방이 필요해서 이사를 하게
  되었다.

We had to move because my younger
sister needed her own room.

• 새 집은 전에 살던 집보다 넓어서 좋다.

I am glad the new house is bigger than the
old one.

• 넓은 집으로 이사 오니 거실이 운동장 같다.

Moving into a bigger house, we have a
living room that looks like a schoolyard.

• 이 집은 너무 낡아서 맘에 들지 않는다.

I don't like this house because it is too
worn out.

→ worn out 낡은

• 이 집은 전에 살던 집보다 좁아서 답답하다.

The house is smaller than the old one, so it
feels stuffy.

→ stuffy 답답한

• 새로 이사한 집은 학교가 가까워서 좋다.

The new house is near my school, which is
very good. /
I am happy that the new house is near my
school.

• 새로 이사한 이 동네는 공원이 가까워서 좋다.

I like that this new neighborhood is close
to a park.

→ neighborhood 동네

• 이사를 와서 새로운 학교로 전학을 했다.

Because we moved, I transferred to a new
school.

• 친구들과 정든 동네를 떠나야 해서 슬펐다.

I was so sad that I had to leave my friends
and the lovely town behind.

→ leave A behind A를 남기고 떠나다

• 이사 온 곳은 전에 살던 동네에서 그렇게
  멀지 않다.

The new town that I moved to is not so far
away from my old town.

• 아파트에서 살다가 주택으로 이사를 왔다.

We used to live in an apartment, but we
moved into a private house.

- 이제 맘껏 뛰어도 돼 너무 좋다.

I am so happy that I can run around as much as I want.

- 짐 정리가 안 끝나서 저녁은 짜장면을 시켜 먹었다.

Because we haven't finished sorting our stuff, we ordered *jajangmyeon* for dinner.

→ sort 분류하다, 정리하다   stuff 물건

- 새 친구들을 잘 사귈 수 있을지 걱정이다.

I am worried about making new friends. / I wonder if I can make new friends easily.

→ make friends 친구를 사귀다   wonder if ~인지 궁금하다

- 나는 정말 이사하고 싶지 않았는데.

I really didn't want to move.

- 이사 안 가고 여기서 오래 살았으면 좋겠다.

I hope I can live here for a long time without moving.

가족 나들이

Family Trips

At the Zoo

Saturday, May 18, Sunny

Today, I went to the zoo with my family. We saw elephants, giraffes, zebras, snakes, and birds. There was an anteater that I had never seen before. It looked really bizarre. The most fun was that we fed the deer. I would like to go there again.

동물원에서   5월 18일 토요일, 맑음

오늘 가족들과 함께 동물원에 갔다. 코끼리, 기린, 얼룩말도 보고 뱀과 새도 보았다. 개미핥기도 있었는데 이번에 처음 봤다. 정말 신기하게 생겼다. 제일 재미있었던 건 사슴에게 먹이를 준 것이었다. 동물원에 또 가고 싶다.

• **anteater** 개미핥기 **bizarre** 기이한, 특이한 **feed** 먹이를 주다(feed-fed-fed) **would like to** ~하고 싶다

- 저녁 먹고 온 가족이 공원으로 산책을 갔다.

After eating dinner, everyone in my family went out for a walk in the park.

→ go out for a walk 산책하러 가다

- 일요일에 가족들과 공원에 소풍을 갔다.

On Sunday, I went on a picnic in the park with my family.

→ go on a picnic 소풍 가다

- 풀밭에 돗자리를 깔고 공원에서 도시락을 먹었다.

We spread a mat on the grass and ate a packed lunch in the park.

→ spread 펼치다   mat 도시락   packed lunch 점심 도시락

- 아빠랑 공원에 인라인스케이트를 타러 갔다.

My father and I went inline skating in the park.

- 엄마랑 걸어서 공원을 세 바퀴 돌았다.

My mom and I walked around the park three times.

- 공원에 운동하러 나온 사람들이 많았다.

A lot of people went to the park to exercise.

→ exercise 운동하다

- 날씨가 따뜻해서 공원에 사람들이 많았다.

Because of the warm weather, there were a lot of people in the park.

- 저녁이면 강을 따라 걷는 사람들을 많이 볼 수 있다.

In the evening, we can see many people walking along the river.

- 동생은 킥보드를 타고 나는 자전거를 탔다.

My younger brother rode a kickboard, and I rode my bicycle.

- 엄마랑 자전거를 타고 한강까지 갔다.

My mom and I went up to the Han River by riding our bikes.

- 공원에 예쁜 꽃들이 피어 있다.

Beautiful flowers are blooming in the park.

→ bloom 꽃 피다

- 공원에서 예쁜 강아지를 보았다.

I saw a pretty puppy in the park.

- 공원에 바닥분수가 있어서 물놀이를 했다.

There was a floor fountain in the park, so I played in the water.

→ fountain 분수

- 공원에 있는 운동기구로 운동을 했다.

I worked out by using the sports equipment in the park.

→ work out 운동하다   sports equipment 운동 기구

- 집 가까이에 공원이 있어 정말 좋다.

It is really nice to live near the park. /
It is so good having a park near my house.

놀이터 ★ Playgrounds

- 날씨가 좋아 동생이랑 놀이터에서 놀았다.

Because the weather was fine, I played with my younger sister on the playground.

- 반 친구들이랑 놀이터에서 놀았다.

I played with my classmates on the playground.

- 놀이터에서 미끄럼틀을 탔다.

I went down the slide on the playground.

→ go down the slide 미끄럼틀을 타다

- 놀이터에서 모래놀이를 했다.

I played with the sand on the playground.

- 동생이 그네를 타다 떨어져서 울었다.

My younger brother fell off the swing, so he cried.

→ fall off ~에서 떨어지다

- 오늘 친구들이랑 놀이터에서 야구를 했다.

Today, I played baseball on the playground with my friends.

- 놀이터에 애들이 별로 없었다.

There were not many kids on the playground. /

285

Not many kids were seen on the playground.

쇼핑 ★ Shopping

• 토요일에 마트에 갔다.

I went to the market on Saturday.

• 주말에 온 가족이 마트에 장을 보러 갔다.

All of my family went to the market for groceries on the weekend.
→ groceries 식료품 및 잡화

• 나는 마트 구경하는 게 좋다.

I really like to look around the market.

• 동생은 자동차 모양의 쇼핑 카트에 탔다.

My younger brother rode in a car-shaped cart.
→ car-shaped 자동차 모양의

• 엄마는 장을 보고 나는 아빠랑 시식 코너를 돌았다.

My mother did the grocery shopping while my dad and I went to the free food sample corners.
→ do the grocery shopping 장을 보다

• 시식 코너를 너무 많이 돌았더니 배가 불렀다.

Because we ate too many free food samples, we were full.

• 엄마한테 장난감 팽이를 사달라고 졸랐다.

I begged my mother to buy a toy top.
→ beg 애원하다, 간청하다

• 아빠가 내가 원하는 장난감을 사 주셨다.

My dad bought me the toy that I wanted.

• 장을 보고 나서 푸드코트에서 점심을 먹었다.

After doing the grocery shopping, we ate lunch at the food court.

• 엄마와 함께 옷을 사러 백화점에 갔다.

I went to the department store with my mom to buy some clothes.
→ department store 백화점

- 마음에 드는 운동화가 없어서 그냥 집에 왔다.

I could not find any sneakers that I liked, so I just came home.

→ sneakers 운동화

- 엄마가 가방을 새로 사 주셨다.

My mom bought me a new backpack.

놀이공원 / 직업체험관 ★ *Amusement Parks / Centers for Career Experience*

- 가족들과 놀이공원에 갔다.

I went to an amusement park with my family.

→ amusement park 놀이공원

- 우리 학교 개교기념일이어서 친구들과 놀이공원에 갔다.

It was my school's foundation day, so I went to an amusement park with my friends.

→ foundation 설립

- 토요일이어서 놀이공원에는 사람들이 아주 많았다.

Because it was Saturday, there were so many people at the amusement park. / Because it was Saturday, the amusement park was crowded with many people.

→ be crowded with ~로 붐비다

- 인기 있는 놀이기구는 길게 줄을 선 사람들로 꽉 차 있었다.

The popular rides were packed with long lines of people.

→ ride 놀이기구　be packed with ~로 꽉 차다

- 겨우 놀이기구 하나 타는 데 40분이나 줄을 서서 기다려야 했다.

In order to go on just one ride, I had to wait in line for 40 minutes.

- 사람들이 너무 많아서 놀이기구를 4개밖에 못 탔다.

Because there were too many people, I took only 4 rides.

- 평일이라 사람이 많지 않았다.

It was a weekday, so there weren't a lot of people. /
There were only a few people because it was a weekday.

- 사람이 별로 없어서 놀이기구를 실컷 탔다.

Because there weren't a lot of people, I enjoyed the rides as often as I wanted.

- 바이킹이 제일 재미있었다.

The Viking was my favorite. /
I liked the Viking the most.

- 이제 좀 커서 다람쥐통은 너무 시시했다.

Now that I am older, the Squirrel Wheel was just too boring.

- 동생은 롤러코스터가 무섭다면서 안 탔다.

My younger sister didn't ride on the rollercoaster because she said that it was too scary.

- 유령의 집에 들어갔는데 정말 무서웠다.

I went into the haunted house, and it was really scary.

→ haunted 귀신 나오는

- 바이킹은 무서웠지만 그래도 재미있었다.

Although the Viking was scary, it was still fun.

- 놀이공원이 야간개장을 해서 밤 늦게까지 놀 수 있었다.

Because the amusement park opened at night, I could play there till late at night.

- 잡월드에서 다양한 종류의 직업을 체험해 보았다.

At Job World, I got to experience many types of jobs.

→ experience 경험하다   type 종류

- 키자니아에 가서 다양한 직업 체험을 했다.

I went to Kidzania and experienced many different occupations.

→ occupation 직업

동물원/식물원 ★ Zoos / Botanical Gardens

• 오늘 우리 가족은 동물원에 갔다.

Today, my family went to the zoo.

• 동물원에서 사자, 코끼리, 기린 등 많은
동물들을 보았다.

I saw lions, elephants, giraffes, and many
other animals at the zoo.

• 동물원에 가서 사슴에게 먹이를 주었다.

I went to the zoo and fed the deer.

→ feed 먹이를 주다 (feed-fed-fed)

• 북극곰이 무척 슬퍼 보였다.

The polar bear looked very sad.

• 사자는 잠을 자고 있었다.

The lion was sleeping.

• 신기한 동물들이 아주 많았다.

There were a lot of interesting animals.

• 식물원에서 예쁜 꽃들을 많이 보았다.

At the botanical garden, I saw plenty of
beautiful flowers.

→ botanical garden 식물원   plenty of 많은 ~

• 어떤 식물들은 엄청 크고 무척 멋있었다.

Some plants were very big and really
wonderful.

• 오늘 본 식물들 중 파리지옥이 제일 신기했다.

Among the plants that I saw today, the
Venus flytrap was the most interesting
one.

→ Venus flytrap 파리지옥

• 수목원에 가서 예쁜 식물들을 많이 보았다.

I went to the arboretum and saw lots of
beautiful plants.

→ arboretum 수목원

- 주말에 온 가족이 영화를 보러 갔다.

Everyone in my family went to see a movie on the weekend.

- 엄마랑 극장에서 '스파이더맨'을 봤다.

I saw *Spiderman* with my mom at the movie theater.

→ movie theater 극장

- 우리 아빠, 엄마는 영화를 좋아하신다.

My parents love movies.

- 나는 액션 영화가 좋다.

I like action movies.

- 우리 가족은 적어도 한 달에 한 번은 영화관에 간다.

My family goes to the movie theater at least once a month.

→ at least 적어도

- 아빠가 미리 '배트맨' 티켓을 사 놓으셔서 보러 갔다.

My dad had already bought tickets for *Batman*, so we went to see it.

- 동생이 무서운 영화가 싫다고 해서 우리는 다른 영화를 보았다.

Because my younger sister said that she hated horror movies, we watched a different one.

→ horror movie 공포 영화

- 요즘 제일 인기가 많은 영화를 봤다.

I watched the movie that is most popular these days.

- 영화가 정말 재미있었다.

The movie was so much fun.

- 영화가 너무 유치했다.

The movie was too childish.

→ childish 유치한

- 결말이 너무 시시했다.

The ending was too disappointing.

→ disappointing 실망스러운

- 영화가 아주 감동적이었다.

The movie was very moving/touching.

→ moving/touching 감동스러운

- 영화가 슬퍼서 엄청 울었다.

The movie was so sad that I cried a lot.

- 영화를 보면서 팝콘과 콜라를 먹었다.

While watching the movie, I ate popcorn and drank soda.

- 뒤에서 누가 떠들어서 영화에 집중이 되지 않았다.

Someone was talking behind me, so I couldn't concentrate on the movie.
→ concentrate 집중하다

- 영화관에서 영화를 볼 때는 핸드폰을 꺼야 한다.

When we watch a movie at the theater, we should turn off our cell phones.
→ turn off (전원을) 끄다

- 영화 보다가 갑자기 내 핸드폰이 울려서 깜짝 놀랐다.

My cell phone suddenly rang, so I was really surprised at the movie theater.

- 영화를 보고 많은 생각이 들었다.

The movie gave me a lot to think about.

- 이 영화는 관객을 천만 명 넘게 끌어들였다고 한다.

The movie was said to have drawn more than ten million viewers.
→ draw 끌어당기다   viewer 시청자, 보는 사람

- 그 영화 속 인물처럼 살고 싶다.

I want to live like the character in the movie.
→ character 등장인물

- 영화배우가 너무나 멋졌다.

The actor was really incredible.
→ incredible (너무나 좋거나 대단해서) 믿을 수 없는

박물관/전시회/음악회 ★ Museums / Exhibitions / Concerts

- 우리는 국립중앙박물관에 갔다.

We went to the National Museum of Korea.

- 방학 숙제가 박물관 관람이어서 국립중앙박물관에 갔다.

Visiting a museum was my vacation homework, so I went to the National Museum of Korea.

- 어린이 박물관에 가서 여러 가지 체험을 하였다.

  I went to the Children's Museum and experienced a lot of things.

- 국립중앙박물관에서 멋진 탑을 보았다.

  I saw a wonderful tower at the National Museum of Korea.

- 우리 조상들의 생활 방식을 엿볼 수 있어서 좋았다.

  I liked to see how our ancestors had lived.
  → ancestor 조상

- 박물관 체험실에서 장구를 쳐 보았는데 무척 흥이 나서 좋았다.

  In the museum's experience center, I tried the *janggu*(Korean traditional drum). I liked it because it was very exciting.

- 박물관을 구경한 다음에 기념품을 샀다.

  After looking around the museum, I bought a souvenir.
  → souvenir 기념품

- 오늘 엄마랑 국립현대미술관에 다녀왔다.

  My mother and I went to the National Museum of Modern and Contemporary Art today.
  → modern 현대의   contemporary art 현대 미술

- 오늘 샤갈 전시회를 보러 갔다.

  Today, I went to see a Chagall exhibition.
  → exhibition 전시회

- 방학이라 사람이 정말 많았다.

  There were so many people because it was the vacation season.

- 사람이 너무 많아 줄 서서 기다려야 했다.

  Because there were too many people, I had to wait in line.
  → in line 줄을 서서

- 안내 선생님을 따라다니며 설명을 들었다.

  I was following a docent and listened to his/her explanation.
  → docent (박물관 등의) 안내원   explanation 설명

- 명화를 직접 보니 정말 감동적이었다.

  Seeing the masterpieces in real was unbelievably impressive.
  → masterpiece 명작   unbelievably 믿을 수 없을 정도로
  impressive 인상적인

- 이 그림이 왜 명작인지 잘 모르겠다.

  I really don't know why this painting is a masterpiece.

- 오늘 신년 음악회에 다녀왔다.

  I went to a new year's concert today.

- 어린이를 위한 음악회여서 내가 아는 곡이 많이 나왔다.

  It was a concert for children, so there were a lot of musical pieces that I knew.

  → musical piece 악곡

- 음악회에서 그렇게 멋진 노래들을 듣게 되어 정말로 행복했다.

  I was so happy that I got to listen to such beautiful songs at the concert.

- 음악회는 조금 지루했다.

  The concert was a bit boring.

- 나는 클래식 음악은 그다지 좋아하지 않는다.

  I don't really like classical music.

  → classical music 클래식 음악

여름휴가 ★ Summer Vacation

- 우리 가족은 제주도로 여름휴가를 갔다.

  My family went to Jeju Island for our summer holiday.

- 올 여름휴가는 강릉으로 갔다.

  As for this year's summer vacation, we went to Gangneung.

- 부산에서 2박3일 동안 재밌게 놀았다.

  We went to Busan for three days and had a fun time.

- 이모네 식구들이 우리와 같이 대천해수욕장으로 여름휴가를 갔다.

  My aunt's family went along with us to Daechun Beach on summer vacation.

- 여름방학 동안 여행을 못 갔다.

  We could not go on a vacation trip during our summer break.

  → summer break 여름방학, 여름 휴가

- 고속도로가 엄청 막혔다.

  The expressway had heavy traffic.

  → expressway 고속도로

- 계곡 물에 발을 담그니 정말 시원하고 상쾌했다.

When I put my feet into the creek in the valley, it felt so cold and refreshing.

→ creek 개울, 시내   valley 계곡   refreshing 신선한, 상쾌한

- 휴가 내내 날씨가 엄청 좋았다.

The weather was so nice during the entire vacation.

- 휴가 내내 비가 와서 속상했다.

I was very sad that it rained during the entire vacation.

- 엄마가 선크림을 발라 주셨다.

My mom put sunscreen on me.

→ sunscreen 선크림

- 아빠랑 같이 낚시를 하러 갔다.

I went fishing with my dad.

- 아빠가 낚싯바늘에 지렁이를 끼워 주셨다.

My dad put the earthworms in the hooks for me.

→ earthworm 지렁이   hook 낚싯바늘

- 물고기를 3마리나 잡았다!

I caught three fish!

- 물고기를 한 마리도 못 잡아서 무척 아쉬웠다.

I didn't catch any fish, so I was really upset.

- 우리가 잡은 물고기로 엄마가 매운탕을 해 주셨다.

With the fish that we caught, my mom cooked us some spicy fish stew.

→ spicy fish stew 매운탕

- 아빠가 너무 바빠서 우리는 여름휴가를 못 갔다.

Because my dad was so busy, we couldn't go on a summer trip.

- 우리는 하늘채 펜션이라는 숙소에서 묵었다.

We stayed at a resort called "Hanulchae Pension."

→ resort 휴양지, 리조트

- 리조트 바로 앞이 바다여서 참 좋았다.

It was really nice because there was a beach right in front of the resort.

- 가족과 함께 여행을 오니 참 좋다.

It is really nice to travel with my family.

수영장/해수욕장 ★ Swimming Pools / Beaches

• 학원 방학이라 수영장에 갔다.

I had a hagwon break, so I went to the swimming pool.

• 수영장에 사람들이 바글바글했다.

The swimming pool was crowded with people.

• 워터 슬라이드를 탔다.

I went down the waterslide.

• 해수욕장에서는 파도타기가 제일 재미있었다.

Surfing was the most fun activity at the beach.

• 물놀이를 하고 나니 배가 몹시 고팠다.

I was so hungry after playing in the water.

• 점심 먹고 잠시 쉰 후 또 물에 들어가서 놀았다.

I took a short rest after lunch and then went into water to play again.
→ take a rest 쉬다

• 해수욕장에서 실컷 수영을 했다.

I swam as much as I wanted at the beach.

• 수영하다가 발이 바닥에 안 닿아서 깜짝 놀랐다.

I was surprised while swimming when I found my feet could not touch the bottom.

• 바닷가에서 수영을 했다.

I swam near the shore.
→ shore 해변, 호숫가

• 바닷물이 엄청 차가웠다.

The ocean water was so cold.

• 동생이랑 모래놀이를 하며 신나게 놀았다.

I had such a fun time playing in the sand with my younger brother.

• 해변에서 동생과 모래성을 쌓았다.

I made a sandcastle with my younger brother at the beach.

• 갯벌에서 조개를 많이 캤다.

At the mud flat, I dug out a lot of clams.
→ mud flat 갯벌 dig out ~을 파내다(dig-dug-dug) clam 조개

- 바닷가에서 형이랑 작은 물고기와 조개를 잡았다.

  At the beach, my brother and I caught a small fish and some clams.

등산 ★ Hiking · Climbing

- 오늘 근처에 있는 용왕산에 갔다.

  I went to Mt. Yongwang, a nearby mountain, today.

- 산이 높지 않아 쉽게 오를 수 있었다.

  The mountain isn't so high, so I could climb up it easily. /
  It was easy for me to climb up because the mountain is not that high.

- 올라갈 때는 힘들었지만 정상에 오르니 기분이 정말 좋았다.

  Although it was difficult to climb up, it felt so good at the top.

- 등산을 하니 몸도 마음도 상쾌했다.

  I feel like hiking refreshed my body and mind.

  → refresh 상쾌하게 하다

- 산에서 내려올 때는 다리의 힘이 풀렸다 (다리가 떨렸다).

  When I was going down the mountain, my legs were shaking.

- 산에서 다람쥐를 보았다.

  I saw a squirrel on the mountain.

 '등산'의 여러 가지 영어 표현

가볍게 산에 올라가는 것은 hiking이고, 높은 산을 등반하는 것은 mountain climbing이라고 합니다.

- hiking   등산로를 따라 걷는 등산
- (mountain) climbing   험난한 산, 암벽 등을 오르는 것
- trekking   장비를 갖춰 험난한 산을 오르는 것
- backpacking   야영을 포함한 등반

• 산은 온통 푸르렀다.

The mountain was green everywhere.

• 산은 온통 단풍이 들었다.

The fall colors covered the mountain sides.

• 산에 꽃들이 아주 예쁘게 피어 있었다.

Flowers were blooming so beautifully on the mountain.

• 간식으로 오이를 먹었다.

I ate cucumbers for a snack.

• 산 정상에서 바라보니 집과 빌딩들이 모두 모형 장난감처럼 보였다.

When I looked down from the mountain top, all of the houses and buildings looked like miniature toys.

→ miniature toy 모형 장난감

• 동생이 다리가 아프다고 해서 등산 도중에 돌아서 내려왔다.

My younger sister said that her leg hurt, so we turned around in the middle of climbing and came down.

• 등산을 마치고 우리는 해물파전을 먹었다.

After finishing hiking, we ate *haemul pajeon*(seafood pancake).

• 앞으로는 산에 더 자주 와야겠다.

From now on, I will go to the mountain more often.

캠핑 ★ Camping

• 토요일에 양평으로 캠핑을 다녀왔다.

I went to Yangpyeong to go camping on Saturday.

• 우리 가족은 캠핑을 자주 다닌다.

My family goes camping a lot.

• 우리는 텐트에서 잤다.

We slept in a tent.

• 아빠와 함께 텐트를 쳤는데 재미있었다.

Setting up the tent with my dad was really fun.

→ set up ~을 세우다, 설치하다

- 텐트에서 잤는데 모기한테 많이 물렸다.

I slept in a tent and got a lot of mosquito bites.

→ mosquito bite 모기 물림

- 같은 라면이어도 캠핑장에서 먹는 라면은 훨씬 더 맛있다.

Although it is the same old ramen, the one that I eat at the campsite taste so much better.

→ campsite 캠핑장

- 바다 앞에 텐트를 쳤다.

We set up a tent in front of the ocean.

- 텐트에서 잠을 잤는데 밤이 되니 추웠다.

I slept in a tent, and it got colder at night.

→ get + 비교급 점점 더 ~해지다

- 캠핑을 더 자주 가면 좋겠다.

I wish we could go camping more often.

스키/스노보드 ★ Skiing / Snowboarding

- 올 겨울 처음으로 스키장에 갔다.

For the first time this winter, I went skiing.

- 태권도학원 친구들이랑 스키장에 갔다.

I went skiing together with my taekwondo school friends.

- 나는 스키를 잘 못 탄다.

I am not really good at skiing.

- 아빠가 스키를 가르쳐 주셨다.

My dad taught me how to ski.

- 스키 강습을 받았다.

I took a skiing lesson.

- 일어서는 연습을 여러 번 하였다.

I practiced getting up many times.

- 여러 번 연습을 하니 잘 일어설 수 있었다.

After practicing several times, I was able to stand up well.

- 선생님은 내가 자세가 좋다고 말씀해 주셨다.

The coach told me that I had good posture.

→ posture 자세

298

- 스키를 타다가 많이 넘어졌더니 엉덩이가 아팠다.

I fell down a lot while skiing, so my hips hurt.
→ fall down 넘어지다

- 코치 선생님이 내게 정지할 때 다리를 A자로 만들라고 했는데 그게 쉽지 않았다.

The coach told me to make my legs into an A shape when pausing, but it was not that easy.
→ pause 멈추다

- 나는 초급 코스에서 스키를 탔다.

I skied down the beginner's course.

- 처음으로 중급 코스에 도전했다.

I tried the intermediate course for the first time.
→ intermediate 중급의

- 생각했던 것만큼 무섭지는 않았다.

It was not as scary as I had imagined.

- 리프트를 타는 것만으로도 충분히 재미있었다.

Just taking the ski lift was fun enough.

- 스키 부츠를 벗고 걸으려니 느낌이 이상했다.

When I tried to walk after taking off my ski boots, it felt weird.
→ weird 이상한, 어색한

- 시간 가는 줄도 모르고 재미있게 스키를 탔다.

Skiing was so fun that I did not even realize how much time had passed. /
I did not even know that time had passed that quickly while I was having fun skiing.

- 스키보다 스노보드 타는 것이 훨씬 더 재미있다.

Snowboarding is much more fun than skiing.

- 처음으로 스노보드 타기를 배웠다.

I learned how to snowboard for the first time.

- 스노보드는 생각만큼 어렵지 않았다.

Snowboarding was not as difficult as I had thought.

- 내년에는 스노보드를 배우고 싶다.

I want to learn how to snowboard next year.

- 오늘은 가족들과 눈썰매장에 갔다.

I went to a sledding park with my family today.

- 눈썰매장에서 하루 종일 신나게 놀았다.

I played all day long at the sledding park.

- 중급 코스는 조금 무서웠지만 그래도 재미있었다.

Although the intermediate course was a little scary, it was still fun.

- 엄마는 동생을 안고 썰매를 타셨다.

Mom rode on the sled while holding my little brother in her arms.

- 썰매를 타는 동안에는 전혀 춥지 않으니 참 신기하다.

It is so funny that I don't feel cold at all when riding on a sled.

- 눈썰매장에서 빙어낚시도 하러 갔다.

I also went smelt fishing at the sledding park.

→ smelt 빙어

- 빙어는 즉석에서 튀겨 주었다.

You could have the smelt fried instantly there.

→ instantly 즉각, 즉시

- 빙어튀김은 정말 맛이 있었다.

The fried smelt was so delicious.

해외여행 ★ Overseas Trips

- 태국으로 3박4일 가족 여행을 다녀왔다.

We went to Thailand on a family trip for 4 days.

- 처음으로 가 본 해외여행이었다.

It was my first time to go abroad.

- 태어나서 처음으로 비행기를 탔다.

For the first time in my life, I got to ride on an airplane.

• 처음으로 가는 해외여행이어서 무척 설레고 기대가 됐다.	I was so excited and thrilled because it was my first trip overseas. → thrilled 아주 흥분한 overseas 해외로
• 우리는 비행기를 타기 위해 서둘렀다.	We hurried to catch the airplane.
• 사이판까지 비행기로 4시간이 걸렸다.	It took 4 hours to fly to Saipan by airplane.
• 비행기 안에서 그렇게 오랜 시간을 앉아 있으려니 너무 지루했다.	It was so boring to sit on the airplane for such a long time.
• 입국심사를 하는데 무엇을 물어볼지 몰라 두려웠다.	I was terrified because I did not know what they would ask me at the immigration counter. → terrified 무서워하는 immigration 이민, 입국
• 우리는 하얏트 호텔에서 묵었다.	We stayed at the Hotel Hyatt.
• 그곳에서의 첫날 오후는 호텔 수영장에서 신나게 놀았다.	I had such a fun time at the hotel's pool in the afternoon of our first day there.
• 둘째 날은 시내 관광을 했다.	On the second day, we went on a city tour.
• 가이드가 아주 친절했다.	The guide was really kind.
• 쇼핑센터에서 친구들에게 줄 기념품을 샀다.	I bought souvenirs for my friends at a shopping mall. → souvenir 기념품, 선물
• 해안 풍경이 말로 표현할 수 없을 정도로 아름다웠다.	The scenery of the coastline was indescribably beautiful. → scenery 경치, 풍경 indescribably 말로 표현할 수 없는 정도로
• 일정이 너무 빡빡해서 버스로 이동하는 시간이 너무 많았다.	Because of our tight schedule, we spent many hours riding on buses. → tight (여유 없이) 빡빡한
• 외국에 가 보니 영어 공부를 더 열심히 해야겠다는 생각이 들었다.	Having visited a foreign country, I realized that I should study English harder. → foreign country 외국

감정·성격 및 관심사

Emotions, Personalities & Interests

감정

Emotions

It Wasn't Me!

Thursday, September 3, Rainy

I got scolded by my teacher because of Seonwoo. He was the one that was making noise in class, but the teacher thought I was doing it. I swear I never talked aloud. That was so unfair, and I felt furious. I will never hang out with Seonwoo again. Never!

내가 아니었다고요!   9월 3일 목요일, 비 옴

오늘 학교에서 선우 때문에 선생님한테 야단을 맞았다. 수업 시간에 떠든 건 선우였는데, 선생님은 내가 그런 줄 아셨다. 나는 진짜 안 떠들었는데 말이다. 너무 억울하고 화가 났다. 다시는 선우랑 놀지 않을 거다. 절대!

· **get scolded** 혼나다 **make noise** 소란을 피우다, 시끄럽게 하다 **unfair** 불공평한 **furious** 몹시 화가 난 **hang out** 어울려 다니다, 놀다

기쁨 ★ Gladness / Joy

• 오늘은 정말 기쁜 하루였다.

Today was a really happy day. /
It was such a blessed day today.

→ such a 대단히, 매우   blessed 축복 받은, 행복한

• 마치 꿈을 꾸고 있는 것 같았다.

I felt as if I were dreaming.

→ as if 마치 ~처럼

• 하늘을 날아갈 듯이 기쁘다.

I am so glad that I could fly in the sky.

• 나는 뛸 듯이 기뻤다.

I was jumping for joy.

→ for joy 기뻐서

• 즐겁고 신이 났다.

I was happy and excited.

• 이게 정말 꿈이 아니고 현실이라니!

I can't believe that this isn't a dream!

• 나는 너무 행복해서 믿기지가 않았다!

I was so happy that I couldn't believe it!

• 꿈인가 해서 나를 꼬집어 보았다.

I pinched myself to check that I wasn't
dreaming.

→ pinch 꼬집다

• 나는 펄쩍펄쩍 뛰며 기뻐했다.

I was jumping up and down for joy.

• 너무 기뻐서 눈물이 났다.

I was so happy that I cried.

• 너무 기뻐서 아무 말도 하지 못했다.

I was speechless because I was very
happy. /
I was so happy that I could not say
anything.

→ speechless 말문이 막힌   so 형용사 that... 매우 ~해서 …하다

• 그 소식을 듣고 기뻤다.

I was glad to hear the news.

• 사실이라고 믿을 수 없을 만큼 무척 기뻤다!

I was so happy that I could not believe it
was true!

- 수학 경시대회에서 상을 받아 기뻤다.

I was happy to win a prize in the math competition.

→ competition (경연)대회

- 내가 1등을 하다니 믿기지 않는다! 정말 꿈만 같다!

I can't believe that I won first place! It feels like a dream!

→ first place 1등

- 너무 좋아서 입이 다물어지지 않았다.

I was so glad that I was grinning from ear to ear.

→ grin from ear to ear 입을 쩍 벌리고 싱글싱글 웃다

- 그 소식을 듣고 크게 환호성을 질렀다.

When I heard the news, I cheered loudly!

→ cheer 환호하다, 응원하다   loudly 큰 소리로

- 웃음을 참을 수가 없었다.

I couldn't stop laughing.

즐거움 ★ Happiness

- 오늘은 정말 즐거운 하루였다.

I had a really fun day today.

- 생각지도 않은 선물을 받아서 기분이 좋았다.

I was happy to receive an unexpected gift.

→ unexpected 뜻밖의

- 선생님께 칭찬을 받으니 참 기분이 좋았다.

The compliment from my teacher made my day.

→ compliment 칭찬   make one's day ~를 기쁘게 하다

- 친구들과 노는 게 재미있었다.

It was fun to hang out with my friends.

→ hang out with ~와 어울리다, 놀다

- 너무 재미있어서 시간이 가는 것도 몰랐다.

It was so fun that I didn't know time had passed.

- 재미있는 걸 하면 시간이 금방 가 버린다.

When I am doing something fun, time just flies.

• 아침에 칭찬을 받으면 하루 종일 즐겁다.

Some compliments in the morning make me feel happy for the entire day.

• 나도 모르게 콧노래를 부르고 있었다.

I was humming to myself without knowing it. /

I didn't realize I was humming to myself.

→ hum to oneself 혼자서 콧노래를 흥얼거리다

• 피아노를 치면 기분이 좋아진다.

When I play the piano, I feel good.

• 기분이 좋을 때는 친구들과도 더 친하게 지낸다.

When I am in a good mood, I get along with my friends better.

→ be in a good mood 기분이 좋다

• 기분이 좋으면 형제들에게 더 친절하게 대한다.

When I am in a good mood, I am friendlier to my siblings.

→ sibling 형제 자매

• 내가 즐거우면 보이는 사람들이 다 행복해 보인다.

When I feel good, everyone I see looks happy.

화 ★ Anger

• 정말 화가 난다.

I am so angry.

• 너무 화가 나서 참을 수가 없다.

I am so angry that I can hardly stand it.

→ hardly 거의 ~ 않다   stand 참다. 견디다

• 진짜 질렸다.

I am so fed up.

→ be fed up 진저리나다. 질리다

• 정말 열 받았다.

I am boiling mad.

→ boiling mad 매우 화난, 열 받은

• 화를 가라앉힐 수가 없다.

I can't cool down.

→ cool down 식히다

- 영기가 약속을 지키지 않아서 화가 났다.

  Yeonggi did not keep his promise, and that made me angry.

  → keep one's promise 약속을 지키다

- 친구 때문에 혼이 나서 화가 난다.

  I am angry for getting into trouble because of my friend.

  → get into trouble 혼나다

- 동생이 내 숙제를 망쳐 놔서 정말 화가 난다.

  My younger brother ruined my homework, so I am very upset.

  → ruin 망치다

- 소현이는 화를 잘 낸다.

  Sohyeon easily gets angry.

- 명수는 어지간해서는 화를 잘 안 낸다.

  Myeongsoo hardly ever gets angry.

- 형이 먼저 나한테 화를 냈다.

  My brother got angry at me first.

- 언니가 별것도 아닌 일에 화를 냈다.

  My sister got upset over nothing.

  → over nothing 아무것도 아닌 일에

- 나도 화가 나서 큰 소리로 대들었다.

  It made me angry, too, so I lashed out at her.

  → lash out 비난하다, 대들다, 마구 화를 내다

- 언니한테 대든 건 잘못이지만, 먼저 화를 낸 건 언니다.

  I know that it's wrong to lash out at my older sister, but she started it.

- 우리 반 애들이 너무 떠들어서 선생님이 화가 나셨다.

  My teacher got angry because our class was too noisy.

  → noisy 시끄러운

- 시험을 못 봤다고 엄마가 나한테 화를 내셨다.

  My mother was angry with me for not getting a good score on the exam.

- 우리 엄마는 화가 나면 엄청 무섭다.

  My mother is really scary when she is angry.

- 우리 엄마는 화를 자주 내신다.

  My mother gets angry often.

• 엄마는 맨날 나한테 화를 낸다.	My mother gets angry at me every day.
• 아빠는 화를 잘 안 내시지만 한번 화가 나면 엄청 무섭다.	My father doesn't really get angry, but when he does, he is really scary.
• 엄마가 오늘 저기압이어서 나는 조용히 숙제를 했다.	My mother was in a bad mood today, so I did my homework quietly.

→ in a bad mood 기분이 나쁜

• 정말 화가 났지만 애써 꾹 참았다.	I felt furious, but I tried my best to remain calm.

→ furious 몹시 화가 난   remain 계속 ~하다, ~한 채로 남아 있다
   calm 침착한, 차분한

• 너무 화가 나서 동생한테 소리를 질렀다.	I was so furious that I screamed at my younger sister.

→ scream at ~에게 소리를 지르다

• 화가 나서 동생을 때렸다.	I hit my younger brother because I was angry at him.
• 화가 났어도 더 참을 걸 그랬다.	I should have been more patient even though I was angry.

→ patient 참을성 있는   even though 비록 ~일지라도

짜증 ★ Feeling Irritated

• 요즘 괜히 짜증이 난다.	These days, I feel irritated for no particular reason. / I haven't been myself for no reason lately.

→ irritated 짜증난   particular 특별한   not oneself 제정신이 아닌

• 만사가 귀찮고 짜증스럽다.	Everything bothers and irritates me.

→ bother 신경 쓰이게 하다, 괴롭히다   irritate 짜증나게 하다

- 우리 언니는 신경질적이다.

My older sister is fussy.

→ fussy 까탈스러운, 신경질적인

- 우리 형은 요즘 괜히 나한테 소리를 많이 지른다.

My older brother has been roaring at me a lot for no reason lately.

→ roar at ~에게 고함치다   lately 요즘, 최근에

- 나는 아침에는 기분이 저조한 편이다.

I tend to be in a bad mood in the morning.

- 아침부터 성질을 부려 엄마한테 혼났다.

I got into trouble with my mother for throwing a fit in the morning.

→ throw a fit 성질을 내다, 신경질 부리다

- 한번 짜증이 나면 모든 게 짜증스럽다.

Once you feel annoyed, everything seems annoying.

→ annoyed 짜증이 난   annoying 짜증스러운

- 다른 사람한테서 불평을 들으니 나도 짜증이 났다.

When I heard a complaint from someone, it irritated me.

→ complaint 불평, 불만

- 수현이는 짜증을 잘 내서 같이 있으면 나도 짜증이 난다.

Suhyeon is easily irritated, so when I am with her, I get irritated as well.

- 엄마가 나한테 잔소리를 할 때마다 무척 짜증이 난다.

Whenever my mom nags me, I feel so annoyed.

→ nag 잔소리하다

- 너무 짜증이 나서 엄마에게 신경질을 냈다.

Since I was so annoyed, I threw a fit at my mom.

- 내가 잘못한 건 알았지만 대놓고 지적을 당하니 짜증이 났다.

I knew that I was wrong, but when my mistake was pointed out directly, I got so annoyed.

→ point out 지적하다

- 동생이 계속 나를 귀찮게 해서 짜증났다.

My younger sister kept bothering me, so I was upset.

• 짜증을 내지 않으려고 노력했지만 잘 안 됐다.	I tried not to be fussy, but it didn't work well. → work 효과가 있다
• 엄마한테 신경질을 낸 게 후회된다.	I regret throwing a fit at my mother. / I was sorry that I had thrown a fit at my mother.
• 앞으로는 신경질 부리지 않도록 노력해야겠다.	I will try my best not to be fussy from now on.

슬픔/우울 ★ Sadness / Depression

• 오늘은 너무 슬픈 하루였다.	Today was a really sad day.
• 오늘은 왠지 우울했다.	Today, I felt depressed for some reason. → depressed (기분이) 우울한
• 오늘은 우울한 하루였다.	Today was a depressing day. → depressing 우울하게 만드는
• 오늘 친구랑 싸워서 하루 종일 우울했다.	Today, I had a fight with my friends, so I felt depressed for the entire day.
• 시험을 못 봐서 우울하다.	I am depressed because I didn't do well on my test.
• 선생님한테 혼나서 정말 속상했다.	I was so sad because I got into trouble with my teacher.
• 핸드폰을 잃어버려서 슬프고 속상했다.	I lost my cell phone, so I was sad and distressed. → distressed 괴로워하는
• 유리가 전학을 가서 너무 슬프다.	I am so sad because Yuri moved away. → move away 이사 가다, 전학 가다

- 우리 강아지가 죽어서 가슴이 아팠다.

  # My dog died, so I was heartbroken.
  → heartbroken 가슴이 아픈

- 영화가 너무 슬퍼서 펑펑 울고 말았다.

  # The movie was so sad that I burst into tears.
  → burst into tears 울음을 터뜨리다 (burst-burst-burst)

- 너무 많이 울어서 눈이 탱탱 부었다.

  # I cried so much that my eyes swelled up.
  → swell up 부어오르다

- 나는 눈물을 참으려고 애썼다.

  # I tried my best to hold back the tears.
  → hold back 참다, 저지하다

- 그 소식을 듣고 슬펐다.

  # When I heard the news, I was sad.

- 엄마가 내 마음을 몰라 줘서 서운했다.

  # I was hurt because my mother didn't understand me.
  → hurt 기분이 상한, 서운한

- 할머니가 나보다 동생을 예뻐하는 것 같아서 서운했다.

  # I was hurt because my grandma seemed to favor my younger brother over me.
  → favor 편들다, 편애하다

- 생일파티에 초대를 못 받아서 너무 섭섭했다.

  # I was hurt so much because I didn't get invited to the birthday party.

- 엄마한테 혼날 것을 생각하니 우울했다.

  # I was depressed just by thinking about getting scolded by my mother. / Thinking my mom was going to scold me, I felt depressed.
  → scold 혼내다

- 몹시 슬퍼하시는 엄마를 위로해 드렸다.

  # I tried to comfort my mother, who was deeply grieving.
  → comfort 위로하다, 위안하다   grieving 슬퍼하는, 비통해 하는

- 엄마가 나를 위로해 주셨다.

  # My mom consoled me.
  → console 위안하다

걱정 ★ Worry

- 내일 발표가 걱정이다.

I am worried about tomorrow's presentation.

→ presentation 발표

- 공부를 별로 안 해서 내일 단원평가가 걱정이다.

I am concerned about tomorrow's chapter test because I didn't study much.

→ be concerned about ~을 걱정하다   chapter test 단원평가

- 시험이 가까워 오니 슬슬 좀 걱정이 된다.

I am starting to get a little worried now that the exam is coming up.

- 시험을 망쳐서 몹시 걱정이 되었다.

I did badly on the test, so I was very worried.

- 성적 때문에 걱정이 되었다.

I was worried about my grades.

- 실수할까 봐 걱정이 되었다.

I was worried about making mistakes.

- 엄마한테 혼날까 봐 걱정이 되었다.

I was worried about getting into trouble with my mother.

- 너무 걱정이 돼서 잠이 오지 않았다.

I couldn't sleep because I was too worried.

- 엄마가 걱정하지 말라고 하셨다.

My mother told me not to worry.

- 나를 괴롭히는 애랑 같은 반이 될까 봐 걱정이다.

I am afraid that I will be assigned to the same class as the bully.

→ be assigned 배정 받다   bully 괴롭히는 사람

- 동생이 걱정되었다.

I was worried about my younger brother.

- 친구가 나한테 화가 났을까 봐 걱정되었다.

I was worried that my friend might be mad at me.

→ be mad at ~에게 화나다

- 내일 발표회 때 잘할 수 있을까 걱정이 되었다.

I was worried whether I would be able to do well on the performance tomorrow.
→ performance 공연

- 내가 거짓말한 게 탄로날까 봐 하루 종일 걱정되었다.

All day long, I was worried about if they had found out that I had lied.

- 시험 때문에 걱정했는데 생각보다 쉬웠다.

I was nervous about the test, but it was easier than I had thought.
→ nervous 긴장한, 걱정을 많이 하는

- 걱정한다고 뭐가 해결되는 것도 아니지 않은가!

Worrying doesn't solve anything anyway.

- 우리 엄마는 걱정이 많다.

My mother worries a lot.

- 거기에 내가 아는 애가 한 명도 없을까 봐 걱정이 되었다.

I was afraid that there would be no one I knew there.

- 그건 쓸데없는 걱정이었다.

It was useless to worry about such things.
→ useless 소용없는, 쓸모 없는

- 걱정했던 일이 잘 해결되었다.

The thing that I was worried about went well.

- 어제 그렇게 걱정을 했는데 막상 닥쳐 보니 별거 아니었다.

I was worried so much yesterday, but when I actually faced it, it was nothing.
→ face 맞닥뜨리다, 마주하다

무서움 ★ Feeling Scared

- 나는 겁이 많은 편이다.

I get scared easily.

- 나는 무서워서 혼자 못 잔다.

I can't sleep alone because I feel scared.

- 밤에 혼자 집에 있으니 무서웠다.

I was scared to stay at home alone at night.

• 엄마가 볼일 보러 외출하셔서 집에 나 혼자 있었는데 너무 무서웠다.

I felt scared when my mother went on some errands and left me at home alone.

→ go on an errand 심부름을 가다, 볼일을 보다

• 귀신의 집에 갔는데 정말 무서웠다.

I went to the haunted house, and it was really terrifying.

→ haunted 귀신이 나오는   terrifying 공포스러운

• 동생은 무섭다고 울었다.

My younger brother cried because he felt scared.

• 롤러코스터를 탔는데 무서워서 혼났다.

I rode on the rollercoaster, and I was scared to death.

→ to death 몹시, 죽도록

• 나는 치과 가는 게 제일 무섭다.

Going to the dentist is the thing that I fear the most.

→ fear 두려워하다; 공포, 두려움

• 친구들이랑 함께 영화를 봤는데 무척 무서웠다.

I watched a movie together with my friends, and it was very scary.

• 영화의 무서운 장면들이 자꾸 생각난다.

I can't stop thinking about the horrible scenes in the movie.

→ horrible 무시무시한, 끔찍한

• 무서운 영화를 봤더니 밤에 악몽을 꿨다.

After seeing the horror movie, I had a nightmare at night.

→ horror 공포, 경악

• 친구한테 무서운 이야기를 들었는데 자꾸 생각이 났다.

I heard a horror story from my friend, and I couldn't stop thinking about it.

• 무서운 꿈을 꿨다.

I had a nightmare.

• 악몽 때문에 잠에서 깼다.

Because of my nightmare, I woke up.

• 너무 무서워서 진땀이 났다.

I was so scared that I started to sweat.

→ sweat 땀을 흘리다

- 무서워서 덜덜 떨었다.

I was shivering from fear.

→ shiver 떨다

- 소름이 끼쳤다.

I got goose bumps.

→ get goose bumps 소름이 끼치다

- 등골이 오싹했다.

It was bloodcurdling.

→ bloodcurdling 오싹하게 하는

- 집에 오는 길에 너무 무서워서 마구 뛰었다.

On my way home, I was very scared, so I ran really hard.

- 무서워서 머리카락이 곤두서는 것 같았다.

I felt hair-rising horror.

→ hair-rising 머리카락이 서는

- 깜깜한 곳에 있으니 무서웠다.

I was scared because I was in a dark place.

- 나는 커다란 개를 무서워한다.

I am afraid of big dogs.

- 내 동생은 주사 맞는 것을 무서워한다.

My younger sister is afraid of getting shots.

→ get a shot 주사를 맞다

- 이상한 소리가 나서 무서웠다.

I was scared because I heard a strange sound. /
A strange sound made me frightened.

→ frightened 무서운

- 나는 어둠이 무서워서 불을 켜 놓고 잔다.

I sleep with the light on because I'm afraid of the dark.

후회/아쉬움 ★ Regret

- 숙제를 미리 하지 않은 것이 후회된다.

I regret not doing my homework earlier.

→ regret 후회하다; 후회   earlier 미리, 일찍

316

- 시간을 낭비한 것이 후회되었다.

I regretted wasting my time.

- 시험을 보고 나니 공부하지 않은 게 후회가 되었다.

After taking the test, I regretted not studying for it.

- 놀기만 한 게 후회스럽다.

I regret playing all the time.

- 동생을 때린 것이 후회가 되었다.

I was sorry that I had hit my younger sister.

- 친구를 놀린 게 후회가 된다.

I regret teasing my friend.

→ tease 놀리다, 장난치다

- 내가 더 참았어야 했다.

I should have been more patient.

→ should have + 과거분사 ~했어야 했다

- 나는 좀 더 조심했어야 했다.

I should have been more careful.

- 숙제부터 하고 놀걸!

I should have done my homework before playing.

- TV를 보지 말걸!

I should not have watched TV.

- 엄마 말씀을 들을 걸 그랬다.

I should have listened to my mother.

- 내가 왜 엄마 말씀을 안 들었는지 모르겠다.

I don't know why I didn't listen to my mother.

- 괜히 엄마 말을 들었다.

I should not have listened to my mother.

- 괜히 친구를 따라했다가 낭패다.

I shouldn't have followed my friend. Now I am in trouble. /
I am in trouble because I did a stupid thing by following my friend.

- 이렇게 중요한 기회를 놓쳐서 정말 아쉽다.

I am really sad about losing this important opportunity.

→ opportunity 기회

- 결과가 좀 아쉽긴 하지만, 최선을 다했기에 후회는 없다.

I am a bit sad about the result, but I don't have any regrets because I did my best.

• 4개를 틀려서 시험에 떨어졌다.	I got four wrong answers, so I failed the test.
• 이미 엎질러진 물이다.	It's no use crying over spilt milk. → spill 엎지르다, 쏟다(spill-spilt-spilt)
• 안 하고 후회하는 것보다 하고 후회하는 게 낫다.	It's better to regret after trying something than regretting doing nothing.
• 나중에 후회하지 않도록 최선을 다할 것이다.	I will try my best so that I don't have any regrets in the future.
• 내일부터는 운동을 하겠다.	I will exercise starting tomorrow.
• 내일부터는 절대 과식하지 않겠다.	Starting tomorrow, I will never eat too much.
• 다음부터는 한 번 더 생각하고 말해야겠다.	I will think one more time before I speak the next time.

놀람 ★ Feeling Surprised

• 그 소식을 듣고 깜짝 놀랐다.	When I heard the news, I was really surprised.
• 그 소식은 정말 충격적이었다.	That news was really shocking.
• 내가 대상이라니 믿을 수가 없었다!	I couldn't believe that I had won first place! → win first place 1등을 하다
• 그 소식을 듣고 가슴이 마구 두근거렸다.	My heart was beating really fast after hearing the news.
• 너무 놀라서 아무 말도 할 수 없었다.	I was so surprised that I became speechless.

- 너무 놀라 어안이 벙벙해서 가만히 있었다.

I stood still because I was too dumbfounded.

→ stand still 가만히 있다   dumbfounded (놀라서) 말을 못하는, 어안이 벙벙한

- 놀라서 간 떨어질 뻔했다.

You could have knocked me down with a feather.

→ knock A down with a feather A를 깜짝 놀라게 하다

- 어떻게 그런 일이 있을 수 있단 말인가?

How could something like that happen?

창피함 / 당황 / 부끄러움 ★ Feeling Embarrassed / Confused / Shy

- 반 애들 앞에서 꾸지람을 들어서 창피했다.

I was embarrassed to be scolded in front of my classmates.

→ embarrassed (사람이) 창피한, 당황한   be scolded 야단을 맞다

- 달리기를 하다 넘어졌는데 정말 창피했다.

I fell down while racing, and I felt so ashamed embarrassing.

→ ashamed 창피한

- 넘어져서 아픈 것보다 창피해서 혼났다.

After falling down, I thought it was actually more embarrassing than painful.

- 스타킹에 구멍이 나서 창피했다.

It was embarrassing because I got a hole in my stocking. /

I was embarrassed to have a hole in my tights.

→ tights 팬티 스타킹, 타이츠

- 숙제를 깜빡하고 안 가져가서 교실 뒤에 서 있었다. 정말 창피했다.

I forgot to bring my homework, so I had to stand in the back of the classroom. I was ashamed of myself.

- 창피해서 얼굴이 빨개졌다.

I was blushing because I was embarrassed.

→ blush 얼굴이 빨개지다

• 너무 창피해서 쥐구멍에라도 숨고 싶었다.	I was so embarrassed that I wanted to disappear. → disappear 사라지다
• 아는 건데도 너무 당황해서 아무 말도 안 나왔다.	Although it was something I knew, I couldn't say anything because I was too embarrassed.
• 갑자기 내 이름이 불려서 당황했다.	When my name was suddenly called, I didn't know what to do.
• 당황해서 말을 횡설수설했다.	I was at a loss, so my words didn't make any sense. → at a loss 당황한 make sense 이치에 맞다
• 너무 당황해서 외운 것을 다 까먹고 말았다.	I was so confused that I forgot everything I had memorized. → memorize 외우다, 암기하다
• 유진이는 부끄럼을 많이 탄다.	Yoojin is such a shy girl.
• 학급회의에 참여하고 싶지만 부끄러워서 잘 못하겠다.	I want to participate in the class discussion, but I am too shy to do so.
• 선생님이 갑자기 물어보셔서 대답을 못하고 말을 더듬었다.	My teacher suddenly asked me a question, and I stammered instead of answering. → stammer 말을 더듬다
• 반 아이들이 모두 나를 쳐다보니 얼굴이 화끈거렸다.	Everyone in the class was looking at me, so it made me blush.
• 몹시 당황했지만 침착하게 대답했다.	I was so nervous, but I answered calmly. → calmly 침착하게

Chapter 22 성격

 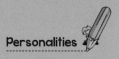

My Friend Myeongsoo
Wednesday, April 20, Sunny

Myeongsoo is the kindest of my friends. A mother brought some snacks for the class, but there was not enough for everyone. Myeongsoo said he would not have anything. He always thinks of others first. Everyone likes to hang out with him. I will try to be kind to others like Myeongsoo.

내 친구 명수   4월 20일 수요일, 맑음

명수는 내 친구들 중에 가장 착하다. 어떤 엄마가 반에 간식을 가져 오셨는데 충분하지가 않았다. 명수가 자기는 안 먹겠다고 했다. 그 애는 늘 남을 먼저 생각한다. 그래서 모두 명수와 같이 놀고 싶어한다. 나도 명수처럼 남한테 친절하도록 노력해야겠다.

· snack 간식   enough 충분한

- 나는 성격이 급한 편이다.

I am kind of short-tempered.

→ short/quick-tempered 성격이 급한, 화를 잘 내는

- 우리 가족은 모두 성격이 급하다.

Everyone in my family is quick-tempered.

- 나는 아빠를 닮아 성격이 급하다.

Just like my dad, I am quick-tempered.

- 우리 아빠는 다혈질이시다.

My dad is hot-tempered.

→ hot-tempered 화를 잘 내는, 다혈질인

- 우리 아빠는 추진력이 좋다.

My dad is a real go-getter.

→ go-getter 야심가, 박력 있는 사람

- 나는 뭔가 결정하면 바로 행동으로 옮긴다.

When I decide on something, I just go for it.

→ go for it 시도하다, 단호히 목적을 추구하다

- 우리 형은 성격이 너무 급해 화를 잘 낸다.

My older brother is so quick-tempered that he gets angry easily.

- 나는 뭐든지 빨리빨리 하고 싶다.

I want to do everything fast. /
I want to get everything done fast.

- 항상 급하게 하다 보니 실수가 많은 편이다.

Since I am always in a hurry, I tend to make many mistakes.

→ in a hurry 서둘러, 급히

- 나는 뭐든지 빨리 하는데 꼼꼼하지는 못하다.

I do everything fast but not thoroughly.

→ thoroughly 철저히

- 나는 성격이 급해서 행동이 느린 사람을 보면 답답하다.

I am quick-tempered, so I get frustrated when I see someone who is not fast enough.

→ frustrated 짜증난, 불만스러운

• 행동이 느린 친구들을 보면 내가 대신 해 주고 싶다.	When I see friends who do not act fast enough, I just want to do things for them.
• 내 성격은 왜 이리 급한 걸까?	Why am I so short-tempered?
• 좀 참아야 하는데 그게 잘 안 된다.	I should be more patient, but I can't. → patient 참을성 있는

느린 성격 ★ Easygoing Personalities

• 나는 성격이 느긋한 편이다.	I am an easygoing person. → easygoing 마음 편한, 느긋한
• 나는 뭐든지 느린 편이다.	I tend to do everything at a slow pace. → at a slow pace 느리게
• 나는 행동도 느리고, 말도 느리다.	I act slowly and talk slowly.
• 내 별명은 '거북'이다.	Turtle is my nickname.
• 내 동생은 무슨 일이건 천하태평이다.	My younger brother is such an easygoing person.
• 내 동생은 엄마를 닮아 성격이 느긋하다.	My younger sister is very easygoing just like my mother.
• 내 동생은 행동이 느리다.	My younger brother acts at a slow pace.
• 나는 서두르는 게 싫다.	I don't like hurrying.
• 나는 항상 우리 반에서 급식을 제일 늦게 먹는다.	I am always the last one to get lunch in my class.
• 나는 행동은 느리지만 생각마저 느린 건 아니다.	Although I tend to be slow, my thoughts do not run at a slow pace. → thought 생각

- 아빠는 엄마가 느려서 답답하다고 하신다.

My father says my mom's slow pace frustrates him.

- 느긋한 사람들이 성격은 더 좋은 것 같다.

I think easygoing people actually have nicer personalities.

→ personality 성격

- 더 빨리 하고 싶은데 노력해도 잘 안 된다.

I want to act at a faster speed, but I can't even though I try.

→ even though 비록 ~해도

- 항상 빠른 애들이 좋은 걸 차지해서 속상하다.

I am upset because it's always the faster kids who get the good things.

착한 성격 ★ Nice / Kind Personalities

- 명수는 참 착하다.

Myeongsoo is very nice.

- 명수는 성격이 정말 좋다.

Myeongsoo has such a nice personality.

- 명수는 우리 반에서 제일 착한 학생이다.

Myeongsoo is the nicest student in my class.

- 명수는 내 친구들 중에 제일 착하다.

Myeongsoo is the kindest of my friends.

- 명수는 참 친절하다.

Myeongsoo is very kind.

- 명수는 남을 잘 배려한다.

Myeongsoo is very considerate of others.

→ considerate 배려심 있는

- 명수는 다른 사람들을 잘 챙긴다.

Myeongsoo takes good care of others' needs. /
Myeongsoo always thinks of others first.

- 명수는 화를 잘 안 낸다.

Myeongsoo hardly gets angry.

- 명수는 항상 웃는 얼굴이다.

Myeongsoo always smiles.

- 명수는 예의가 바르다.

Myeongsoo is polite.

- 명수는 어른들께 공손하다.

Myeongsoo respects the elderly. /
Myeongsoo is polite to the elderly.

→ respect 존경하다, 존중하다   the elderly 어르신들, 노인들

나쁜 성격 ★ Bad / Mean Personalities

- 민호는 성격이 나쁘다.

Minho has a bad personality.

- 민호는 성격이 아주 강하다.

Minho has such a strong personality.

- 민호는 아주 못됐다.

Minho is very mean.

- 민호는 이기적인 편이다.

Minho is kind of selfish.

→ selfish 이기적인

- 민호는 자기중심적이다.

Minho is egotistic.

→ egotistic 자기중심적인

- 민호는 자기가 하고 싶은 대로만 하려고 한다.

Minho always wants to get his way. /
Minho always wants to boss us around.

→ get one's way 제멋대로 하다   boss around 이래라 저래라 하다

- 민호는 화를 잘 낸다.

Minho gets angry easily.

- 민호는 장난이 심하다.

Minho is very mischievous. /
Minho is very playful.

→ mischievous 말썽꾸러기의   playful 장난기 많은

- 민호는 잘난 척한다.

Minho is arrogant. /
Minho likes to show off.

→ arrogant 거만한   show off 자랑하다

- 민호는 늘 다른 사람 뒷담화를 한다.

  Minho is always talking behind people's backs.

  → talk behind one's back ~의 험담을 하다

- 민호는 친구들 흉을 본다.

  Minho speaks badly of his friends.

  → speak badly of ~을 나쁘게 말하다

쾌활한 성격 ★ Cheerful / Lively Personalities

- 나는 성격이 쾌활하다.

  I have a cheerful personality.

  → cheerful 발랄한, 쾌활한

- 나는 유쾌한 성격이다.

  I am a jolly person.

  → jolly 쾌활한

- 나는 외향적인 편이다.

  I am an outgoing person.

  → outgoing 외향적인

- 내 성격은 '밝음' 그 자체다.

  Bright is the word for my personality.

- 나는 활달한 성격 덕분에 친구들이 많다.

  Thanks to my cheerful personality, there are a lot of friends.

  → thanks to ~ 덕분에

- 내 별명은 '해피 바이러스'다.

  Happy Virus is my nickname.

- 예린이는 활달하고 활동적이다.

  Yerin is lively and energetic.

  → lively 활기 넘치는   energetic 활동적인

- 예린이는 무척 명랑하다.

  Yerin is very cheerful.

- 예린이는 웃음이 많다.

  Yerin laughs a lot.

- 예린이는 매사에 긍정적이다.

  Yerin has a positive attitude about everything.

  → positive 긍정적인   attitude 태도, 마음가짐

- 민서는 매우 사교성이 좋다.

Minseo is very friendly. /
Minseo is a very sociable person.
→ sociable 사교적인

- 민서는 무척 활달해서 친구를 잘 사귄다.

Minseo is very outgoing, so she makes friends easily.

- 민서는 엄청난 수다쟁이다.

Minseo is such a talkative person.
→ talkative 수다스러운

- 내 동생은 항상 활기가 넘친다.

My younger brother is always so lively.

- 내 동생은 늘 에너지가 넘친다.

My younger sister is always full of energy.

- 쾌활한 동생을 보고 있으면 나까지 기분이 좋아진다.

When I see my jolly brother, I get happy, too.

유머 있는 성격 ★ Humorous Personalities

- 나는 유머 감각이 꽤 있는 편이다.

I have a pretty good sense of humor.
→ sense of humor 유머 감각

- 나는 남을 잘 웃긴다.

I am good at making people laugh.
→ be good at ~을 잘하다

- 나의 장래 희망은 개그맨이다.

My dream is to be a comedian.

- 친구들이 나보고 개그맨을 해 보란다.

My friends tell me that I should be a comedian.

- 우리 아빠는 유머가 넘치신다.

My dad is full of humor.

- 우리 아빠는 항상 우리에게 장난을 치신다.

My dad always plays tricks on us.
→ play tricks 장난하다

- 우리 아빠는 농담을 잘하신다.

My dad makes jokes all the time.
→ make jokes 농담을 하다   all the time 항상

- 똑같은 농담도 아빠가 하면 더 웃기다.

My dad makes the same old joke sound funnier.

- 내 동생은 웃긴 표정을 잘 짓는다.

My younger brother makes excellent funny faces.

- 우리 엄마는 내 농담에 항상 웃어 주신다.

My mother laughs at my jokes all the time.

- 우리 반에는 웃기는 친구들이 많다.

There are so many funny students in my class.

- 성민이는 정말 재미있다.

Seongmin is really funny.

- 성민이는 우리 반 분위기 메이커다.

Seongmin is the class clown.

→ clown 광대, 어릿광대 같은 사람

- 성민이가 우리 반에서 제일 웃긴다.

Seongmin is the funniest student in my class.

- 성민이는 개그맨 흉내를 잘 낸다.

Seongmin is good at acting like a comedian.

- 나는 재미있는 농담을 잘하는 성민이가 부럽다.

I envy Seongmin's talent at telling funny jokes.

→ talent 재능, 재주

- 나는 재미있는 친구가 좋다.

I like my friends who are funny.

- 오늘 장기자랑 시간에 개그맨 흉내를 냈다.

I did an impression of a comedian at the talent show today.

→ do an impression (유명인) 흉내를 내다

- 친구들이 그것을 아주 재미있어 했다.

My friends found it very funny.

- 선생님께서 내게 '우리 반 분위기 메이커'라고 하셨다.

My teacher told me that I am the class clown.

- 친구들이 웃는 걸 보니 나도 기분이 좋았다.

Seeing my friends laugh made me feel good, too.

- 나는 성격이 조용한 편이다.

I am a quiet person.

- 나는 차분한 편이다.

I am kind of calm.

- 나는 소심한 편이다.

I am kind of timid.

→ timid 소심한

- 나는 수줍음을 많이 탄다.

I get shy easily.

- 나는 내성적인 성격이다.

I am an introvert.

→ introvert 내성적인 사람(↔ extrovert)

- 수업 시간에 발표를 할 때마다 너무 떨린다.

Whenever I have to speak in class, I feel so nervous.

- 성빈이는 말이 별로 없다.

Seongbin doesn't really talk a lot.

- 성빈이는 말수가 적다.

Seongbin rarely talks. /
Seongbin talks little.

→ rarely 거의 ~않다

- 성빈이는 말수가 별로 없지만, 조리 있게 말을 잘한다.

Although Seongbin hardly speaks, when he does, he is very articulate.

→ articulate (생각 · 느낌을) 잘 표현하는

- 우호는 매우 사려 깊은 성격이다.

Wooho is a very considerate person.

→ considerate 사려 깊은

- 나는 꼼꼼한 성격이다.

I am a meticulous person.

→ meticulous 꼼꼼한

- 나는 매사에 신중한 편이다.

I am cautious about everything. /
I pay close attention on everything.

→ cautious 조심스러운   pay attention 주목하다, 유의하다

- 나는 말하기 전에 한 번 더 생각하는 편이다.

  I try to think twice before I speak.

- 점심 시간에 밖에서 노는 것보다 책 읽는 것이 더 좋다.

  I prefer reading books to playing outside during lunch break.

- 나는 밖에서 노는 것보다 집에 있는 게 좋다.

  I like staying at home more than playing outside.

- 소심한 내 성격을 고치고 싶다.

  I want to change my timid personality.

- 나는 활달해지고 싶다. 누구와도 잘 어울리고 싶다.

  I want to be an outgoing person. I want to get along with all types of people.

  → get along with ~와 잘 지내다   type 유형, 종류

- 나는 조용한 편인데 내 동생은 나랑 정반대다.

  I am a quiet person. I'm the exact opposite of my younger sister.

  → opposite 반대(의)

- 수호는 조용하고 나는 활달하지만 우리는 정말 잘 맞는다.

  Although Sooho is quiet and I am energetic, we get along perfectly well.

성실한 성격 ★ Earnest Personalities

- 나는 성실한 편인 것 같다.

  I think I am an earnest person.

  → earnest 성실한, 진심 어린

- 나는 책임감이 강한 것 같다.

  I think I am a responsible person.

- 나는 내 할 일은 알아서 한다.

  I do what I have to do by myself.

  → by myself (남의 도움 없이) 혼자

- 내 친구 정민이는 모범생이다.

  My friend Jeongmin is a model student.

  → model student 모범생

- 정민이는 정말 성실하다.

  Jeongmin is a sincere person.

  → sincere 진실된, 성실한

- 내 짝은 정말 착하고 성실해서 모두가 인정하는 모범생이다.

  My seatmate is very kind and earnest, so everyone calls him a model student.

- 우리 반에서 현수가 제일 성실한 학생인 것 같다.

  I think Hyeonsoo is the hardest working student in my class.

- 나는 엄마의 잔소리를 거의 들어 본 적이 없다.

  I have hardly heard any nagging from my mother.

  → nag 잔소리하다

- 나는 집에 오면 숙제부터 끝낸다.

  I finish my homework first when I come home.

- 나는 숙제를 해 놔야 마음이 놓인다.

  I feel relieved when I am done with my homework.

  → relieved 안심한   be done with ~을 끝내다

- 나는 좀처럼 학교에 지각하지 않는다.

  I am hardly late for school.

- 친구들은 모두 나를 보고 성실하다고 한다.

  My friends all call me a hard worker.

- 이러다 무책임한 사람으로 낙인 찍히게 생겼다.

  If I keep doing this, I am afraid I might be called irresponsible.

  → irresponsible 무책임한

- 나는 착하고 성실한 사람이 되고 싶다.

  I want to be a kind and earnest person.

나의 장점 ★ My Strengths

- 나의 장점은 뭐지?

  What is my strength?

- 나의 장점은 친구들에게 양보를 잘하는 거라고 생각한다.

  I think my strength is that I am able to give up things for my friends.

- 친구들과 두루두루 잘 지내는 것이 나의 가장 큰 장점이다.

  My strongest point is that I get along with all of my friends.

• 나는 악기를 잘 다룬다. 그 중에서 피아노를 아주 잘 친다.

I am good at playing instruments. Among them, I play the piano very well.

→ instrument 악기

• 나는 글씨를 참 잘 쓴다. 경필쓰기 대회에서 상을 받았다.

My handwriting is very neat. I won an award at the handwriting competition.

→ handwriting 필체, 글씨

• 나는 달리기를 잘한다. 그래서 체육시간에 인기가 많다.

I am good at running. So I am very popular during P.E.

• 영어 발음이 좋다고 친구들이 나를 부러워한다.

My friends envy me because my English pronunciation is good.

→ pronunciation 발음

• 나는 돈 관리를 잘한다. 용돈을 받으면 일부를 저금한다.

I manage my money well. Whenever I get my allowance, I put some of it in my savings.

→ manage 처리하다, 관리하다   allowance 용돈   savings 저축, 저금

• 나는 계획을 꼼꼼하게 세우고 잘 지키려고 노력하는 편이다.

I tend to plan everything thoroughly and try my best to stand by it.

→ thoroughly 철저히, 대단히   stand by ~을 고수하다, 계속 지키다

• 내 일이 다 끝나면 친구들을 잘 도와준다.

When I am done with my work, I always help my friends.

• 나는 수업시간에 집중을 정말 잘 한다.

I concentrate really well during class.

→ concentrate 집중하다

• 아침에 엄마 도움 없이 혼자 일어난다.

I can wake up by myself in the morning without my mother's help.

• 책 읽기를 좋아한다. 도서실의 단골이라 사서선생님께서 나를 잘 대해 주신다.

I love reading. I am a regular visitor at the library, so the librarian treats me really well.

→ regular visitor 단골손님   librarian 사서

• 나는 수업시간에 발표를 잘한다. 언제나 씩씩하게 내 의견을 말한다.

I am good at participating in class. I always give my opinion with confidence.

→ with confidence 자신감 있게

• 나는 그림을 잘 그린다. 교내 환경 그리기 대회에서 입상을 했다.

I am good at drawing. I won an award at the school's nature drawing competition.

• 나는 글짓기를 잘해서 학교 대표로 글짓기 대회에 나간 적도 있었다.

I am good at writing. I was once my school's representative at a writing competition.

→ once (과거) 언젠가, 한 번   representative 대표

• 나는 다른 사람들에게 먼저 인사를 잘한다. 그래서 주위 어른들께서 칭찬을 많이 해 주신다.

I always say hello to others first. So I always get compliments from my neighbors.

→ compliment 칭찬; 칭찬하다

• 나는 친구들의 얘기를 항상 잘 들어 준다.

I always listen closely to my friends.

→ listen closely 자세히 듣다

• 나는 꼼꼼해서 친구들이 학교 준비물을 내게 자주 물어본다.

I am meticulous, so my friends often ask me what to bring to school.

• 내가 리더십이 있어서 많은 친구들이 나와 같은 모둠이 되고 싶어 한다.

I am a born leader, so a lot of my friends want to be in the same group with me.

→ born 타고난

• 나는 패션 감각이 있어서 늘 옷을 세련되게 입는다.

I always dress up nicely because I have a good sense of fashion.

→ sense of fashion 패션 감각

• 나는 운동을 잘해서 반 아이들이 나와 같은 팀을 하고 싶어 한다.

I am athletic, so my classmates want to be in the same team with me.

→ athletic 운동을 잘하는, 운동 감각이 있는

• 나는 공부를 잘해서 성적이 늘 우수하다.

I am good at studying, so my grades are always high.

- 나는 설명을 잘해서 아이들이 내게 질문을 하러 자주 온다.

  My classmates often come to me with questions because I am good at explaining things.

- 나는 공부만 빼고는 뭐든지 다 잘한다.

  I am good at everything except studying.

  → except ~을 빼고

나의 단점 ★ My Weaknesses

- 나의 단점은 끈기가 없다는 것이다.

  My weakness is that I am not persistent.

  → persistent 끈기 있는

- 나의 단점은 성격이 급하다는 것이다.

  My weakness is that I am short-tempered.

- 나의 단점은 감정 기복이 심하다는 것이다.

  My weakness is my moodiness.

  → moodiness 기분 변화가 심함, 변덕스러움

- 나의 단점은 (귀가 얇아서) 주변 일에 쉽게 휩쓸린다는 것이다.

  My weakness is that I get carried away easily with my surroundings.

  → get carried away 남의 말에 쉽게 휩쓸리다   surrounding 주변 상황

- 남의 부탁을 잘 거절하지 못하는 것이 내 단점이다.

  My weakness is that I cannot say no to others.

- 나는 잘 삐치는 편이다.

  I get upset easily.

- 나는 뒤끝이 있는 편이다. 한번 삐치면 그 상태로 오래간다.

  I tend to hold grudges. When I am upset, I stay that way for a long time.

  → hold grudges 악의를 품다, 원한을 품다

- 나는 음치에 몸치다.

  I can neither sing nor dance. / I am a terrible singer and dancer.

- 나는 예민한 편이어서 친구들의 말에 상처를 자주 받는다.

  I am kind of sensitive, so my friends' words often hurt me.

  → sensitive 예민한

- 일을 뒤로 미루는 버릇이 있다.

I have a habit of delaying things.

→ delay 미루다, 연기하다

- 나는 잠이 너무 많은 것 같다. 아침에 일어나기가 아주 힘들다.

I think I sleep too much. It's so difficult for me to wake up in the morning.

- 나는 덜렁대는 편이다.

I am a clumsy person.

→ clumsy 덜렁대는, 서투른

- 나는 물건을 잘 잃어버리는 편이다.

I lose things easily.

- 나는 자신감이 부족하다.

I lack self-confidence.

→ self-confidence 자신감

- 나는 집중력이 부족하다.

I lack concentration. /
I have trouble paying attention.

→ concentration 집중(력)

- 나는 뭔가를 빨리 결정하지 못하고 생각이 너무 많다.

I am indecisive and think about things too much.

→ indecisive 우유부단한

- 나는 특별한 단점은 없는 것 같다.

I don't think I have any particular flaws.

→ particular 특별한   flaw 허점, 단점

- 나는 단점이 없는 게 단점이다. 으하하!

My only flaw is that I don't have any flaws at all. Ha-ha-ha!

- 단점이 있으면 그것을 인정하고 장점을 발전시키는 데 주력해야 된다고 생각한다.

I think I need to accept my weakness if I have one and focus on developing my strengths.

→ focus on ~에 초점을 맞추다, 주력하다

- 내 단점을 잘 알지만 고치기가 힘들다.

I am well aware of my weakness, but it's hard to fix it.

→ be well aware of ~을 잘 알고 있다   fix 고치다, 바로잡다

취미 및 관심사

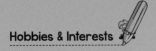
My Dream Job: Diplomat
Wednesday, October 20, Windy

My dream is to be a brilliant diplomat like Mr. Kimoon Ban, the UN Secretary-General. I read a book about him once. Since then, I have been interested in being a diplomat. I heard academic excellence is very important to be a diplomat. I will study harder to achieve my goal.

내 꿈은 외교관   10월 20일 수요일, 바람 많이 분 날

나의 꿈은 반기문 유엔사무총장과 같은 뛰어난 외교관이 되는 것이다. 나는 반기문 총장님에 관한 책을 읽고 그때부터 외교관이 되는 것에 관심을 가져 왔다. 외교관이 되기 위해서는 공부를 잘하는 것이 매우 중요하다고 한다. 내 꿈을 이루기 위해서 더 열심히 공부할 것이다.

- **brilliant** 훌륭한, 멋진 **diplomat** 외교관 **Secretary-General** 사무총장 **academic excellence** 학업적 우수함 **achieve** 성취하다, 이루다

취미 ★ Hobbies

• 내 취미는 독서다.

My hobby is reading.

• 내 취미는 음악 감상이다.

My hobby is listening to music.

• 내 취미는 영화 감상이다.

My hobby is watching movies.

• 내 취미는 빈둥거리기라고 할 수 있다.

I could say my hobby is just sitting around.

→ sit around 빈둥거리다

• 우리 아빠의 취미는 골프다.

My father's hobby is playing golf.

• 우리 엄마는 뜨개질이 취미다.

My mother's hobby is knitting.

→ knit 뜨개질하다

• 나는 시간이 날 때면 운동을 한다.

During my free time, I work out. /
I work out when I find the time.

→ work out 운동하다

• 운동을 하면 스트레스가 풀린다.

When I exercise, I can relieve my stress.

→ relieve 풀다, 해소하다

• 나는 보통 음악을 들으며 스트레스를 푼다.

I usually relieve my stress by listening to music.

• 나는 그림을 그리는 것이 참 즐겁다.

I really enjoy drawing.

• 나는 특별한 취미가 없다.

I don't have a particular hobby.

특기/소질 ★ Talents

• 나는 그림을 잘 그린다.

I am good at drawing.

• 나는 언어에 소질이 있다.

I am talented at languages.

→ talented 소질 있는, 재능 있는

• 나는 미술에 재능이 있는 편이다.	I have a talent at art.
• 나는 만들기를 잘한다.	I am good at making crafts.
	→ craft 공예
• 내 동생은 손재주가 좋다.	My younger sister is handy.
	→ handy 손재주가 있는
• 나는 우리 반에서 축구를 제일 잘한다.	I am the best soccer player in my class.
• 나는 운동 신경이 꽤 좋은 편이다.	I am quite athletic.
• 나는 만능 스포츠맨이다.	I am an all-around athlete.
	→ all-around 만능의, 다재다능한 athlete 운동선수, 운동을 잘하는 사람
• 나는 운동에 소질이 있다.	I am talented at sports.
• 나는 운동에는 소질이 없다.	I am not good at sports.
• 나는 운동 신경이 없다.	I am not athletic.
• 나는 음악에 감각이 있다.	I have a good ear for music.
• 바이올린 선생님은 내가 바이올린에 소질이 있다고 하셨다.	My violin teacher told me that I am talented at the violin.
	→ talented at ~에 재능이 있는
• 발레를 좋아하긴 하지만 소질은 별로 없는 것 같다.	I like ballet, but I don't think I'm not talented for ballet.

장래희망 ★ Dreams / Future Goals

• 내 꿈은 요리사다.	My dream is to be a chef.
• 나는 디자이너가 꿈이다.	I want to be a fashion designer.

- 나는 커서 축구선수가 되고 싶다.

  When I grow up, I want to be a soccer player.

- 1학년 때 내 꿈은 개그맨이었다.

  When I was in the 1st grade, my dream was to be a comedian.

- 아인슈타인 같은 과학자가 되는 게 꿈이다.

  My dream is to be a scientist like Einstein.

- 김연아 선수 같은 피겨 스케이팅 선수가 되고 싶다.

  I want to be a figure skater like Yuna Kim.

- 박태환 선수처럼 멋진 수영선수가 되고 싶다.

  I want to be a fantastic swimmer like Taehwan Park.

- 나는 반기문 총장님 같은 유능한 외교관이 되는 것이 꿈이다.

  My dream is to be a brilliant diplomat just like Kimoon Ban.

  → diplomat 외교관

- 내 롤모델은 반기문 총장님이다.

  Kimoon Ban is my role model.

  → role model (존경하며 본받고 싶은) 역할 모델

- 나는 태권도 사범이 돼서 전 세계 아이들에게 태권도를 가르치고 싶다.

  I want to be a taekwondo instructor and teach taekwondo to children all over the world.

  → instructor 강사

- 나는 우리 아빠처럼 수의사가 되고 싶다.

  I want to be a vet like my father.

  → vet 수의사

- 나는 야구를 좋아해서 야구선수가 되고 싶다.

  I love baseball, so I want to be a baseball player.

- 나는 발레를 좋아하지만, 커서는 변호사가 되고 싶다.

  Although I like ballet, I want to be a lawyer when I grow up.

- 나는 2학년 때 뮤지컬 '위키드'를 보고 뮤지컬 배우를 꿈꾸게 되었다.

  Ever since I watched the musical *Wicked* in the 2nd grade, I've dreamed of becoming a musical actor.

- 나는 외교관이 꿈인데, 꿈을 이루려면 영어를 잘해야 한다.

My dream is to be a diplomat, and I have to be fluent in English to make it come true.

→ fluent 유창한   come true 이루어지다

- 내 꿈을 이루려면 공부를 잘해야 한다.

In order to achieve my dream, I have to be good at studying.

→ achieve 성취하다, 이루다

- 나는 영화감독이 되고 싶어서 영화를 많이 본다.

I want to become a movie director, so I watch a lot of movies.

→ movie director 영화 감독

- 난 커서 뭐가 되고 싶은지 아직 모르겠다.

I still don't know what I want to be when I grow up.

- 난 장래의 꿈이 너무 많아서 뭘 고를지 고민이다.

I have too many dreams for my future, so I don't know which one to pick.

- 나는 장래희망을 아직 정하지 못했다.

I still haven't made up my mind about my dream.

→ make up one's mind 결심하다, 마음을 정하다

- 과학자가 되는 것도 멋지고, 선생님이 되는 것도 멋진 것 같다.

I think being a scientist is cool, and being a teacher is also wonderful.

→ cool 멋진

- 어느 날은 축구선수가 되고 싶고 어느 날은 외교관이 되고 싶다.

One day, I want to be a soccer player, but then the next day, I want to be a diplomat.

- 나도 정말 내 꿈을 찾고 싶다.

I really want to find my dream, too.

- 꿈을 정하는 것은 어렵다.

It is difficult to decide which dream to pursue.

→ pursue 추구하다, 좇다

- 나는 가능한 한 많은 경험을 해 봐야 할 것 같다.

I think I have to experience as many things as possible.

- 자기 할 일을 열심히 하다 보면 길이 보인다고 아빠가 말씀하셨다.

My dad told me that when I am devoted to the task at hand, then I should find the right path.

→ be devoted to ~에 전념하다   task 일, 과제   at hand 가까이에 있는
   path 길, 방향

- 미래에는 더 많은 직업이 생겨날 것이다.

In the future, more jobs will be created.

- 미래의 직업은 지금 인기 있는 것과 다를 것이다.

Future jobs will be different from the jobs that are popular now.

- 내 꿈은 축구선수인데 부모님은 내가 의사가 되길 바라신다.

My dream is to be a soccer player, but my parents want me to be a doctor.

- 엄마는 내가 미술에 소질이 있다고 디자이너가 되라고 하신다.

My mom suggests I become a designer because she thinks I am talented at art.

- 내 꿈은 연예계에서 일하는 것인데 엄마는 결사반대를 하신다.

My dream is to work in the entertainment area, but my mother is extremely opposed to that.

→ entertainment area 연예계   extremely 극심하게, 몹시
   be opposed to ~에 반대하다

- 나는 그냥 우리 엄마 같은 사람이 되고 싶다.

I just want to be someone like my mother.

나의 결심 ★ My Decisions

- 나는 공부를 더 열심히 하기로 결심했다.

I have decided to study harder.

- 앞으로는 엄마 말씀을 잘 들을 것이다.

From now on, I will be a good son/daughter.

- 내일부터는 학교에 지각을 안 하기로 선생님과 약속했다.

I promised my teacher that I will not be late for school starting tomorrow.

- 동생과 나는 그만 싸우기로 약속했다.

My younger brother and I made an agreement to stop fighting.

→ agreement 합의, 약속

- 늦잠을 자지 않고 아침에 일찍 일어나기로 다짐했다.

I have decided to wake up early in the morning instead of oversleeping.

- 한 달에 책을 적어도 10권 읽을 것이다.

I will read at least 10 books a month.

→ at least 적어도

- 이번 시험에서 꼭 5등 안에 들 것이다.

For the upcoming exam, I will make sure to get one of the top five scores.

→ upcoming 다가오는

- 이번 시험에서 꼭 전과목 올백을 맞으리라.

I will make sure to get a perfect score in every subject this exam term.

- 결심이 작심삼일이 되지 않도록 노력해야겠다.

I will try my best to stick to my resolution for a long time.

→ stick to ~을 지키다   resolution 결심

- 새해 결심을 세운 지 벌써 1년이 되어 가는데 대부분 잘 지키지 않았다.

It has already been a year since I came up with my new year's resolutions, but I've failed to keep most of them.

- 나는 수학 공부를 더 열심히 하기로 했지만 잘 안 된다.

I decided to study math harder, but I don't do well.

- 아침에 일찍 일어나기로 엄마랑 약속했는데 실천하기가 어렵다.

I made an agreement with my mother to wake up early in the morning, but it's so difficult to put it into practice.

→ put... into practice ~을 실행하다, 실천하다

- 야단 맞을 때마다 결심을 떠올리지만 자꾸 잊어버린다.

Every time I get into trouble, I remind myself about my decision, but I keep forgetting it.

→ remind 일깨우다

- 나도 한다면 하는 것을 보여 줄 것이다.

I will show that I am a boy/girl of my word.

- 매일 한 시간씩 운동하기는 무슨 일이 있어도 지킬 것이다.

Exercising at least an hour every day, I will do it no matter what.

→ no matter what 무슨 일이 있어도

- 내 사전에 불가능이란 없다.

The word impossible is not in my dictionary.

- 계획은 세우는 것보다 지키는 것이 중요하다.

It is more important to follow the plan than to come up with one.

→ come up with ~을 생각해 내다

컴퓨터/게임 ★ Computers / Games

- 우리 집은 컴퓨터가 거실에 있다.

At my house, the computer is in the living room.

- 우리 가족은 각자 시간을 정해 놓고 컴퓨터를 사용한다.

In my family, each member has a scheduled time to use the computer.

→ scheduled 예정된

- 선생님이 숙제를 PPT로 하라고 하셨다.

My teacher told us to use Powerpoint for our homework.

- 인터넷에서 자료를 찾아서 숙제를 했다.

I found some Internet resources for my homework. /
I did my homework by using some online resources.

→ resource 자원, 자료

- 인터넷에서 조사를 해서 학급 홈페이지에 자료를 올렸다.

I did some Internet research and then uploaded the resources on the class's webpage.

→ research 조사; 조사하다

- 나는 컴퓨터 관련 자격증이 3개 있다.

I have three certificates related to computers.

→ certificate 자격증   related to ~와 관련된

- 나는 파워포인트를 잘 다룬다.

I am good at using PowerPoint.

- 나는 영어 타자가 1분에 200타 정도다.

  I can type about 200 English letters in a minute.

- 영타를 연습해야겠다.

  I should practice typing in English.

- 내 친구 수민이는 블로그를 운영한다.

  My friend Sumin runs her own blog.

- 컴퓨터가 없는 세상은 상상이 안 된다.

  I can't imagine a world without computers.

- 우리 집 컴퓨터가 고장 났다.

  The computer in my house is broken.

  → broken 고장난

- 컴퓨터 게임은 주말에만 할 수 있다.

  I can play computer games only on weekends. /
  I am supposed to play computer games only on weekends.

- 주말이 되면 컴퓨터를 할 수 있어서 신난다.

  I am so excited because I can play with my computer on weekends. /
  How I love weekends because I am allowed to use the computer!

- 게임을 하다 걸려서 엄마한테 엄청 혼났다.

  I got caught playing a computer game, so I got in big trouble with my mother.

  → get caught 걸리다

- 엄마는 게임은 모두 나쁘다고 생각하신다.

  My mother believes that all games are bad.

- 사실 머리를 많이 쓰는 게임도 있는데 말이다.

  There are actually some games that require a lot of thinking.

- 게임을 하다 보면 시간 가는 줄 모른다.

  When I play games, I hardly notice time passing by.

- 요즘 하루 종일 게임 생각만 난다.

  These days, I can't stop thinking about games.

- 아무래도 온라인 게임 중독인 것 같다.

  I think I might have an online game addiction.

  → addiction 중독

- 컴퓨터 게임을 자제해야겠다.

I should refrain from playing computer games too much.

→ refrain from ∼을 삼가다, 자제하다

핸드폰 ★ Cell Phones

- 나는 아직 핸드폰이 없다.

I don't have a cell phone yet.

→ cell phone 휴대폰

- 핸드폰이 없어서 정말 불편하다.

It is so hard to live without a cell phone. / It is really inconvenient to live without a cell phone.

→ inconvenient 불편한

- 4학년이 되면 아빠가 핸드폰을 사 주신다고 했다.

My father told me that he would get me a cell phone when I become a fourth grader.

- 핸드폰이 생기려면 아직도 1년이나 남았다.

I still have to wait for one more year for a cell phone.

- 내 친구들 중에 핸드폰이 없는 애는 한 명도 없다.

Among my friends, there is no one who doesn't have a cell phone.

- 아빠가 생일선물로 핸드폰을 사 주셨다.

My father bought me a mobile phone for a birthday present.

→ mobile phone 핸드폰

- 나도 드디어 핸드폰이 생겼다!

I finally got my own cell phone!

- 학교에 핸드폰을 가져가면 안 된다.

We are not allowed to bring cell phones to school.

- 교실에 들어가면 핸드폰을 가방에 넣어야 한다.

When I step into my classroom, I should put my cell phone into my bag.

- 수업 시간에 핸드폰이 울려 선생님께 혼났다.

My teacher scolded me because my cell phone rang during class time.

- 핸드폰을 진동으로 해 놓는 걸 깜빡했다.

I forgot to put my cell phone on vibration mode.

→ vibration 진동, 떨림

- 핸드폰을 떨어뜨려 고장이 났다.

My cell phone is broken because I dropped it.

- 핸드폰을 잃어버렸다.

I lost my cell phone.

- 어디다 놨는지 아무리 찾아도 안 보인다.

Where could I have possibly placed it? I can't find it anywhere!

→ possibly 아마도   place 놓다, 두다

- 핸드폰으로 게임을 하다 걸려서 엄마한테 혼났다.

I was scolded by mother because she caught me playing a game on my cell phone.

- 핸드폰으로 게임을 다운받았다가 부모님께 걸렸다.

My parents noticed that I had downloaded a game on my cell phone.

- 부모님 말씀을 안 들어서 핸드폰을 빼앗겼다.

My parents confiscated my phone because I hadn't obeyed them.

→ confiscate 압수하다   obey 시키는 대로 하다, 순종하다

- 난 핸드폰 중독인 것 같다.

I think I have a cell phone addiction.

- 시험 기간이어서 핸드폰을 엄마한테 잠시 맡겼다.

I temporarily gave my phone to my mom because it was my exam period.

→ temporarily 일시적으로, 임시로

- 시험 기간 동안은 핸드폰을 안 쓰기로 했다.

I have decided not to use my phone during my exam period.

- 내 핸드폰은 배터리가 금방 없어진다.

My cell phone's battery dies fast.

- 핸드폰 배터리가 다 되어서 엄마한테 전화를 할 수 없었다.

I couldn't call my mom because my cell phone's battery went dead.

- 핸드폰을 집에 놓고 왔다.

I left my phone at home.

- 핸드폰이 없으니 하루 종일 불안했다.

I was anxious all day because I didn't have my phone with me.

→ anxious 불안해하는, 염려하는

- 요즘은 거의 모두가 스마트폰을 사용한다.

These days, almost everyone uses a smartphone.

- 나도 핸드폰을 최신 모델로 바꾸고 싶다.

I also want to exchange my phone for the newest model.

- 경범이 핸드폰은 정말 좋다.

Kyeongbum's cell phone is really cool.

- 엄마가 시험을 잘 보면 스마트폰을 사 주신 다고 했다.

Mom told me that she would buy me a smartphone if I do well on the test.

- 아빠는 좀 더 있다가 스마트폰으로 바꿔 주겠다고 하셨다.

Dad told me that he would exchange my phone for a smartphone a little later.

문자 메시지/데이터/요금 ★ Texting / Data / Phone Plans

- 친구들과 나는 주로 문자로 이야기를 한다.

My friends and I usually communicate by texting.

→ communicate 연락을 주고 받다   text (핸드폰으로) 문자를 보내다; 문자

- 수영이는 문자를 자주 보낸다.

Suyeong often sends text messages.

- 친구에게 문자로 숙제를 물어봤다.

I asked my friend about our homework through a text.

- 친구한테 문자를 보냈는데 답장이 없다.

I texted my friend, but she has not replied.

→ reply 대답하다, 답장을 보내다

- 아빠한테 사랑한다고 문자를 보냈다.

I sent a text to my dad that said, "I love you."

• 스팸 문자가 정말 많이 온다.	I get a lot of spam messages.
• 벌써 무료 문자 메시지를 다 썼다.	I have already used all of my free texts. → free 무료의
• 핸드폰 요금이 너무 많이 나와 엄마한테 혼났다.	My mom scolded me because my cell phone bill was too high. → bill 요금 청구서
• 내 핸드폰으로 쓸 수 있는 데이터가 너무 적다.	I am allowed to use a very limited data service with my phone. → limited 제한된, 아주 많지는 않은
• 문자를 너무 많이 보내지 않도록 주의해야 겠다.	I should be more careful not to send too many text messages.
• 나는 문자보다 카카오톡을 더 좋아한다.	I prefer Kakao Talk texts to regular texts.
• 카톡으로 수다를 떠느라 시간 가는 줄 몰랐다.	I did not notice time passing by while I was chatting on Kakao Talk.

TV ★ TV

• 나는 텔레비전 보는 것을 좋아한다.	I like watching TV.
• 나는 TV 만화광이다.	I am a TV animation maniac. → maniac ~광
• 우리 집은 TV가 없다.	There is no TV in my house.
• 난 주말에만 TV를 볼 수 있다.	I can watch TV only on weekends.
• 나는 집에서 시간을 정해 놓고 TV를 본다.	I set aside time for TV at home. → set aside 따로 떼어 두다
• TV는 하루에 1시간만 보기로 했다.	I have decided to watch TV only one hour a day.

- 우리 집은 컴퓨터로 TV를 본다.

My family watches TV through a computer.

- 엄마는 TV 드라마를 늘 보신다.

My mother always watches soap operas on TV.

→ soap opera 연속극, 멜로드라마

- 부모님께서는 내가 TV를 많이 보면 나무라신다.

My parents scold me for watching TV too much.

- 아버지께서는 TV로 뉴스만 보신다.

My father watches TV only for the news.

- 우리 아빠는 주말에만 TV를 본다.

My father watches TV only on weekends.

- 내가 가장 좋아하는 프로그램은 〈개그 콘서트〉다.

My favorite TV program is *Gag Concert*.

- 우리 형은 다큐멘터리 보는 것을 좋아한다.

My older brother enjoys watching documentaries.

- 나는 TV 예능 프로는 다 봐야 직성이 풀린다.

I have to watch all the variety shows on TV, or else I'll go crazy.

→ variety show 예능 프로그램

- 친구들은 요즘 유행하는 TV 드라마 이야기를 자주 한다.

My friends often talk about popular dramas on TV these days.

- 나는 TV를 잘 안 봐서 대화에 잘 낄 수가 없다.

I hardly watch TV, so I can't really participate in the conversation.

→ participate 참여하다

- 인기 있는 드라마를 봐야 친구들이랑 대화가 통한다.

I have to watch the popular dramas in order to talk with my friends.

- 좋은 프로그램을 골라 보면 TV도 꽤 유익하다.

If I can choose good programs to watch, then TV can be quite beneficial.

→ beneficial 유익한

- 할머니 댁에 가서 TV를 실컷 봤다.

At my grandmother's house, I watched TV as long as I wanted.

- 할머니 댁은 볼 수 있는 채널이 많아서 너무 좋다.

  I love that Grandma's TV has a variety of channels.
  → a variety of 다양한 ∼

- 우리 집은 지상파 몇 개 채널만 나온다.

  We only have a few channels, such as the public TV networks.

- 엄마는 TV를 바보상자라고 하신다.

  My mother calls TV the idiot box.

- 엄마는 내가 영어 DVD를 보지 않으면 TV를 절대 못 보게 하신다.

  My mom never lets me watch TV unless I am watching an English DVD.
  → let A 동사원형 A가 ∼하게 해 주다

- 나는 집에서 TV 보는 것보다 나가서 친구들과 노는 것을 좋아한다.

  I like playing outside with my friends more than watching TV at home.

- TV를 너무 많이 봐서 엄마한테 혼났다.

  My mother scolded me for watching TV too much.

- TV를 보고 있으면 시간이 너무 빨리 간다.

  Whenever I am watching TV, time flies.

- 앞으로는 TV를 적당히 봐야겠다.

  From now on, I will watch TV for the right amount of time.
  → amount 양

- TV 보는 시간을 줄일 것이다.

  I will cut down my TV-watching hours.
  → cut down 줄이다

- TV를 안 보니 책을 볼 시간이 늘어났다.

  Now that I don't watch TV, I have more time to read books.

용돈 ★ Allowances

- 나는 용돈을 주 단위로 받는다.

  I get my allowance on a weekly basis.
  → on a weekly basis 주 단위로

• 나는 월요일마다 용돈을 받는다.   I get my allowance every Monday.

• 내 친구는 한 달에 한 번 용돈을 받는다.   My friend gets her allowance once a month.

• 내 용돈은 한 주에 3,000원이다.   My allowance is 3,000 won a week.

• 찬식이는 용돈을 일주일에 만 원씩 받는다고 한다.   I heard Chanshik receives 10,000 won for his weekly allowance.

• 찬식이는 용돈을 많이 받아 좋겠다!   I envy the big amount of money Chanshik gets!

• 용돈을 많이 받는 친구들이 부럽다.   I envy my friends who receive large allowances.

• 나는 친구들 중에서 용돈을 제일 적게 받는다.   Among my friends, I get the lowest allowance.

• 용돈을 받으면 천 원은 저금을 한다.   When I get my allowance, I save 1,000 won.

• 나는 통장에 30만 원이 있다.   I have 300,000 won in my bank account.
    → bank account 통장

• 나는 용돈을 안 받는다.   I don't get an allowance.

• 나는 필요할 때 돈을 타서 쓴다.   I just ask for money when I need it.

• 오늘 간식으로 군것질을 하느라 일주일 용돈을 다 써 버렸다.   Today, I spent all of my weekly allowance buying some junk food for a snack.
    → junk food (질 낮은) 군것질 식품

• 용돈 받은 지 이틀밖에 안 됐는데 벌써 한 푼도 안 남았다.   It has been only two days since I received my allowance, but everything is already gone.

• 방을 안 치워서 엄마가 용돈을 깎았다.   Because I didn't clean up my room, my mother cut my allowance.

- 나는 지출을 꼬박꼬박 기록한다.

I keep a thorough record of my spending.
→ keep a record of ~을 기록하다　thorough 완벽한, 철저한
　spending 지출

- 용돈 기입장을 써야 하는데 너무 귀찮다.

I have to keep track of my spending, but it's too annoying.
→ keep track of ~을 기록하다

- 학년이 높아져서 엄마가 용돈을 올려 주셨다.

Because I got older, my mother increased my allowance.
→ increase 증가하다, 인상하다

- 엄마가 용돈을 좀 올려 주셨으면 좋겠다.

I hope my mother will increase my allowance. /
I hope I get a raise in my allowance.
→ get a raise 인상 받다

- 용돈을 모아서 엄마 선물을 사 드렸다.

I saved my allowance and bought a gift for my mother.

- 용돈을 아껴서 게임기를 살 것이다.

I will save my allowance and buy the game player.

- 내 목표는 10만 원을 모으는 것이다.

My goal is to save up to 100,000 won.
→ up to ~까지

- 할아버지가 맛있는 거 사 먹으라고 용돈을 주셨다.

My grandfather gave me some pocket money to buy some goodies.
→ goodies 맛있는 것

- 시험을 잘 봤다고 아빠가 용돈을 더 주셨다.

My father gave me some extra spending money for doing well on my exam.

- 집안일을 도와드리고 보상으로 용돈을 받았다.

I helped with the chores and received some money for a reward.
→ chore 일

- 용돈을 꼭 현명하게 써야겠다.

I will make sure that I use my allowance wisely.

영화 ★ Movies

• 나는 영화광이다!

I love movies!

• 우리 가족은 함께 영화관에 자주 간다.

My family often goes to the movie theater together.

→ movie theater 영화관, 극장

• 우리 가족은 한 달에 한 번 영화관에 간다.

My family visits the movie theater once a month.

• 우리 아빠는 영화관에 가는 걸 별로 안 좋아하신다.

My father is not really a fan of going to the movie theater.

• 아빠는 주로 집에서 영화를 보신다.

My dad usually watches movies at home.

• 나는 액션 영화를 좋아한다.

I love action movies.

• 내가 가장 좋아하는 배우는 원빈이다.

My favorite actor is Bin Won.

• 우리 엄마는 하지원의 열성팬이다.

My mother is a huge fan of Jiwon Ha.

• 나는 할리우드 배우들 중에 앤 헤서웨이를 가장 좋아한다.

Of all the Hollywood actors, Anne Hathaway is my favorite.

• 그 배우는 연기를 정말 잘한다.

She/He is such a great actress/actor.

→ actress 여배우

• 내가 가장 좋아하는 영화는 〈해리포터〉다.

My favorite movie is *Harry Potter*.

• 나는 〈해리포터〉 시리즈를 세 번 이상 봤다.

I have watched the *Harry Potter* series more than three times.

• 〈해리포터〉 영화는 소설이 원작이다.

It is actually a movie version of the novel *Harry Potter*.

→ novel 소설

• 케이블 TV에서 〈트와일라잇〉을 봤다.

I watched *Twilight* on a cable movie channel.

- 집에서 영화를 다운받아서 봤다.

I watched a movie at home by downloading it.

- 불법으로 영화를 다운받으면 안 된다.

It is wrong to illegally download movies.

→ illegally 불법으로

- 주말에 친구들이랑 영화를 봤다.

I watched a movie with my friends on the weekend.

- 영화는 혼자 보는 것보다 친구들이랑 같이 봐야 더 재미있다.

It is much more fun to watch movies with my friends than to watch them alone.

- 정말 보고 싶은 영화가 있었는데 15세 관람가여서 못 봤다.

There was a movie that I really wanted to see, but it was rated 15 and over, so I couldn't watch it.

→ be rated 등급을 받다

- 영화관에 가서 팝콘이랑 콜라를 샀다.

I went to see a movie, and I bought soda and popcorn.

→ soda 탄산 음료

- 이 영화는 꼭 3D로 봐야 한다.

This movie should be watched in 3D.

영화평 ★ Movie Critics

- 영화가 정말 재미있었다.

This movie was really fun.

- 영화가 정말 감동적이었다.

The movie was really touching.

→ touching 감동적인

- 영화가 정말 기대 이상이었다.

The movie was actually better than I had expected.

- 영화를 보다가 펑펑 울고 말았다.

I was crying a lot while watching the movie.

- 영화가 재미는 있는데 어떤 부분은 좀 폭력적이었다.

The movie was good, but some parts were a bit violent.

→ violent 폭력적인   a bit 조금, 약간

- 주인공이 죽어서 너무 슬펐다.

I was so sad because the main character died.

→ main character 주인공

- 영화가 실제로는 별로였다. 기대를 너무 많이 했나 보다.

The movie was actually not good. I guess I was expecting too much.

- 남자 주인공이 연기를 너무 못했다.

The lead actor was too stiff in his role.

→ lead actor 남자 주인공   stiff 뻣뻣한

- 스토리가 너무 뻔했다.

The plot was too predictable.

→ plot 줄거리   predictable 예측 가능한

- 결말이 너무 시시했다.

The ending was too dull.

→ dull 따분한, 재미없는

- 결말이 억지스러운 것 같았다.

The ending seemed ridiculous.

→ ridiculous 말도 안 되는, 터무니없는

연예인 ★ Celebrities

- 친구들은 연예인에게 관심이 무척 많다.

My friends are so into celebrities.

→ be into ~에 빠지다, 몰두하다   celebrity 연예인, 유명인

- 나는 연예인에 별 관심이 없다.

I am not really interested in celebrities.

- 수민이는 연예인에 대해 많이 안다.

Sumin knows a lot about celebrities.

- 예나는 연예인 이야기만 한다.

All Yena talks about is celebrities.

- 나는 아이돌 가수를 좋아한다.

I like idols.

- 나는 엑소의 팬이다.　　I am a fan of EXO.

- 나는 연예인 중에서 유재석을 가장 좋아한다.　　My favorite celebrity is Jaeseok Yoo.

- 오늘 놀이공원에 갔다가 연예인을 봤다.　　I went to the amusement park today and saw a celebrity.

- 연예인을 직접 본 것은 처음이었다.　　It was my first time to see a celebrity in person.
  → in person 직접

- TV보다 실제가 훨씬 잘생겼다.　　He was much more handsome in real life than on TV.

- 연예인을 직접 보니 무척 놀라웠다.　　It was so surprising to see a celebrity in person.

- 연예인들은 너무 말랐다.　　Celebrities are too thin.

- 나도 연예인들처럼 얼굴이 작았으면 좋겠다.　　I wish I had a small face like those of celebrities.

- 나도 연예인이 되고 싶다.　　I want to be a celebrity, too.

- 연예인들은 인기도 많고 돈도 잘 벌어서 행복할 것 같다.　　I think celebrities are happy because they are popular and make a lot of money.
  → popular 인기 있는, 대중적인

- 연예인은 공부를 안 해도 될 것 같아 부럽다.　　I envy celebrities because I don't think they have to study.

음악/가요 ★ Music / Pop

- 나는 대중 음악보다 클래식 음악을 더 좋아한다.　　I prefer classical music to pop music.

• 나는 댄스 음악을 좋아한다.	I like dance music.
• 나는 발라드를 좋아한다.	I like ballads.
• 나는 신나는 음악이 좋다.	I like exciting/fun music.
• 나는 빅뱅의 모든 노래를 좋아한다.	Any songs by Big Bang are my favorites.
• 나도 콘서트에 가고 싶다.	I want to go to a concert.
• 그 가수는 정말 목소리가 좋다.	That singer has such a nice voice.
• 그 가수는 노래를 정말 잘 부른다.	That singer is really good at singing.
• 그 가수는 정말 춤을 잘 춘다.	That singer is a great dancer.
• 나는 핸드폰으로 음악을 자주 듣는다.	I often listen to music with my cell phone.
• 나는 유튜브로 뮤직비디오를 자주 본다.	I often watch music videos on YouTube.
• 나도 노래를 잘 부르면 좋겠다.	I wish I could sing well, too.

운동 ★ Sports

• 나는 야외에서 운동하는 것을 좋아한다.

I like exercising outdoor. /
I love outdoor sports.
→ outdoor 야외에서; 야외의

• 나는 체육 시간이 제일 좋다.

P.E. is my favorite class.
→ P.E. 체육 (= physical exercise)

• 나는 청소년 축구클럽 소속이어서 일주일에
한 번 축구를 한다.

I belong to a youth soccer club, and I play
soccer once a week.
→ belong to ~에 속하다

• 나는 태권도 2단이다.

I have a second-degree black belt in
taekwondo.

357

- 1학년 때부터 태권도를 배웠다.

I've been learning taekwondo since I was in the 1st grade.

- 나는 공으로 하는 운동은 모두 좋아한다.

I like any sports involving balls.

→ involving 관련된

- 수업이 끝나면 학교 운동장에서 친구들과 축구를 하다가 집에 간다.

When school is over, I play soccer with my friends on the schoolyard before I go home.

- 나는 동네 야구팀에서 투수를 맡고 있다.

I am the pitcher on my town's baseball team.

→ pitcher 투수

- 방학 때부터 동네 수영장에서 수영을 배우기 시작했다.

Since vacation, I've started to learn to swim in my town's swimming pool.

- 시 대회에 나가서 수영 자유형 종목으로 입상했다.

I participated in the competition held by the city and received an award for freestyle swimming.

→ competition (경연)대회

- 우리 학교는 방과후 운동 프로그램이 다양하다.

My school has a variety of sports for after-school activities.

- 나는 요즘 피겨스케이트를 배우고 있다.

These days, I am learning figure skating.

- 태권도 학원에서 줄넘기도 배운다.

In my taekwondo class, I am also learning to jump rope.

→ jump rope 줄넘기 하다; 줄넘기

- 동네 스포츠 센터에 음악 줄넘기 강습이 있어서 방학 때 배우러 다녔다.

The fitness club in my town has a class for jumping rope with music, so I took the class during vacation.

- 학교에서 줄넘기 인증제가 있어서 줄넘기 연습을 하고 있다.

There is a certificate for jumping rope at my school, so I am practicing it.

→ certificate 자격증

겨울에 나는 스키와 보드 타는 것을 즐긴다.	When it's winter, I enjoy skiing and snowboarding.
다른 팀과 경기를 했는데 우리 팀이 2대 1로 졌다.	My team competed against another team, and we lost two to one. → compete 겨루다
우리 가족은 가끔 집 근처 공원에서 조깅을 한다.	My family jogs at the park near my house from time to time. → from time to time 가끔
우리 가족들은 모두가 운동에 타고난 소질이 있다.	Everyone in my family was born with a talent for sports. → talent 재능, 소질
아버지는 골프를 하시고 엄마는 요가를 배우러 다니신다.	My father goes golfing, and my mother attends a yoga class. → attends ~에 다니다
동생은 수영을 배우러 다닌다.	My younger brother is learning to swim.
아빠는 우리 동네 헬스클럽에서 운동하신다.	My father works out at our town's fitness center. → work out 운동하다 fitness center 헬스클럽
나는 몸 움직이는 것을 싫어해서 할 줄 아는 운동이 없다.	I hate moving my body, so I don't know how to play any sports.
의사 선생님께서 규칙적인 운동이 건강에 좋다고 하셨다.	My doctor told me that regular exercise would help me to be healthy. → regular 규칙적인
나는 운동을 못해서 체육시간이 너무 싫다.	I am terrible at sports, so I hate P.E. → terrible at ~에 서투른
드디어 오늘 인라인 스케이트 타기에 성공했다.	Finally, I succeeded at inline skating today.

I Am Not Fatty!

Tuesday, April 15, Sunny

Recently, I gained a lot of weight. My clothes are too tight for me. My dad makes fun of me and calls me Fatty. I know he is just joking, but sometimes I get really angry. I guess I should start on a diet!

난 뚱보가 아니야!   4월 15일 화요일, 맑음

최근에 살이 많이 쪘다. 옷이 너무 꽉 낀다. 아빠가 나를 놀리면서 뚱보라고 부른다. 농담인 줄은 알지만 가끔은 진짜로 화가 난다. 아무래도 다이어트를 해야 할 것 같다.

· **gain weight** 살이 찌다   **tight** 꽉 끼는   **make fun of** ~을 놀리다   **fatty** 뚱뚱한 사람   **diet** 다이어트를 하다; 다이어트

키 ★ Height

- 내 키는 130cm이다.

  My height is 130 cm. /
  I am 130 cm tall.

  → height 키, 신장

- 나는 키가 작은/큰 편이다.

  I am a bit short/tall.

  → a bit 약간

- 나는 우리 반에서 가장 키가 크다.

  I am the tallest (one) in my class.

- 내 키는 우리 반에서 중간이다.

  I am average height in my class.

  → average 평균의

- 내 나이에 이 키는 평균이다.

  I am average height for my age.

- 요새 키가 부쩍 컸다.

  Recently, I have grown a lot.

- 나는 키가 작아 고민이다.

  I am worried about my height because
  I am short.

- 키가 안 클까 봐 걱정이다.

  I am worried I might not grow tall enough.

체중/몸매 ★ Weight / Size

- 나는 32kg이다.

  I weigh 32 kg.

  → weigh 무게/체중이 ~이다

- 나는 40kg가 조금 넘는다.

  I am a bit over 40 kg.

- 나는 체중이 많이 나가는 편이다.

  I am kind of overweight.

  → kind of 약간, 어느 정도   overweight 과체중인, 비만인

- 나는 체중 미달이다.

  I am underweight.

  → underweight 체중 미달인

• 나는 먹어도 살이 안 찐다.	Even if I eat, I don't gain any weight. → gain weight 살이 찌다
• 몸무게를 재 봤더니 체중이 늘었다.	I found I had gained weight when I weighed myself. → weigh oneself 몸무게를 재다
• 요새 살이 쪘다.	Recently, I have gained some weight.
• 살이 쪄서 옷이 맞는 게 하나도 없다.	None of my clothes fit me because I have gained weight. → fit (모양 · 크기가) 맞다
• 살이 쪄서 옷이 너무 꽉 낀다.	Because I have gained weight, my clothes are too tight for me. → tight 꽉 조이는
• 살을 빼야겠다.	I have to lose weight. → lose weight 살을 빼다
• 나는 다리가 너무 두껍다.	My legs are too thick.
• 나는 허리가 너무 두껍다.	My waist is too big.
• 나는 배가 나왔다.	I have a big stomach.
• 나도 날씬해지고 싶다.	I want to be thin/skinny.
• 오빠가 자꾸 나보고 뚱뚱하다고 놀린다.	My brother keeps teasing me and calling me chubby. → tease 놀리다 chubby 통통한

다이어트 ★ Diets

• 다이어트를 해야겠다.	I have to go on a diet. → go on a diet 다이어트하다

• 오늘부터 저녁을 굶어야겠다.	Starting today, I won't eat dinner.
• 오늘부터 다이어트를 시작했다.	I just started a diet today.
• 살을 빼기 위해 다이어트를 시작했다.	To lose weight, I have started a diet.
• 원푸드 다이어트를 시작했다.	I have started a one-food diet.
• 저녁을 굶었다.	I didn't eat dinner.
• 저녁을 굶었더니 배가 너무 고프다.	Since I skipped dinner, I am starving.

→ skip 건너뛰다　starving 굶주린

• 밥을 굶었더니 기운이 하나도 없다.	Because I have been skipping meals, I don't have any strength/energy.

→ strength 힘, 기운

• 밥을 굶었더니 쉽게 짜증이 난다.	Now that I am skipping meals, I get annoyed so easily.

→ annoyed 짜증난

• 저녁을 먹는 대신 찐고구마를 좀 먹었다.	Instead of having dinner, I ate some steamed sweet potatoes.

→ steamed 찐

• 간식을 끊어야겠다.	I should stop snacking between meals.

→ snack between meals 간식을 먹다

• 살을 빼기 위해 저녁을 적게 먹기로 했다.	To lose weight, I have decided to eat less for dinner.
• 살을 빼기 위해 피자와 치킨을 끊기로 했다.	To lose weight, I have decided to stop eating pizza and chicken.
• 다이어트를 해야 하는데 아빠는 계속 나에게 더 먹으라고 하신다.	I have to go on a diet, but my dad keeps telling me to eat more.
• 아빠는 지금이 딱 보기 좋다고 하신다.	My dad says that I look good for who I am right now.

• 살을 빼기 위해 줄넘기를 했다.	To lose weight, I jumped rope.
• 살을 빼기 위해 저녁 먹고 공원을 5바퀴 뛰어서 돌았다.	To lose weight, I ran around the park 5 times after eating dinner.
• 홀라후프를 열심히 했더니 뱃살이 모두 없어졌다.	Since I used a hula hoop a lot, all of the fat around my stomach has disappeared.

→ fat 지방, 군살   disappear 사라지다

• 무리한 다이어트는 건강에 안 좋다.	Excessive dieting is not good for your health.

→ excessive 과도한

• 일주일 만에 살이 3kg 빠졌다.	In just a week, I have lost 3 kg.
• 다이어트를 했더니 사람들이 예뻐졌다고 한다.	After I went on a diet, people tell me that I look prettier.
• 빠졌던 살이 다시 쪘다.	I regained the weight that I had lost.

→ regain 다시 얻다

• 내일부터 다시 다이어트를 할 것이다.	Starting tomorrow, I will go on a diet again.
• 내일부터 운동을 열심히 할 것이다.	Starting tomorrow, I will work out hard. / I will exercise hard starting tomorrow.

외모 고민 ★ Worries about Appearances

• 나는 예쁜/못생긴 편은 아니다.	I am not that pretty/ugly.
• 나는 예쁜 편이라고 생각한다.	I actually think that I am kind of pretty.
• 나는 얼굴이 너무 크다.	My face is too big (for the size of my body).
• 나는 얼굴이 큰 게 콤플렉스다.	My big face is my hang up. / I don't like how I have a big head.

→ hang up 콤플렉스

- 나는 눈이 작다.

My eyes are small. /
I have small eyes.

- 나도 다른 사람들처럼 눈이 컸으면 좋겠다.

I wish I had bigger eyes like others.

- 나도 다른 사람들처럼 쌍꺼풀이 있었으면
좋겠다.

I wish I had double eyelids like others.
→ double eyelids 쌍꺼풀

- 쌍꺼풀 수술을 하고 싶다.

I want to have plastic surgery to create
double eyelids.
→ plastic surgery 성형수술

- 나는 코가 너무 낮다/크다.

My nose is too flat/big.
→ flat 납작한

- 나는 입술이 너무 두껍다/얇다.

My lips are too thick/thin.

- 나는 입이 너무 튀어나왔다.

My lips are too protruding.
→ protrude 튀어나오다

- 뻐드렁니가 있어서 속상하다.

I don't like my buckteeth.
→ buckteeth 뻐드렁니

- 나는 사각턱이다.

I have a square jaw.

- 나는 주걱턱이다.

I have a lantern jaw.
→ lantern jaw 홀쭉하고 긴 턱

- 나는 피부가 너무 까맣다.

My skin is too dark.

- 나는 얼굴에 점이 너무 많다.

I have too many moles on my face.
→ mole 점

- 나는 털이 너무 많다.

I am hairy.

- 나는 머릿결이 건조하고 생기가 없다.

My hair is so dry and lifeless.
→ lifeless 생기 없는

- 나는 너무 뚱뚱하다.

I am too fat/big.

- 나는 너무 말라서 아이들이 '갈비씨'라고 놀린다.

  I am so skinny that others call me "ribs."

  → skinny 비쩍 마른

- 키가 좀 더 크고 얼굴이 더 희면 좋겠다.

  I hope I can be a bit taller and have a lighter skin.

  → light (색이) 옅은

- 친구들이 나보고 뚱뚱하다고 놀린다.

  My friends make fun of me by calling me fat.

- 아빠는 세상에서 내가 제일 예쁘다고 한다.

  Dad says that I am the prettiest girl in the world.

- 아빠 눈에만 예뻐 보이는 것 같다.

  I think I am pretty only in my dad's eyes.

- 동생은 예쁜데 나는 못생겼다.

  My younger sister is pretty, but I am ugly.

- 나와 동생은 왜 이렇게 다르게 생겼지?

  How come my sister and I look so different?

헤어 스타일 ★ Hairstyles

- 나는 머리가 길다/짧다.

  I have long/short hair.

- 나는 단발머리다.

  I have bobbed hair.

  → bobbed hair 단발머리

- 나는 곱슬머리다.

  My hair is curly.

- 나도 긴 생머리였으면 좋겠다.

  I wish I had long, straight hair.

- 머리를 기르고 싶다.

  I want to grow my hair longer.

- 나는 긴 머리가 안 어울린다.

  Long hair doesn't suit me.

  → suit 어울리다

- 나는 중간 길이의 머리가 제일 잘 어울린다.

Medium-length hair suits me the best.

→ medium-length 중간 길이의

- 미용실에 가서 머리를 잘랐는데 마음에 안 든다.

I got a haircut at a salon, but I don't like it.

→ get a haircut 머리를 자르다   (beauty) salon 미용실

- 머리를 잘랐는데 나한테 정말 안 어울린다.

I got a haircut, but it really doesn't suit me.

- 살짝 다듬어만 달라고 했는데 미용사 언니가 짧게 잘라 버렸다.

I asked the hairstylist just to trim it, but she cut it too short.

→ trim 다듬다

- 오늘 매직 스트레이트를 했다.

Today, I got my hair straightened.

→ straighten 곧게 펴다

- 나도 내 친구처럼 파마를 하고 싶다.

I want to get a perm just like my friend.

→ get a perm 파마하다

- 염색을 하고 싶은데 엄마가 안 시켜 주신다.

I want to have my hair dyed, but my mom won't let me.

→ dye 염색하다

- 앞머리를 내렸다.

I put down my bangs.

→ bang 앞머리

- 앞머리를 내렸더니 다들 귀여워 보인다고 한다.

Now that I have put down my bangs, everyone says that I look cute.

→ now that (이제) ~하니

- 머리를 자르고 보니 앞머리가 너무 짧다.

After my haircut, my bangs were too short.

- 윤서는 머릿결이 정말 좋다.

Yoonseo has really nice hair.

- 윤서는 머리가 찰랑찰랑하다.

Yoonseo's hair is always silky.

→ silky 부드러운, 비단 같은

- 윤서는 항상 머리를 예쁘게 묶고 온다.

Yoonseo always ties her hair in a pretty way.

→ tie 묶다

- 나는 머릿결이 좋지 않다.

  My hair is so dull.

  → dull 윤기 없는, 칙칙한

- 나는 긴 머리가 좋은데 엄마는 자르라고 하신다.

  I like long hair, but mother tells me to cut it.

- 내가 좋아하는 헤어스타일을 고르지도 못하다니 화가 난다.

  I am angry because I can't even choose my favorite hairstyle.

인기 ★ Popularity

- 나는 친구들에게 인기가 많다.

  I am popular with my friends.

- 나는 친구들에게 인기가 별로 없다.

  I am not really popular with my friends.

- 경준이는 우리 반에서 제일 인기가 많다.

  Kyeongjun is the most popular student in my class.

- 경준이를 좋아하는 여자애들이 많다.

  There are a lot of girls who adore Kyeongjun.

  → adore 좋아하다

- 수아는 귀여워서 남자애들한테 인기가 많다.

  Suah is so cute that she is very popular with the boys.

- 나는 인기가 좋아서 이번 학기의 학급 회장으로 뽑혔다.

  I was elected this semester's class president because I am popular.

  → be elected 뽑히다   semester 학기

- 나는 1, 2학년 때는 인기가 별로 없었다.

  I was not so popular when I was in the 1st and 2nd grades.

- 나도 친구들에게 인기가 많았으면 좋겠다.

  I wish I were popular with my friends, too.

짝사랑/이성 교제 ★ One-Sided Love / Dating

- 나는 짝사랑하는 여자애가 있다.

  I have a crush on a girl.

  → have a crush on ~에게 반하다, ~를 짝사랑하다

- 나는 2년째 그 애를 좋아하고 있다.

  I have had a crush on her for 2 years.

- 나는 그 애가 착해서 좋다.

  I like her because she is nice.

- 그 애는 공부도 잘하고 인기도 많다.

  She is smart and popular.

- 좋아한다고 고백해 볼까?

  Should I tell her that I like her?

- 그 애한테 고백했다가 거절당하면 어떡하지?

  What if she says no to me after I talk to her?

  → say no 거절하다

- 밸런타인데이에 그 애한테 초콜릿을 줬다.

  I gave him chocolates on Valentine's Day.

- 좋아하는 애한테 고백했는데 차였다.

  I told my crush that I liked her, but she turned me down.

  → crush 짝사랑하는 대상   turn down 거절하다

- 내가 좋아하는 애가 다른 애를 좋아하고 있을 줄이야!

  I had no idea that my crush liked someone else!

- 짝사랑은 너무 괴롭다.

  One-sided love is so painful.

  → one-sided love 짝사랑   painful 고통스러운

- 성훈이가 나를 좋아하는 걸까?

  Does Seonghoon have a crush on me?

- 성훈이가 나한테 좋아한다고 고백했다.

  Seonghoon told me that he liked me.

- 어쩌다 보니 삼각관계가 되었다.

  Somehow, it became a love triangle.

  → love triangle 삼각관계

- 나는 남자친구가 있다.

  I have a boyfriend.

- 나는 선우랑 사귀고 있다.

  I am going out with Seonwoo.

  → go out with ~와 사귀다, 데이트하다

- 남자친구랑 헤어졌다.

  I broke up with my boyfriend.

  → break up with ~와 헤어지다

- 앞으로는 그냥 공부나 열심히 해야겠다.

  From now on, I will just focus on studying.

  → focus on ~에 집중하다

사춘기 ★ Adolescence

- 요즘 괜히 짜증이 잘 난다.

  For no reason, I get annoyed easily these days.

  → for no reason 아무 이유 없이, 괜히

- 요즘 그냥 말하기가 싫다.

  I just don't want to talk these days.

- 기분이 계속 좋았다 나빴다 한다.

  My mood swings from good to bad all the time.

  → mood 기분   swing 흔들리다, 움직이다

- 내가 요즘 사춘기인가 보다.

  I think I am going through puberty.

  → puberty 사춘기

- 우리 형은 요즘 사춘기다.

  My older brother is going through puberty.

- 우리 누나는 맨날 화를 낸다.

  My older sister always gets upset.

- 이마에 여드름이 나기 시작했다.

  I am starting to get pimples on my forehead.

  → pimple 여드름

- 코 밑에 수염이 나기 시작했다.

  I am starting to get a mustache under my nose.

  → mustache 콧수염

- 목소리가 변하기 시작해서 기분이 이상하다.

  I feel strange because my voice has started changing.

- 요즘 엄마랑 사이가 별로다.

These days, my mom and I do not get along.

- 엄마는 맨날 공부하라고만 하신다.

My mom always tells me to study.

- 엄마는 늘 나한테 잔소리만 하신다.

My mom always nags me.

→ nag 잔소리하다

- 나는 부모님과 얘기가 안 통한다.

My parents and I can't understand each other.

- 엄마한테 말대꾸하다 혼났다.

My mother scolded me for talking back to her.

→ talk back to ~에게 말대꾸하다

- 왜 사는지 잘 모르겠다.

I don't know why I live.

- 나도 나를 잘 모르겠다.

I don't know who I am.

공부 고민 ★ Worries about Academics

- 공부가 너무 하기 싫다.

I really hate studying.

- 밖에 나가 놀고 싶은데 숙제가 너무 많다.

I want to play outside, but I have a lot of homework.

- 학원 숙제가 너무 많다.

My hagwon gives out too much homework.

- 매일 숙제하느라 밤 11시가 넘어야 잔다.

Every day, I do my homework and go to bed after 11 p.m.

- 이번 시험을 망쳤다.

I messed up on this exam. /
I screwed up on the test.

→ mess up / screw up ~을 망치다

- 나도 공부를 잘하고 싶은데.

I really want to get better grades.

→ grade 성적

- 공부 잘하는 아이들이 부럽다.

I envy those who get good grades.

- 공부는 해도해도 끝이 없다.

There is never an end to studying.

- 어른들은 공부 안 해도 되니까 좋겠다.

I envy adults who don't have to study anymore.

거짓말 ★ Lies

- 친구한테 거짓말을 했다.

I told a lie to my friend.

- 엄마한테 숙제를 다했다고 거짓말을 했다.

I lied to my mother by telling her I had finished doing my homework.

- 엄마를 속이고 PC방에 갔다.

I lied to my mother and went to the Internet café.

→ Internet café PC방

- 선생님께 아파서 숙제를 못했다고 거짓말을 했다.

I lied to my teacher by saying that I couldn't do my homework because I was sick.

- 시험을 못 봤는데 잘 봤다고 엄마한테 거짓말을 했다.

Although I messed up on my exam, I lied to my mother and said that I had done well.

→ mess up 망치다

- 수미는 거짓말을 자주 한다.

Sumi often lies.

- 우리 반에 거짓말을 밥 먹듯이 하는 친구가 있다.

There is a habitual liar in my class.

→ habitual 습관적인

- 나도 모르게 거짓말을 하고 말았다.

I lied without even realizing it.

→ realize 알아차리다, 깨닫다

- 엄마에게 거짓말을 했다가 들켜서 엄청 혼났다.

I lied to my mother and got into huge trouble after she found out about it.

→ find out 알아내다 (fine-found-found)

- 엄마는 내가 거짓말을 하면 귀신같이 알아차리신다.

My mother always sees through my lies.

→ see through 간파하다

- 역시 거짓말은 언젠가 들통이 나는 것 같다.

I think it is true that lies always come out.

→ come out (진실 등이) 드러나다

- 한 번 거짓말을 하면 계속 거짓말을 해야 한다.

Once you tell a lie, it leads to another lie.

→ lead to ~로 이어지다

- 거짓말을 하면 마음이 조마조마하다.

Whenever I lie, I become so nervous.

- 엄마한테 거짓말한 것을 고백했다.

I confessed to my mother that I had lied to her.

→ confess 고백하다

- 아빠는 가끔 엄마한테 날씬하다고 선의의 거짓말을 하신다.

My father often tells my mother a white lie by telling her that she is slim.

→ white lie 선의의 거짓말   slim 날씬한

- 선의의 거짓말은 해도 되는 것일까?

Is telling white lies okay?

- 아빠는 맨날 약속을 안 지킨다. 도무지 믿을 수가 없다.

Dad never keeps his word. I cannot trust him.

→ keep one's word 약속을 지키다   trust 믿다

- 거짓말은 자꾸 하면 습관이 된다.

Lying becomes a habit.

- 앞으로는 거짓말을 하지 말아야겠다.

From now on, I will never lie.

Part
7

음식 및 건강

Foods and Health

음식

I Hate Curry!

Wednesday, December 5, Sunny

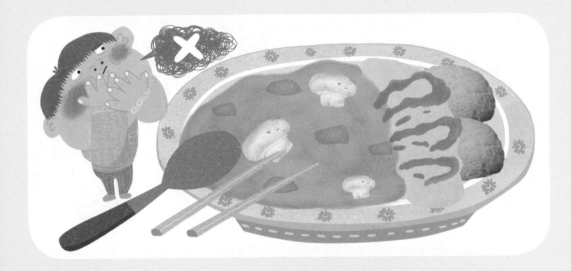

Mom cooked curry and rice for dinner. My older sister likes it, but I don't because it smells weird. Mom said I should eat various foods to grow taller. I know being a picky eater is not good, but I wonder if it is bad not to love curry.

카레는 싫어! 12월 5일 수요일, 맑음

엄마가 저녁으로 카레를 해 주셨다. 누나는 카레를 좋아하지만, 나는 냄새가 이상해서 카레를 좋아하지 않는다. 엄마는 키가 크려면 음식을 골고루 먹어야 한다고 하셨다. 편식이 안 좋은 건 알지만, 카레를 싫어하는 게 그리 나쁜 걸까?

· **weird** 이상한 **picky eater** 편식하는 사람 (picky: 까다로운) **wonder if** ~인지 궁금하다

좋아하는 음식 ★ Favorite Foods

- 내가 가장 좋아하는 음식은 햄버거다.

  Hamburger is my favorite food.

- 나는 세상에서 짜장면이 제일 좋다.

  I like *jajangmyeon* the most in the whole world.

- 나는 한국 음식만 좋아하는 토종 한국인이다.

  I am a true native Korean who only likes Korean food.

  → native 토박이의

- 나는 중식과 일식을 좋아한다.

  I like Chinese and Japanese food.

- 나는 파스타 중에 까르보나라를 가장 좋아한다.

  Among pastas, carbonara is my favorite.

- 나는 과일 중에 수박을 가장 좋아한다.

  Among fruits, watermelon is my favorite.

- 나는 생선을 좋아하는데 특히 갈치를 좋아한다.

  I like eating fish, especially cutlassfish.

  → cutlassfish 갈치

- 나는 매운 음식을 잘 먹는다.

  I can eat spicy food well.

  → spicy 매운

- 나는 김치가 없으면 밥을 못 먹는다.

  When there's no *kimchi*, I can't eat a meal.

  → meal 식사, 끼니

- 나는 고기를 좋아한다.

  I love meat.

- 밥상에 고기 반찬만 있으면 만사가 행복하다.

  As long as there's a meat dish on the table, everything is fine.

  → as long as ~하는 한

- 나는 고기보다 해산물을 좋아한다.

  I prefer seafood to meat.

- 우리 가족은 칼국수를 좋아한다.

  My family loves *kalguksu*(noodle soup).

- 여름엔 냉면이 최고다.

  Naengmyeon is the best in summer.

• 쿠키는 뭐니뭐니 해도 초콜릿 쿠키가 최고다.

Chocolate cookies are the best cookies.

• 입맛 없을 때는 라면이 최고다.

When you lose your appetite, ramen is the best.

→ appetite 입맛, 식욕

• 나는 밥보다 군것질을 더 좋아한다.

I like snacks more than eating proper meals.

→ proper 제대로 된

• 나는 밥보다 빵이 더 좋다.

I like bread more than rice.

• 나는 신선한 과일을 좋아한다.

I love fresh fruit.

• 나는 과일 없이는 못 산다.

I can't live/do without fruit.

→ do without ~ 없이 지내다

• 나는 단것을 엄청 좋아한다.

I love sweets.

• 나는 밥 먹고 나면 달달한 게 먹고 싶다.

I always want to eat something sweet after a meal. /
I have a craving for sweets after a meal.

→ have a craving for ~을 열망하다

• 내 동생은 과자만 먹는다.

My younger sister only eats snacks.

• 엄마가 저녁으로 갈비를 해 주셨다. 정말 맛있었다.

Mother cooked us *galbi*(barbecued short ribs) for dinner. It was so delicious.

• 갈비가 너무 맛있어서 밥을 두 그릇이나 먹었다.

Galbi was so delicious that I ate two bowls of rice.

→ bowl (우묵한) 그릇

싫어하는 음식 ★ My Least Favorite Foods

• 내가 가장 싫어하는 음식은 버섯이다.

Mushrooms are my least favorite food.

- 버섯은 씹는 느낌이 너무 싫다.

I hate the texture of mushrooms.

→ texture 질감

- 나는 매운 음식을 못 먹는다.

I can't eat anything spicy.

- 나는 맵거나 짠 음식을 싫어한다.

I don't like spicy or salty food.

- 나는 김치가 맵고 냄새가 나서 싫다.

I don't like *kimchi* because it's spicy and smelly.

- 나는 햄버거나 피자를 안 좋아한다.

I don't like hamburgers or pizzas.

- 나는 채소를 잘 안 먹는다.

I rarely eat vegetables.

→ rarely 좀처럼 ~하지 않는

- 나는 비린내가 나서 생선을 싫어한다.

I hate fish because it stinks.

→ stink 악취를 풍기다

- 생선 비린내를 맡으면 비위가 상한다.

Whenever I smell fish, I feel like puking.

→ puke 토하다

- 나는 회를 못 먹는다.

I can't eat sashimi.

- 나는 조개 알레르기가 있다.

I am allergic to clams.

→ allergic to ~에 알레르기가 있는   clam 조개

- 나는 조개를 먹으면 두드러기가 난다.

Whenever I eat clams, I get a rash.

→ rash 발진, 두드러기

- 크림 스파게티는 너무 느끼해서 싫다.

I hate spaghetti with cream sauce because it is too greasy.

→ greasy 기름진, 느끼한

- 튀김은 식으면 맛이 없다.

When fries get cold, they do not taste good.

→ fries 튀김

- 나는 과일이 시어서 싫다.

I don't like fruits because they are sour.

→ sour (맛이) 신

- 나는 당근은 질색이다.

I can't stand carrots. /
I can't eat carrots. I hate them.

- 죽은 정말 맛없다.

Porridge tastes horrible.

→ porridge 죽   horrible 끔찍한

- 나는 국물이 많은 음식을 싫어한다.

I hate dishes with a lot of soup.

- 나는 면 요리를 싫어한다.

I hate noodle dishes.

- 게는 살을 발라먹기가 귀찮아서 잘 안 먹는다.

I rarely eat crabs because it's too much work to get the flesh from the shell.

→ crab 게   flesh 살, 고기   shell (딱딱한) 껍데기

- 우리 할머니는 신 음식을 잘 못 드신다.

My grandmother can't eat sour food.

편식/반찬 투정 ★ Picky Eating

- 나는 잡곡밥은 안 좋아한다.

I don't like rice with mixed grains. /
Rice with mixed grains is not my favorite.

→ grain 곡식

- 나는 흰 쌀밥이 좋다.

I like plain rice.

→ plain 순수한, 있는 그대로의

- 나는 밥에 들어 있는 콩이 싫다.

I hate beans mixed with rice.

- 나는 밥 먹을 때 콩을 골라낸다.

When I eat, I pick the beans out of the rice.

→ pick out 골라내다

- 콩을 골라내다 엄마한테 혼났다.

I got scolded by mom for picking out the beans.

- 나는 음식에 파가 있으면 골라낸다.

When there are green onions inside dishes, I pick them out.

→ green onion 파

• 내 동생은 참외를 절대 안 먹는다. 참외가 얼마나 맛있는지 모르다니 참 안됐다.

My younger sister never eats oriental melons. It's such a loss that she doesn't know how good it is.

→ oriental melon 참외　loss 손해, 손실

• 또 계란 프라이를 먹었다.

I had a fried egg for a meal again.

• 식탁에 반찬이 김치뿐이었다.

Kimchi was the only dish on the table.

• 식탁에 채소밖에 없었다. 내가 풀 먹는 양도 아닌데!

There were only vegetables on the table. I am not a grass-eating sheep!

• 먹을 만한 게 하나도 없었다!

There was nothing to eat!

• 나는 햄이나 소시지 같은 음식이 좋은데.

I love foods like ham and sausage.

• 먹을 만한 반찬이 없어서 맨밥만 먹었다.

There were no side dishes to eat, so I just ate rice.

→ side dish 반찬

• 엄마는 (반찬으로) 콩나물이랑 두부만 해 준다.

My mom only cooks bean sprouts and tofu.

→ bean sprout 콩나물　tofu 두부

• 집에서 매일 같은 음식만 먹는 것이 지겹다.

I am so sick of eating the same food at home every day.

→ be sick of ~이 질리다

• 오늘 저녁은 내가 제일 싫어하는 카레였다.

Today's dinner was curry, which I hate the most.

• 나는 편식이 심한 것 같다.

I think I am a very picky eater.

→ picky 까다로운

• 엄마는 반찬 투정을 하지 말라고 하셨다.

My mom told me not to be a picky eater.

• 엄마가 내 접시에 있는 것을 다 먹으라고 하셨다.

My mom told me to eat everything on my plate.

- 키가 크려면 편식하면 안 된다.

  I shouldn't be picky in order to grow taller.

- 나물을 먹는 건 고역이다.

  I hate eating *namul*(cooked vegetables).

- 내 동생은 채소를 잘 안 먹어서 변비에 걸렸다.

  My younger brother is constipated because he hardly eats vegetables.

  → constipated 변비 있는

- 막내 동생은 편식이 심해서 삐쩍 말랐다.

  My youngest brother is too skinny because he is such a picky eater.

- 형은 아무거나 잘 먹어서 그런지 잘 아프지 않는다.

  My older brother eats everything, so he hardly gets sick.

- 할머니께선 밥이 보약이라고 하신다.

  Grandma says that eating right will make me healthy.

- 앞으로는 꼭 건강에 좋은 식사를 해야겠다.

  From now on, I will make sure I eat healthy meals.

- 학교 급식에서는 먹기 싫은 것도 다 먹어야 한다.

  When I have lunch at school, I have to eat things that I don't want to.

- 급식을 먹다가 남기면 우리 모둠 모두가 벌점을 받는다.

  If I leave any food on my plate, everyone in my group gets a penalty.

  → penalty 벌칙, 불이익

요리 ★ Cooking

- 쌀을 씻어 밥을 했다.

  I washed the rice grains and then cooked them.

  → grain 곡물, (곡식의) 낟알

- 계란 프라이를 했다.

  I fried an egg.

- 라면을 끓였다.

  I cooked ramen.

• 조기를 구웠다.　　　　　　　I broiled a croaker.
　　　　　　　　　　　　　　→ broil 굽다　　croaker 조기

• 삼겹살을 구웠다.　　　　　　I grilled *samgyepsal*(Korean-style bacon).

• 부추전을 부쳤다.　　　　　　I fried *buchujeon*(leek pancakes).

• 새우를 튀겼다.　　　　　　　I fried some shrimp.

• 미역국을 끓였다.　　　　　　I boiled *miyeokguk*(seaweed soup).

• 옥수수를 삶았다.　　　　　　I steamed some corn.

• 멸치를 볶았다.　　　　　　　I stir-fried dried anchovies.
　　　　　　　　　　　　　　→ stir-fry (기름에) 볶다　　anchovy 멸치

• 만두를 쪘다.　　　　　　　　I steamed some dumplings.
　　　　　　　　　　　　　　→ dumplings 만두

• 감자가 딱 알맞게 익었다.　　The potatoes are cooked enough to eat.

우리 음식의 영문 표기 (농림수산부 표준안)

• 김치찌개	kimchijjigae(kimchi stew)	
• 된장찌개	doenjangjjigae(soybean paste stew)	
• 된장국	doenjangguk(soybean paste soup)	
• 미역국	miyeokguk(seaweed soup)	
• 비빔밥	bibimbap(rice mixed with vegetables and beef)	
• 삼겹살	samgyeopsal(Korean-style bacon)	
• 나물	namul(vegetable side dishes)	
• 김치볶음밥	kimchibokkeumbap(kimchi fried rice)	
• 계란말이	gyeranmari(rolled omelet)	
• 김밥	gimbap(dried seaweed rolls, Korean rolls)	
• 잡채	japchae(noodles with sauteed vegetables)	
• 칼국수	kalguksu(noodle soup)	

- 계란찜이 부드럽게 잘돼서 맛있었다.

  The steamed eggs are cooked soft enough to taste great.

- 감자가 탔다.

  The potatoes are burned.

- 계란이 아직 안 삶아졌다.

  The egg is not yet boiled.

  → boiled 끓은, 삶은

- 면이 너무 푹 삶아졌다.

  The noodles are overcooked.

  → overcooked 너무 익힌

- 라면이 다 퍼졌다.

  The ramen is overcooked.

- 멸치볶음이 너무 딱딱했다.

  The stir-fried dried anchovies were too hard.

- 밤이 맛있게 구워졌다.

  The chestnuts are deliciously baked.

음식 솜씨 ★ Cooking Skills

- 우리 엄마는 요리를 잘하신다.

  My mother is very good at cooking.

- 우리 엄마는 음식 솜씨가 좋다.

  My mother cooks really well.

- 우리 엄마 쿠키는 정말 맛있다.

  My mom's cookies are really delicious.

- 나는 엄마가 해 주시는 음식이 제일 좋고 세상에서 제일 맛있다.

  I like food my mom makes the most. It is the best in the world.

- 엄마는 내가 좋아하는 음식을 자주 해 주신다.

  My mother often cooks food that I like.

- 나는 식당에서 사 먹는 음식보다 엄마가 해 주시는 음식이 훨씬 더 맛있다.

  The food my mom makes is much more delicious than the food at restaurants.

- 우리 엄마는 된장찌개를 잘 끓이신다.

  My mother can cook doenjangjjigae (soybean paste stew) really well.

• 우리 엄마의 특기는 된장찌개다.

Soybean paste stew is my mom's specialty.

→ specialty 전문, 장기

• 우리 엄마의 갈치조림은 맛이 최고다.

My mother's *galchijorim*(braised hairtail) is the best.

→ braise 푹 삶다   hairtail 갈치

• 우리 엄마의 갈치조림은 밖에서 사 먹는 것보다 훨씬 맛있다.

My mother's *galchijorim* is much more delicious than that served at restaurants.

• 엄마한테 죄송하지만 우리 엄마는 음식 솜씨가 꽝이다.

I am so sorry to say this, but my mother's cooking is horrible.

• 우리 엄마는 음식 솜씨가 없어서 해 주시는 음식이 모두 맛이 없다.

Because my mother has no ability to cook, everything she cooks is not good.

• 우리 엄마는 다 잘하는데 음식을 못 하신다.

My mom is good at everything except for cooking.

→ except for ~ 빼고

• 우리 아빠도 훌륭한 요리사다.

My dad is also a good cook.

• 아빠 음식 솜씨가 엄마보다 더 낫다.

My dad cooks better than my mom.

맛/식성 ★ Tastes

• 국이 너무 짰다.

The soup was too salty.

• 시금치가 너무 심심했다.

The spinach was too tasteless.

→ tasteless 아무 맛이 없는

• 제육볶음이 너무 매웠다.

The *jeyuk bokkeum*(stir-fried pork) was too spicy.

- 떡볶이가 완전 매워서 입에서 불이 났다.

The *topokki*(stir-fried rice cake) was too spicy. It almost burned my mouth.

- 케이크가 너무 달아서 먹다 남겼다.

The cake was so sweet that I couldn't finish the whole thing. /

The cake was so sweet that I left it unfinished.

→ unfinished 끝나지 않은

- 수박이 하나도 안 달았다.

The watermelon was not sweet at all.

- 귤이 너무 시었다.

The tangerines were too sour.

- 우리 식구들은 모두 짜고 맵게 먹는다.

Everyone in my family eats salty and spicy food.

- 우리 집 음식은 모두 좀 달다.

All the food in my house is kind of sweet.

- 우리 식구들은 모두 식성이 다르다.

All of my family members have different tastes in food.

→ taste 입맛, 식성

- 아빠와 오빠는 육류를 좋아하고, 엄마와 나는 채소류를 좋아한다.

My father and brother love meat while my mom and I love vegetables.

- 나는 입이 짧은 편이다.

I have a small appetite.

→ appetite 식욕

- 한 번 먹은 반찬은 또 먹기 싫다.

I don't like eating the same dish more than once.

- 우리 아빠는 고기 반찬이 없으면 밥을 안 드신다.

My father doesn't eat when there's no meat dish.

군것질 및 외식

Having Snacks & Eating Out

No More Snacks!

Sunday, March 20, Sunny

My dad likes snacks. After each meal, he always eats a snack. He said he has two stomachs, one for meals and the other for snacks. I also eat snacks whenever he eats them, so I am gaining weight. I should cut down on cookies from tomorrow.

군것질은 이제 그만!   3월 20일 일요일, 맑음

우리 아빠는 군것질을 좋아하신다. 밥을 먹고 나서 군것질을 꼭 하신다. 아빠는 밥배와 군것질배는 따로 있다고 하신다. 아빠가 먹을 때마다 따라 먹다 보니 나도 살이 찌고 있다. 내일부터는 과자를 줄여야겠다.

• **snack** 간식, 군것질 **stomach** 배, 위 **meal** 식사, 끼니 **cut down on** ~을 줄이다

- 나는 단것을 좋아한다.

I love sweets.

- 나는 사탕, 초콜릿, 아이스크림처럼 단 음식을 좋아한다.

I love sweets like candy, chocolates, and ice cream.

- 내 동생은 과자를 늘 달고 산다.

My younger brother indulges in snacks.

→ indulge in ~에 탐닉하다

- 동생이 내가 사 온 과자를 다 먹어 버렸다.

My younger brother ate up all of the snacks that I bought.

- 우리 아빠는 군것질을 좋아하신다.

My father loves snacks.

- 아빠는 퇴근하면서 우리를 위해 과자를 잘 사 오신다.

On his way home from work, my dad often buys goodies for us.

→ goodies 맛있는 것

- 우리 아빠는 군것질을 전혀 안 하신다.

My father never eats between meals.

→ eat between meals 간식을 먹다

- 밥 먹기 전에 군것질을 했더니 밥맛이 없었다.

I ate a snack before eating a meal, so I lost my appetite.

- 자꾸 살이 찐다. 군것질을 좀 줄여야겠다.

I am gaining weight. I should refrain from eating too many snacks.

→ refrain from ~을 삼가다. 그만두다

- 군것질을 끊어야겠다.

I will cut out eating snacks.

→ cut out 그만두다. 끊다

- 아빠는 야식을 자주 드신다.

My father often eats late-night snacks.

→ late-night snack 야식

- 우리 집은 프라이드치킨을 자주 시켜 먹는다.

My family often orders fried chicken for delivery.

→ delivery 배달

• 과자를 사먹는 데 내 용돈을 거의 다 쓴다.

I spend most of my allowance on buying snacks.

→ 과자에는 다양한 종류가 있는데, 총칭은 snack으로 하는 것이 좋습니다.

• 학원 끝나고 친구들과 매점에 가서 과자를 사 먹었다.

After finishing at my hagwon, I went to a cafeteria with my friends and bought some snacks.

→ cafeteria 구내식당, 매점

• 오늘 서영이가 떡볶이를 사 줬다.

Today, Seoyeong treated me to *topokki*.

→ treat A to B A에게 B를 대접하다

• 단것을 많이 먹었더니 이가 몇 개 썩었다.

Because I ate too many sweets, some of my teeth are decayed.

→ decayed 썩은

• 우리 엄마는 과자는 몸에 안 좋다며 잘 안 사 주신다.

My mother hardly buys me cookies because she says that they're not good for my health.

• 엄마는 가공식품에는 해로운 식품첨가물이 많다고 하신다.

My mother says that there are a lot of harmful food additives in processed foods.

→ food additive 식품 첨가물   processed food 가공식품

• 어떤 과자에는 설탕이 너무 많이 들어 있다.

Some snacks contain too much sugar.

→ contain ～이 들어 있다

• 과자를 너무 많이 먹으면 입맛이 없어서 결국 밥을 안 먹게 된다.

After eating too many chips, I lose my appetite, so I end up skipping a meal.

→ end up -ing 결국 ～하게 되다

• 과자는 먹어도 먹어도 질리지 않는다.

No matter how many times I eat chips, I never get tired of them. /
I never get sick of eating snacks no matter how many I eat them.

→ get tired/sick of ～에 질리다

• 학교에서 과자 파티를 했다.

At school, we had a snack party.

간식 ★ Snacks

- 엄마가 수박을 간식으로 주셨다.

My mother gave me some watermelon for a snack.

- 엄마가 간식으로 과자를 싸 주셨다.

My mom packed me some cookies for a snack.

- 우리 엄마는 간식을 자주 만들어 주신다.

My mother often makes snack for me.

- 학원에 간식으로 과자를 싸 갔다.

I packed some chips for snacks at my hagwon.

- 체험학습 간식으로 오렌지를 싸 갔다.

I packed some oranges for snacks for my field trip.

- 선생님께서 간식으로 과자는 싸 오지 말라고 하셨다.

My teacher told us not to pack chips and cookies for snacks.

- 오늘 깜빡 잊고 간식을 못 싸 갔다.

I forgot to bring my snack.

- 민지가 자기 방울토마토를 나에게 나눠 줬다.

Minji shared her cherry tomatoes with me.

→ cherry tomato 방울토마토

- 간식을 못 먹었더니 학원에서 너무 배가 고팠다.

I didn't eat any snacks, so I was really hungry at my hagwon.

- 간식으로 고구마를 먹었더니 아직도 배가 부르다.

I ate some sweet potatoes for a snack, so I am still full.

마실 것 – 물 ★ Drinks - Water

- 나는 물을 잘 안 마신다.

I hardly drink water.

- 나는 물을 많이 마시는 편이다.

I tend to drink a lot of water.

- 나는 보리차를 좋아한다.

I love barley tea.

→ barley tea 보리차

- 우리 집은 보리차를 끓여 먹는다.

At home, we boil barley tea for drinking water.

→ boil 끓이다

- 우리 집은 생수를 사다 먹는다.

At home, we buy mineral water to drink.

→ mineral water 생수

- 우리 집은 정수기 물을 마신다.

At home, we drink from the water purifier.

→ water purifier 정수기

- 나는 시원한 물이 좋다.

I love drinking cold water.

- 나는 차가운 물보다 미지근한 물이 좋다.

I prefer tepid water to cold water.

→ tepid 미지근한

- 너무 차가운 물을 마시는 것은 건강에 좋지 않다고 한다.

I heard that drinking very cold water is not good for your health.

- 물을 하루에 2L 정도 마시는 게 건강에 좋다.

Drinking 2 liters of water a day is good for your health.

- 나는 아침에 일어나자마자 가장 먼저 물을 한 잔 마신다.

First thing in the morning, I drink a cup of water as soon as I get out of bed.

→ as soon as ~하자마자

- 여름에는 물을 꼭 끓여서 마셔야 한다.

We must boil water before drinking it during summer.

- 체육을 했더니 목이 너무 말랐다.

I was so thirsty after P.E.

- 내일부터 학교에 물을 싸 와야겠다.

Starting tomorrow, I will bring water to school.

- 물을 많이 마셨더니 화장실에 자주 가야 했다.

Since I drank a lot of water, I had to go to the bathroom frequently.

→ frequently 자주

- 자기 전에 물을 너무 많이 마셨더니 한밤중에 화장실에 가고 싶어서 깼다.

I drank water too much before going to bed, so I woke up in the middle of the night to go to the bathroom.

마실 것 – 우유 ★ Drinks - Milk

- 나는 우유를 좋아해서 하루에 3~4잔씩 마신다.

I love milk, so I drink at least 3 to 4 glasses a day.

- 우리 집은 우유를 배달시킨다.

We have milk delivered.

- 우리 식구는 모두 우유를 좋아한다.

Everyone in my family loves milk.

- 빵은 우유랑 먹어야 제맛이다.

Bread goes perfectly with milk.
→ go perfectly with ~와 완벽하게 어울리다

- 나는 키 크기 위해 우유를 하루에 1L씩 마신다.

I drink 1 liter of milk a day to grow taller.

- 학교에서 우유 급식을 한다.

Our school provides milk to us.
→ provide 제공하다

- 나는 흰 우유를 못 마신다.

I can't drink white milk.

- 나는 흰 우유를 마시면 배가 아프다.

When I drink white milk, I get a stomachache.

- 나는 우유를 마시면 설사를 하기 때문에 우유를 좋아하지 않는다.

I don't like milk because I get a diarrhea whenever I drink it.
→ diarrhea 설사

- 나는 흰 우유는 못 마시고, 딸기 우유나 바나나 우유를 마신다.

I can't drink white milk. Instead, I drink strawberry-or banana-flavored milk.
→ flavored ~향의, ~풍미의

• 우유 대신 두유를 마신다.

Instead of milk, I drink soymilk.

→ soymilk 두유

마실 것 – 음료수 ★ Drinks - Soft Drinks

• 나는 콜라와 사이다가 너무나 좋다.

I love Cola and Sprite. /
I love Cola and a soft drink called Cider.

→ '사이다'는 원래 사과를 원료로 한 술입니다. 우리가 '사이다'라고 부르는 것은 대표 상
표인 Sprite로 표현합니다.

• 나는 탄산음료는 별로 안 좋아한다.

I don't really like soft drinks.

→ soft drink 탄산이 들어간 청량음료

• 나는 치킨이나 햄버거를 먹을 때 콜라를
마신다.

When I eat fried chicken or hamburgers,
I drink cola.

• 탄산음료를 좋아하는데 엄마가 못 마시게
한다.

I love soft drinks, but my mother never
allows me to drink any.

• 여름에 마시는 탄산음료는 환상적이다.

Drinking carbonated soft drinks in the
summer is fantastic.

→ carbonated soft drink 탄산음료

• 나는 사이다보다 콜라를 좋아한다.

I prefer Cola to Cider.

• 탄산음료를 너무 많이 마시면 살이 찌기 쉽다.

If you drink too many soft drinks, you are
likely to gain weight.

→ be likely to ~할 가능성이 있다. ~하기 쉽다

• 톡 쏘는 콜라 맛이 좋다.

I love the tingly taste of cola.

→ tingly 따끔거리는, 얼얼한

• 콜라에 김이 빠졌다.

The cola lost its fizz.

→ fizz (음료 속의) 거품

• 콜라는 미지근하면 맛이 없다.

When cola is warm, it tastes bad.

- 콜라를 마시면 항상 트림이 나온다.

When I drink cola, I always burp.
→ burp 트림하다

- 나는 탄산음료보다 이온음료가 좋다.

I like sport drinks more than soft drinks.
→ sport drink 스포츠 드링크, 이온음료

- 탄산음료와 이온음료에는 설탕이 엄청나게 많이 들어 있다고 한다.

I heard that both soft drinks and sport drinks contain tons of sugar.
→ tons of 엄청나게 많은 ~

- 나는 음료수는 거의 안 마신다.

I hardly drink soft drinks.

- 나는 음료수 중에 레몬에이드가 제일 맛있다.

Of all drinks, I think lemonade is the best.

- 체험학습에 가져갈 음료수로 오렌지 주스를 한 병 샀다.

As a drink for my field trip, I bought a bottle of orange juice.

- 나는 주스 중에 포도 주스가 제일 좋다.

Of all juices, I love grape juice the most.

- 주스를 많이 마시면 충치가 생기기 쉽다고 한다.

I heard that drinking juice too much is likely to cause tooth decay.
→ decay 부식; 부식하다, 썩다

아이스크림 / 슬러시 / 팥빙수 ★ Ice Cream / Slushes / Red Bean Sherbet

- 내가 가장 좋아하는 아이스크림은 바닐라맛이다.

My favorite flavor of ice cream is vanilla.
→ flavor 맛, 향

- 날씨가 더워서 아이스크림을 두 개나 먹었다.

Because of the hot weather, I ate two ice cream bars/cones.

- 날씨가 더워서 아이스크림이 빨리 녹았다.

Because of the steamy weather, the ice cream melted so fast.
→ steamy 찌는 듯한   melt 녹다

- 놀이터에서 놀고 있는데 수민이 엄마께서 아이스크림을 사 주셨다.

When I was playing on the playground, Sumin's mom bought me an ice cream.

- 밥을 먹고 디저트로 아이스크림을 먹었다.

After eating my meal, I ate ice cream for dessert.

- 우리 동네 칼국수집은 디저트로 아이스크림을 줘서 좋다.

I like the *kalguksu* restaurant in my town because it serves ice cream for dessert.

→ serve (상에) 내다, 올리다

- 학교 끝나고 친구랑 슬러시를 사 먹었다.

After school, my friend and I each bought a slush.

- 멜론맛 슬러시를 사 먹었다.

I bought a melon-flavored slush.

- 엄마가 팥빙수를 사 오셨다.

My mom brought some *patbingsu*(red bean sherbet).

- 올해 처음 먹는 팥빙수였다.

It was my first time to eat red bean sherbet this year.

- 나는 팥빙수에 든 떡을 좋아한다.

I love the rice cakes inside the red bean sherbet.

- 나는 찜질방에서 먹는 팥빙수가 제일 맛있다.

The red bean sherbet from the sauna is the best.

외식 ★ Eating Out

- 우리 집은 외식을 자주 하는 편이다.

My family often eats out.

- 우리 집은 주말에 외식을 자주 한다.

My family often eats out on weekends.

- 우리 가족은 주로 고깃집에 간다.

My family usually goes to meat restaurants.

- 오늘 저녁은 형이 경시대회에서 상을 탄 기념으로 외식을 했다.

To celebrate my older brother's award in the competition, my family ate out.

→ celebrate 축하하다, 기념하다

- 오늘은 엄마 생신이어서 외식을 했다.

It was my mom's birthday today, so we ate out.

- 아빠가 패밀리 레스토랑을 예약해 놓으셨다.

My dad made a reservation at a family restaurant.

→ make a reservation 예약하다

- 동생은 외식을 하면 무조건 중국집에 가자고 한다.

Whenever we eat out, my younger brother always wants to go to a Chinese restaurant.

- 중국집에 가서 짜장면과 탕수육을 먹었다.

We went to a Chinese restaurant and ate *jajangmyeon* and *tangsuyuk*.

- 이제 중국집은 지겹다.

I am so sick of going to Chinese restaurants.

→ be sick of ~에 질리다

- 나는 스파게티를 먹으러 가고 싶었는데.

I really wanted to eat pasta.

- 우리 집은 외식을 거의 안 한다.

My family hardly eats out.

- 아버지께서 식당 밥을 좋아하지 않으셔서 우리는 외식을 해 본 적이 없다.

My father doesn't really like food at restaurants, so we have never eaten out.

- 나는 외식하는 것보다 집에서 먹는 게 더 좋다. I like eating at home more than eating out.

- 외식하자고 졸랐는데 엄마는 식사 준비가 다 됐다고 하셨다.

I begged to eat out, but my mother said that our meal was ready.

→ beg 조르다, 애원하다

- 엄마는 외식을 하면 돈 낭비라고 싫어하신다.

My mother hates eating out because she believes that it's a waste of money.

• 할아버지 생신이어서 뷔페 식당에서
가족 모임을 했다.

It was my grandfather's birthday, so
we had a family gathering at a buffet
restaurant.

→ family gathering 가족 모임

• 오늘 간 식당은 분위기도 좋고 맛도 정말
좋았다.

The restaurant that we went to today had a
good atmosphere and served really
delicious food.

→ atmosphere 분위기

• 다음에 또 가고 싶다.

I want to go there again.

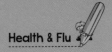

건강 및 감기

Get Well Soon, Chanho! Monday, June 29, Warm

Today, Chanho missed school because he has a cold. I felt bored without him all day long. The flu is spreading these days, so lots of other kids have also caught colds. I should wash my hands often to avoid catching a cold. I hope Chanho gets well soon.

찬호야, 빨리 나아! 6월 29일 월요일, 따뜻한 날씨

오늘 찬호가 감기에 걸려서 학교에 안 나왔다. 찬호가 없으니 하루 종일 심심했다. 요즘 독감이 유행이라 다른 아이들도 많이 감기에 걸렸다. 감기에 걸리지 않도록 손을 자주 씻어야겠다. 찬호가 빨리 나았으면 좋겠다.

· **miss** 빠지다 **bored** 지루한, 따분한 **all day long** 하루 종일 **flu** 독감 **spread** 퍼지다 **catch a cold** 감기에 걸리다
  avoid 피하다 **get well** (병 등이) 낫다

건강 상태 ★ Health Conditions

• 나는 아주 건강한 사람이다.

I am a pretty healthy person.

→ pretty 꽤

• 나는 아주 건강하다.

I am really healthy.

• 나는 체력이 좋다.

I am physically strong.

→ physically 신체적으로

• 나는 체력이 별로 좋지 않다.

I don't have a lot of physical strength.

→ physical strength 체력

• 나는 허약 체질이다.

I was born weak. /
I often feel weak.

• 나는 저질 체력이다.

I am physically weak. /
I have low energy.

• 요즘 자주 피곤하다.

I easily get tired these days.

• 요즘 종종 졸립다.

These days, I feel sleepy every now and then.

→ every now and then 때때로, 종종

• 체력이 약해진 것 같다.

I feel like I am getting weak.

• 체력을 길러야겠다.

I should strengthen my body.

→ strengthen 튼튼해지다, 강해지다

감기/독감 ★ Colds / The Flu

• 감기에 걸렸다.

I caught a cold.

- 왠지 몸이 좋지 않다.

I am feeling under the weather.
→ under the weather 몸이 좀 안 좋은

- 동생한테 감기를 옮은 것 같다.

I think I got a cold from my younger brother.

- 옷을 얇게 입었더니 감기에 걸렸다.

I caught a cold by wearing light clothes. / I wore light clothes, so I caught a cold.
→ light 가벼운

- 에어컨 바람을 많이 쐬었더니 감기에 걸렸다.

I caught a cold from using the air conditioner too much.

- 이불을 안 덮고 잤더니 감기에 걸렸다.

I caught a cold because I slept without tucking myself in.
→ tuck in 이불을 덮어 주다

- 요즘 학교에 감기 걸린 애들이 많다.

These days, lots of students at my school are catching colds.

- 요즘 독감이 유행이라고 한다.

I heard that the flu is spreading these days.
→ spread 퍼지다

- 환절기만 되면 꼭 감기에 걸린다.

I always catch a cold when the seasons change.

- 감기에 걸려 학교에 가지 못했다.

I couldn't go to school because I had caught a cold.

- 승미가 감기로 이틀이나 결석을 했다.

Seungmi has been absent for two days because of her cold.
→ absent 결석한, 불참한

- 병원에 들렀다가 학교에 갔다.

I went to school after visiting the doctor.

- 감기가 나아서 좀 괜찮아졌다.

I got over my cold and felt better.
→ get over 회복하다, 낫다

- 엄마는 내가 감기를 달고 살아 걱정이라고 하신다.

My mom says she worries because I easily catch colds.

- 오뉴월 감기는 개도 안 걸린다고 한다.

It is very rare to catch a cold when it is warm.

→ rare 드문, 희귀한

- 감기에 안 걸리려면 손을 자주 씻어야 한다.

To avoid catching a cold, we need to wash our hands often.

- 감기 때문에 입맛이 없다.

I've lost my appetite because of my cold.

→ appetite 입맛, 식욕

- 이번 감기는 정말 독하다.

This time, my cold is really bad.

- 감기가 좀처럼 낫지 않는다.

My cold is not getting any better.

- 감기에는 푹 쉬는 게 최고의 약이라고 한다.

Getting enough rest is the best medicine to get over a cold.

→ medicine 약

- 올 겨울에는 감기에 한 번도 안 걸렸다.

I didn't suffer from a cold this winter. Not even once!

→ suffer from ~로 고생하다

- 독감에 걸린 건 안 좋지만, 학원에 안 가는 것은 좋다.

I hate having the flu, but I love not going to my hagwon.

- 감기로 학원을 쉬었더니 숙제가 엄청나게 많다.

I missed my hagwon because of my cold, so now I have tons of homework to do.

→ miss 빠지다   tons of 많은 ~

- 자고 일어났더니 감기가 씻은 듯이 나았다.

When I woke up, my cold had magically disappeared.

→ magically 마술처럼, 신기하게

• 열 때문에 정신이 몽롱하다.

I am a bit drowsy because of a fever.

→ drowsy 졸리는, 나른한   fever 열

• 열이 많이 나고 몸이 떨렸다.

I had a high fever, and I was shivering.

→ shiver 떨다

• 밤새 열이 나서 힘들었다.

I suffered from a fever throughout the night.

→ throughout ~ 내내

• 열을 쟀더니 37도였다.

When I took my temperature, it was 37 degrees.

→ take one's temperature 열을 재다

• 열이 40도가 넘어 해열제를 먹었다.

I had a fever over 40 degrees, so I took a fever reducer.

→ fever reducer 해열제

• 며칠째 열이 안 떨어진다.

My fever has not come down for days.

• 낮에는 괜찮았는데 밤에 다시 열이 났다.

I was fine during the day, but at night I had a fever again.

• 학교에서 열이 나서 양호실에 갔다.

I had a fever at school, so I went to the nurse's office.

→ nurse's office 양호실, 보건실

• 동생이 열이 너무 많이 나서 입원했다.

My younger brother had a very high fever, so he has been hospitalized.

→ be hospitalized 입원하다

• 열이 나고 온몸이 쑤신다.

I have a fever, and my entire body is aching.

→ ache 아프다, 쑤시다

• 아직도 미열이 있다.

I still have a slight fever.

→ slight 약간의

• 약을 먹었더니 열이 내렸다.

I took a pill, and my fever came down.

• 콧물이 줄줄 난다.

I have a runny nose.

→ runny 콧물이 흐르는

• 계속 코를 풀었더니 코가 온통 빨갛고 헐었다.

I blew my nose so much that it is all red and swollen.

→ blow one's nose 코를 풀다   swollen 부은

• 코를 계속 풀었더니 머리가 띵하다.

Because I kept blowing my nose, my head hurts.

• 코가 막혀서 답답하다.

My nose is stuffed up, so I feel suffocated.

→ stuffed up 막힌   suffocated 숨이 막힌, 질식한

• 나는 비염이다.

I have a nasal allergy.

→ nasal 코의

• 환절기라 비염이 심해졌다.

Because the season was changing, my nasal allergy got worse.

• 목에 가래가 잔뜩 끼었다.

My throat is full of phlegm.

→ phlegm 가래

• 목이 따끔거리고 아프다.

My throat hurts. /
I've got a sore throat.

→ sore 아픈, 따가운

• 병원에 갔더니 의사 선생님께서 내 목이 많이 부었다고 하셨다.

When I went to the hospital, the doctor said that my throat was swollen a lot.

• 목이 부어서 목소리가 나오지 않았다.

I lost my voice because of my swollen throat.

• 기침이 계속 나온다.

I can't stop coughing.

→ cough 기침하다; 기침

• 기침이 안 낫는다.

My cough is not going away.

→ go away 사라지다

• 기침이 너무 심하다.

My cough is very severe.

→ severe 심각한

• 밤새도록 기침을 했다.

I was coughing all night.

• 수업 시간에 계속 기침이 나와서 곤란했다.

I felt terrible because I kept coughing during class.

• 기침에는 도라지가 좋다고 한다.

I heard that balloon flower root is good for coughs.

→ balloon flower root 도라지

• 엄마가 기침에 좋다며 끓인 배를 주셨다.

Mom served me boiled pears and said that they were good for coughs.

→ boiled 끓인, 삶은

감기약 / 병원 ★ Cold Medicine / Hospitals

• 감기약 먹는 걸 깜빡했다.

I forgot to take my cold medicine.

• 약이 정말 독한 것 같다.

I think the medicine is really strong.

• 감기약이 정말 썼다.

The medicine for my cold tasted really bitter.

→ bitter (맛이) 쓴

• 이 약은 하루 3번, 식후 30분에 먹어야 한다.

I am supposed to take the medicine 3 times a day 30 minutes after meals.

→ be supposed to ~하기로 되어 있다   meal 끼니, 식사

• 열이 나서 병원에 갔다.

I went to see a doctor because of my fever.

- 병원에 사람이 정말 많았다. 환절기라서 그런 것 같다.

  The hospital was very crowded. I guess the reason is that the seasons are changing.

- 의사 선생님이 감기라고 하셨다.

  The doctor told me that I had caught a cold.

- 의사 선생님이 내 목이 많이 부었다고 하셨다.

  The doctor told me that my throat was swollen.

- 의사 선생님이 당분간 (학교에 가지 말고) 집에 있으라고 하셨다.

  The doctor told me to stay at home for a while.

  → for a while 당분간

- 약 먹고 푹 쉬라고 하셨다.

  He told me to take some medicine and to get some good rest.

- 감기가 낫지 않아 소아과 말고 이비인후과에 갔다.

  My cold is not going away, so I went to an ENT(ear, nose, and throat) specialist instead of the pediatrician.

  → ENT 이비인후과   specialist 전문가, 전문의   pediatrician 소아과 의사

- 의사 선생님이 중이염이 왔다고 했다.

  The doctor told me that I had an inflammation in my middle ear.

  → inflammation 염증

- 의사 선생님이 항생제를 처방해 주셨다.

  The doctor prescribed antibiotics.

  → prescribe 처방하다   antibiotic 항생제

- 엄마가 잊지 말고 약을 잘 챙겨 먹으라고 하셨다.

  Mom told me not to forget to take the medicine.

- 감기약을 먹었더니 잠이 쏟아졌다.

  I felt sleepy and tired because I took some cold medicine.

- 감기약을 먹었더니 하루 종일 몽롱했다.

  I took some cold medicine, and it made me feel drowsy all day.

  → drowsy 졸린, 몽롱한

- 엄마는 약 먹는 걸 아주 싫어하신다.

My mother hates taking medicines.

- 감기가 심해서 주사를 맞았다.

My cold was so severe that I had to get a shot.

→ severe 심한, 심각한   shot 주사

예방접종 ★ Vaccinations

- 오늘 독감 예방접종을 했다.

I got a flu shot today.

→ shot 주사

- 병원에 가서 B형 간염 예방주사를 맞았다.

I went to the hospital and got a vaccination for hepatitis B.

→ vaccination 예방접종   hepatitis B B형 간염

- 주사 맞는 건 정말 무섭다.

Getting a shot is really scary.

- 주사기만 봐도 덜덜 떨렸다.

Just by looking at the syringe, I couldn't stop trembling.

→ syringe 주사기   tremble 떨다

- 주사 맞는 게 생각만큼 아프지 않았다.

Getting a shot didn't hurt as much as I had thought.

- 주사 맞는 게 하나도 아프지 않았다. 신기했다.

Getting a shot didn't hurt at all. I couldn't believe it.

- 그냥 따끔 하는 정도였다.

It just stung a little.

→ sting 따끔거리다(sting-stung-stung)

- 동생은 울고불고 난리가 났다.

My younger brother cried like crazy.

- 주사를 맞고 상으로 사탕을 받았다.

After getting a shot, I got some candy as a reward.

→ reward 상, 보상

가족의 병환 ★ Sicknesses in a Family

- 엄마가 아프시다.

My mother is sick.

- 아빠가 장염으로 입원하셨다.

My father is hospitalized due to the inflamed intestine.

→ be hospitalized 입원하다   inflamed intestine 장염

- 엄마가 입원하셔서 내가 혼자 밥을 챙겨 먹었다.

My mother was in the hospital, so I had to eat my meals on my own.

→ on my own 혼자, 스스로

- 동생이 밤에 갑자기 고열이 나서 응급실에 갔다.

My younger sister suddenly had a high fever, so we took her to the emergency room.

→ emergency room 응급실

- 동생이 폐렴으로 입원해 있다.

My younger sister is hospitalized because of pneumonia.

→ pneumonia 폐렴

- 할아버지가 편찮으셔서 병원에 입원하셨다.

My grandfather got sick, so he was hospitalized.

- 할머니가 디스크 수술을 하셨다.

My grandmother had surgery for a slipped disk.

→ surgery 수술   slipped disk 추간판 탈구, 디스크

- 할아버지가 빨리 나으셨으면 좋겠다.

I hope my grandfather gets well soon.

→ get well 낫다

- 할머니가 건강해지셔서 퇴원하셨다.

My grandmother got better, so she left the hospital.

- 할아버지, 할머니께서 건강하게 오래 사셨으면 좋겠다.

I hope my grandparents live long and healthy lives.

질병 및 증상

Food Poisoning

Friday, July 3, Sunny

After lunch at school, my stomach began hurting. The pain grew worse and worse, so I left school early. As soon as I got home, I threw up everything I had eaten. I went to see a doctor, and he said I had food poisoning. I hope to feel better soon.

식중독   7월 3일 금요일, 맑음

학교에서 급식을 먹고 난 뒤 속이 안 좋았다. 배가 점점 더 아파져서 조퇴를 했다. 집에 도착하자마자 먹은 걸 다 토했다. 병원에 갔는데 의사 선생님이 식중독이라고 하셨다. 빨리 나아야 할 텐데.

· food poisoning 식중독 pain 고통 grow + 비교급 점점 ~해지다 throw up 토하다

• 배가 아프다.

I have a stomachache.

→ stomachache 배앓이, 복통

• 갑자기 배가 아팠다.

I got a stomachache all of a sudden.

→ all of a sudden 갑자기

• 배가 아파서 참을 수가 없었다.

I couldn't stand the pain in my stomach.

→ stand 참다, 견디다

• 배가 너무 아파서 눈물이 나올 지경이었다.

My stomachache was so bad that I felt like crying.

• 아침부터 배가 살살 아팠다.

Since morning, my stomach has been hurting slightly.

→ slightly 약간

• 배탈이 났다.

I have an upset stomach.

→ upset stomach 배탈

• 먹은 걸 다 토했다.

I threw up everything I ate.

→ throw up 토하다

• 하루 종일 설사를 했다.

I had diarrhea all day.

→ diarrhea 설사

• 배가 아파서 조퇴를 했다.

Because of my stomachache, I left school early.

• 다 토했더니 기운이 하나도 없다.

I don't have any strength because I threw up everything.

• 찬 음식을 너무 많이 먹었나 보다.

Maybe I had too much cold food.

• 상한 음식을 먹었나 보다.

Maybe I ate some spoiled food.

→ spoiled (음식이) 상한

• 뭘 잘못 먹었나 보다.

I think I must have eaten something bad.

→ must have 과거분사 ~했음에 틀림없다

• 길에서 꼬치구이를 사 먹었는데 그게 이상했던 것 같다.

I ate some kebabs on the street, and I think that food was spoiled.

→ kebab 케밥, 꼬치구이

• 의사 선생님이 식중독이라고 하셨다.

The doctor told me that I had food poisoning.

→ food poisoning 식중독

• 의사 선생님께서 따뜻한 물을 자주 마시라고 하셨다.

The doctor told me to drink warm water often.

• 장염에 걸려 하루 종일 토하고 설사를 했다.

Because of enteritis, I threw up and had diarrhea all day.

→ enteritis 장염

• 엄마가 죽을 끓여 주셨다.

My mother made me porridge.

→ porridge 죽

• 죽다 살아난 기분이다.

It feels like I came back from death.

• 배가 아파서 밥도 못 먹고, 이게 무슨 꼴이람!

I can't eat anything because of my stupid stomachache! I can't believe this!

• 가족들이 배 아파서 고생하는 나를 앞에 두고 치킨을 먹었다.

My family ate chicken in front of me while I was suffering from a stomachache.

→ suffer from ~로 고생하다

• 배 아픈 게 나으면 꼭 치킨을 먹어야지.

When my stomachache goes away, I am going to eat chicken.

→ go away 사라지다, 가 버리다

• 하룻밤 자고 나니 배 아픈 것이 싹 나았다.

My stomachache magically went away after I slept all night.

→ magically 이상하게, 마법처럼

충치 ★ Cavities

• 이가 아프기 시작했다.

My tooth started hurting.

• 며칠 전부터 이가 아프다.

My teeth have hurt for a few days. /
My toothache started a few days ago.

• 아무래도 이가 썩은 것 같다.

I think my tooth is decayed. /
The tooth seems to be decayed.

→ decayed 썩은, 벌레 먹은

• 치과에 가는 건 정말 무섭다.

I am really afraid of going to see the
dentist.

→ go to (see) the dentist 치과에 가다(dentist : 치과의사)

• 오늘 치과에 가서 충치를 치료했다.

Today, I went to the dentist and had a
cavity treated.

→ cavity 충치   treat 치료하다

• 이가 3개나 썩었다.

Three of my teeth are decayed.

• 의사 선생님이 썩은 부위를 제거하고 금으로
떼워 주셨다.

The doctor removed the decayed part and
then filled it with gold.

→ remove 제거하다

• 마취를 해서 별로 아프지는 않았다.

Thanks to anesthesia, it didn't hurt much.

→ anesthesia 마취

• 하지만 기계 소리에 기분이 끔찍했다.

But the sound from the machine gave me
the chills.

→ chill 오싹한 느낌

• 마취가 풀리자 이가 아프기 시작했다.

When the anesthesia wore off, my tooth
started to ache.

→ wear off 차츰 사라지다(wear-wore-worn)

- 충치를 치료 받으니 이제 밥 먹기가 편하다.

  Now that I got my cavity treated, it is comfortable to eat food.

- 충치 치료를 받으니 이제 살 것 같다.

  I feel so much better after getting my cavity treated.

- 나는 아직까지 충치가 하나도 없다.

  I don't have a single cavity so far.

- 매일 양치질을 열심히 하는데 충치가 생겼다.

  I brush my teeth very hard every day, but I found I had a cavity.

- 의사 선생님께서 치실을 사용하라고 하셨다.

  The dentist told me to use floss.

  → floss 치실

- 오늘부터 꼭 양치질을 잘 해야겠다.

  Starting today, I will make sure I brush my teeth well.

- 양치질을 더욱 꼼꼼히 해야겠다.

  I will brush my teeth more carefully.

- 앞으로는 양치질을 절대 빼먹지 않겠다.

  I will never forget to brush my teeth from now on.

발치 ★ Pulling Teeth

- 앞니가 흔들거린다.

  My front tooth is wobbling. /
  I have a wiggly front tooth.

  → wobble 흔들리다   wiggly 꿈틀거리는

- 며칠 전부터 이가 흔들거린다.

  One of my teeth has been wobbling for several days. /
  One of my teeth started shaking a few days ago.

- 이가 덜렁거리는 느낌이 들었다.

  I could feel my tooth hanging loose.

  → hang loose 늘어지다, 축 처지다

- 치과에 가서 흔들거리던 이를 뺐다.

I went to the dentist and got my loose teeth pulled out.

→ pull out 뽑다, 빼다

- 이를 뺐는데 하나도 아프지 않았다.

It didn't hurt at all even though my tooth was pulled.

- 영구치들이 나오고 있다고 한다.

I heard that my permanent teeth are coming in.

→ permanent tooth 영구치

- 흔들거리던 이가 저절로 빠졌다.

My loose tooth fell out by itself.

→ fall out 떨어져 나가다   by itself 저절로

- 흔들거리는 이빨을 내가 직접 뺐다.

I pulled out the loose tooth by myself.

- 이를 잡고 몇 번 흔들었더니 금방 빠졌다.

I held the tooth and shook it a little, and then it just fell out.

- 급식을 먹다가 이가 빠진 친구도 있다.

I have a friend whose tooth fell out while he was eating lunch at school.

- 이가 없으니 먹을 때 꽤 불편하다.

Since I am missing a tooth, it is quite uncomfortable to eat.

- 앞니가 빠져서 아빠는 내가 더 귀엽다고 하신다.

Dad says I look cuter without my front tooth.

- 오늘 밤 이빨 요정한테 이 이를 줘야겠다.

I am going to give this tooth to the tooth fairy.

→ tooth fairy 이의 요정(빠진 이를 침대 밑에 두면 이를 가져가고 대신 동전을 놓아 둔다는 상상 속의 존재)

눈병 ★ Eye Infections

• 수영장에 갔다가 눈병에 걸렸다.

I got an eye infection from the swimming pool. /
I got pink eye after I played in the swimming pool.

→ infection 감염, 전염   pink eye 눈병

• 눈병이 유행이라고 한다.

I heard that eye infections are spreading.

→ spread 퍼지다, 유행하다

• 눈에서 진물이 났다.

My eyes watered a lot.

• 눈이 빨갛게 충혈되었다.

My eyes are bloodshot.

→ bloodshot 충혈된, 핏발이 선

• 눈에 눈곱이 끼었다.

I have sleep in my eyes.

→ sleep 눈곱

• 눈에 안약을 넣었다.

I put eye drops into my eyes.

→ eye drops 안약

• 눈병은 빨리 안 낫는다.

An eye infection takes some time to heal. /
It is said that an eye infection cannot be cured quickly.

→ heal 낫다, 고치다

• 동생한테 눈병을 옮았다.

I got an eye infection from my brother.

• 눈병이 다 나았다.

My eye infection is completely cured.

→ completely 완전히   cure 치료하다

• 일주일 동안 안대를 하고 있다.

I have been wearing an eye patch for a week.

→ eye patch 안대

- 의사 선생님이 눈병은 전염이 되기 때문에 학교에 가지 말라고 하셨다.

The doctor told me not to go to school because eye infections are contagious.

→ contagious 전염성 있는

- 눈병에 걸려 일주일 간 학교를 쉬었다.

I missed school for a week because of my eye infection.

시력 ★ Eyesight

- 나는 눈이 나쁘다.

My eyesight/vision is bad.

→ eyesight/vision 시력

- 나는 시력이 좋다.

My eyesight is good.

- 나는 시력이 양쪽 다 0.5이다.

My eyes are 0.5 on both sides.

- 작년보다 시력이 더 나빠졌다.

My eyesight got worse than it was last year.

- 칠판의 글씨가 잘 안 보인다.

I can't see the letters on the board clearly.

- 안과에 가서 시력 검사를 했다.

I went to see an eye doctor and had my eyesight examined. /
I went to an ophthalmic clinic and took an eyesight test.

→ eye doctor 안과의사　examine 검사하다　ophthalmic clinic 안과

- 의사 선생님은 내가 시력이 나빠져서 안경을 써야 한다고 하셨다.

The doctor told me that I should wear glasses because my eyesight got worse.

- 안경을 맞추러 안경점에 갔다.

I went to an optical store to get glasses.

→ optical store 안경점

- 안경테를 흰색으로 맞췄다.

I got white-framed glasses.

→ -framed ~테의

- 안경을 쓴 내 모습이 어색하다.

I am not used to seeing myself with glasses.

→ be used to -ing ~에 익숙하다

- 안경을 쓰니 불편하다.

Wearing glasses is uncomfortable.

→ uncomfortable 불편한

- 안경을 쓰니 앞이 잘 보인다.

I can see clearly now that I am wearing glasses.

- 우리 반에는 안경을 쓰는 친구들이 많다.

There are many students in my class who wear eyeglasses.

- 콘택트렌즈는 어린이들은 하지 않는 게 좋다고 한다.

I heard that contact lenses are not recommended for children. /
It is said that contact lenses are not so good for children.

→ recommend 추천하다

- 눈이 더 나빠지지 않도록 조심해야겠다.

I will be more careful so that my eyesight doesn't get any worse.

- 컴퓨터 게임을 많이 하지 말아야겠다.

I will not play a lot of computer games.

- TV를 많이 보지 말아야겠다.

I should not watch a lot of TV.

변비 ★ Constipation

- 나는 변비가 있다.

I am constipated.

→ constipated 변비가 있는

- 나는 변비가 심하다.

I am suffering from serious constipation.

→ constipation 변비

• 화장실에 오래 앉아 있어도 변이 나오지 않는다.

Even if I sit on the toilet for a long time, I can't poop.

→ poop 대변을 보다; 대변

• 배는 아픈데 변이 나오지 않았다.

My tummy hurt, but poop still did not come out.

→ tummy 배

• 오늘 아침에도 30분이나 화장실에 앉아 있었지만 결국 볼일을 못 봤다.

Again this morning, I sat on the toilet for 30 minutes, but nothing came out.

• 변비 때문에 얼굴에 뾰루지가 났다.

Because I'm constipated, I have pimples on my face.

→ pimple 여드름, 뾰루지

• 벌써 3일째 변을 보지 못했다.

It has been three days already, and still I haven't pooped.

• 먹은 게 전혀 안 나오니 죽을 지경이다.

What I eat doesn't come out at all, so it's killing me.

• 변비가 생겨서 요구르트를 마시기 시작했다.

Because I'm constipated, I have started to drink yogurt.

• 지난 며칠 동안 채소를 많이 먹었더니 변비가 사라졌다.

I ate a lot of vegetables for the past few days, and that made my constipation go away.

• 앞으로 꼭 채소를 많이 먹어야겠다.

I will make sure I eat a lot of vegetables from now on.

→ make sure 반드시 ~하다

• 편식하지 말고 음식을 골고루 먹어야겠다.

I will stop being a picky eater and will eat all kinds of food.

여드름 ★ Pimples

• 얼굴에 여드름이 났다.

I have pimples on my face.

→ pimple 여드름, 뾰루지

• 이마에 뾰루지가 하나 났다.

I have a pimple on my forehead.

• 뺨에 뭐가 빨갛게 나서 몹시 부었다.

There is something red on my cheek, and it's all swollen.

→ swollen 부은

• 엄마가 보시더니 여드름이라고 하셨다.

Mom looked at it and said it was acne.

→ acne 여드름

• 여드름이 점점 심해진다.

I found my acne getting worse.

• 손으로 여드름을 짰다.

I squeezed a pimple with my hands.

→ squeeze 짜다

• 얼굴에 여드름이 나서 신경이 쓰인다.

I have a pimple on my face, and it is bothering me.

• 여드름이 났다고 친구들이 놀렸다.

My friends made fun of me for having pimples on my face.

→ make fun of ~를 놀리다

• 선우는 여드름이 정말 심하다.

Sunwoo's acne is pretty serious.

→ serious 심각한, 심한

• 반 애들 중에 얼굴에 여드름이 난 친구들이 많다.

A lot of my classmates have pimples on their faces.

• 얼굴에 여드름이 나서 병원에 갔다.

I went to the hospital because of the pimples on my face.

• 의사 선생님이 연고를 처방해 주셨다.

The doctor prescribed some ointment for me.

→ prescribe 처방하다   ointment 연고

• 연고를 발랐더니 여드름이 없어졌다.

When I applied the ointment, the pimples disappeared.

→ apply 바르다

• 연고를 발랐지만 여드름이 낫지 않았다.

Even though I put on the ointment, the pimples are still there. /
The ointment did not work really well on my acne.

→ work 효과가 있다

• 이 여드름이 언제쯤 없어질까?

I wonder when these pimples will go away.

• 여드름이 나면 사춘기라고 하던데 정말 그런가?

I heard that when someone gets pimples, it is a sign of puberty. I wonder if that is true.

→ puberty 사춘기

• 여드름이 나면서 목소리도 이상해진 것 같다.

I think my voice has started to sound weird since I have gotten pimples.

생리 ★ Menstruation

• 초경을 시작했다.

I just started my first period.

→ period 생리

• 생리를 시작했다.

My period started.

• 나는 아직 생리를 안 한다.

I still haven't had a period.

• 수영이는 벌써 생리를 시작했다.

Suyeong already started her period.

• 나는 생리를 늦게 시작했으면 좋겠다.

I hope I don't start my period any sooner.

• 엄마는 어른이 되어 가는 거라고 축하해 주셨다.

Mom congratulated me and said that I am becoming an adult.

→ congratulate 축하하다   adult 어른

- 생리하는 날은 학교 가기가 싫다.

Whenever I have my period, I don't want to go to school.

- 나는 생리통이 심하다.

I have bad cramps.

→ cramps 생리통

- 생리통 때문에 양호실에 누워 있었다.

Because of my cramps, I had to lie down in the nurse's office.

- 생리통이 너무 심해 약을 먹었다.

My cramps were so severe that I had to take some medicine.

- 생리대가 다 떨어졌다.

I am out of pads.

→ pad 패드, 생리대

- 생리는 왜 여자만 하는 걸까?

Why do only women have periods?

각종 부상 ★ Injuries

- 달리기를 하다 넘어졌다.

I fell down while running.

→ fall down 넘어지다

- 놀이터에서 넘어져서 무릎이 온통 까졌다.

I fell down on the playground, and my knees are all scraped.

→ scraped 까진, 찰과상을 입은

- 무릎에서 피가 났다.

My knee was bleeding.

→ bleed 피가 나다

- 종이에 베었다.

I got a paper cut.

- 피가 난 곳에 연고를 바르고 밴드를 붙였다.

I applied some ointment and put a bandage on the bleeding.

→ bandage 반창고   bleeding 출혈

420

• 상처에 딱지가 생겼다.

A scab formed over my wound.

→ scab (상처의) 딱지   wound 상처

• 침대에 머리를 부딪쳐 이마가 찢어졌다.

I bumped my head on the bed, and got a cut on my forehead.

• 병원에 가서 세 바늘 꿰맸다.

I went to the hospital and got three stitches.

→ stitch 꿰매기, 바늘땀

• 이마에 흉터가 남았다.

It left a scar on my forehead.

→ scar 흉터

• 친구들이랑 장난치다가 넘어져서 팔이 부러졌다.

I broke my arm because I fell while fooling around with my friends.

→ fool around 노닥거리다

• 자전거 타다 넘어져서 다리가 부러졌다.

I fell down while riding my bicycle, so I broke my leg.

• 팔이 부러져서 깁스를 했다.

I broke my arm, so I had to wear a cast.

→ cast 깁스

• 한 달 동안 깁스를 하고 있어야 한다.

I have to wear a cast for a month.

집과 동네

My Home & My Town

거주지 및 집

A Wish for My Own Bedroom
Thursday, September 23, Sunny

We only have two bedrooms in my house. I share a bedroom with my big brother. He tells me to go out of the room. He argues that it is his room. So I usually study in the living room. I wish I had my own bedroom.

내 방이 있었으면   9월 23일 목요일, 맑음

우리 집은 방이 두 개뿐이다. 나는 형이랑 방을 함께 쓴다. 그런데 형은 자기 방이라며 나보고 나가라고 한다. 그래서 나는 주로 거실에서 공부를 한다. 나도 내 방이 있었으면 좋겠다.

• **share** 함께 쓰다 **argue** 언쟁하다, 다투다

거주지 ★ Homes

- 나는 경기도 분당에 산다.

I live in Bundang, Gyeonggi-do.

- 우리 집 주소는 서울시 양천구 목동서로 211이다.

My address is 211, Mokdongseo-ro, Yancheon-gu, Seoul.

→ address 주소

- 나는 신도시에 산다.

I live in a new town.

- 아빠 직장을 따라 최근 세종시로 이사 왔다.

I recently moved to Sejong-shi due to my father's job.

→ recently 최근에   due to ～때문에

- 우리 집은 시골이다.

My home is in the countryside.

→ countryside 시골

- 내가 사는 곳은 인구 만 명도 안 되는 시골이다.

The place I live in is a rural town which has a population of fewer than ten thousand people.

→ rural 시골의   population 인구

- 우리 집에서 시내까지 차로 40분 정도가 걸린다.

It takes us 40 minutes to drive to the downtown area from my house. / From my house, it is a 40-minute drive to reach the downtown area.

→ downtown area 도심 지역, 시내   reach ～에 이르다

- 우리 집은 거제시에서 조금 떨어진 교외에 있다.

My house is in a suburb a little away from Geoje-shi.

→ suburb 교외

- 나는 (육지에서) 배로 1시간 걸리는 섬에 살고 있다.

I live on an island which takes an hour to reach by ship.

→ reach ～에 도달하다

- 나는 아파트에 산다.

I live in an apartment.
→ apartment 아파트 (영국에서는 flat이라고 함)

- 우리 집은 쑥쑥아파트 104동 1208호다.

My address is unit number 1208 in building 104 of Suksuk Apartment.

- 우리 아파트는 15층까지 있다.

There are 15 stories in my apartment.
→ story 층

- 우리 집은 5층이다.

My house is on the 5th floor.

- 나는 대림아파트 4차에 산다.

I live at Daelim-4cha Apartment.

- 우리 아파트는 1층에 상점들이 있는 주상복합 건물이다.

My apartment is a multipurpose building with stores on the ground floor.
→ multipurpose 다목적의   ground floor 1층

- 내가 사는 동에는 반 친구들이 많이 산다.

Many of my classmates live in the same building where I live.

- 우리 아파트에는 놀이터가 많다.

There are many playgrounds in my apartment.

- 우리 아파트 근처에 산책로가 있어 좋다.

I like that there is a trail near my apartment.
→ trail 오솔길

- 아파트 단지 내 상가 건물에는 학원이 많다.

There are many hagwons in the shopping center at my apartment complex.
→ complex (건물) 단지

- 우리 아파트는 층간 소음이 너무 잘 들린다.

Noise travels so well through the floors of my apartment building.
→ travel 이동하다

• 우리 아파트는 방음이 잘 안 된다.

My apartment building's walls are hardly soundproof.

→ soundproof 방음의

주택 ★ Private Residences

• 나는 주택에 산다.

I live in a private residence.

→ private residence 개인 주택

• 나는 빌라에 산다.

I live in a condominium.

→ 빌라처럼 여러 가구가 모여 있는 공동주택 형태는 영어로 condominium이라고 합니다.

• 고층 아파트에 살다가 작년에 이 집으로 이사를 왔다.

I used to live in a tall apartment building, but I moved to this house a year ago.

→ used to ~한 적이 있다

• 우리 집은 주택이어서 마음껏 뛰어도 된다.

Because my house is a private residence, I can run as much as I want to.

• 우리 집은 마당이 있다.

We have a yard at my house.

• 우리 집 뒤뜰에 있는 나무에 감이 열렸다.

There are persimmons on the tree in the backyard of my house.

→ persimmon 감　backyard 뒷마당. 뒤뜰

• 우리 집 정원에 있는 벚나무에 꽃이 많이 피었다.

The cherry blossom tree in the garden of my house has many blossoms.

→ cherry blossom tree 벚나무　blossom 꽃

• 엄마가 텃밭에서 채소를 키우신다.

My mother grows vegetables in her kitchen garden.

→ kitchen garden 텃밭

427

- 우리 집은 방이 두 개다.

There are two rooms in my house.

- 우리 집은 방이 세 개이고, 욕실이 두 개다.

There are three rooms and two bathrooms in my house.

- 우리 집은 방이 하나밖에 없다.

There is only one room in my house.

- 나는 형이랑 방을 같이 쓴다.

I share a room with my older brother.

- 나는 할머니와 방을 같이 쓰는데 자꾸 불 끄고 일찍 자라고 하신다.

I share a room with my grandmother, and she keeps telling me to turn off the light and to go to bed early.

- 나도 내 방이 있었으면 좋겠다.

I wish I had my own room.

- 시원이네 집은 복층이고 다락방이 있다.

Siwon lives in a second-story house with an attic.

→ second-story 2층, 복층

- 우리 집은 거실에 TV가 없다.

There is no TV in our living room.

- 우리 집 거실에는 책이 가득하다.

My living room is filled with books.

- 우리 집은 거실에 책장을 놓고 공부하는 공간으로 쓴다.

We use the living room as a study room and have filled it with bookshelves.

→ bookshelf 책장

- 우리 집 베란다에는 화분이 많다.

There are plenty of flowerpots on the balcony of my house.

→ plenty of 많은 ~   flowerpot 화분   balcony 베란다

- 우리 집 베란다에서는 바다가 보인다.

I can see the ocean from the balcony/ veranda of my house.

- 우리 집은 남향이라서 햇빛이 잘 든다.

My house faces south, so it receives a lot of sunlight.

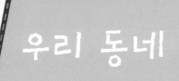

Chapter 30

우리 동네

 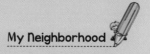

Haeundae: My Town
Wednesday, August 28, Scorching

I live in Haeundae in Busan. It is famous for its beautiful beach. In the summer, many tourists from all over the country come to enjoy the beach. Recently, lots of foreigners have been visiting here. I am proud to live in Haeundae.

내 고장 해운대　　8월 28일 수요일, 무지 더움

내가 사는 곳은 부산의 해운대다. 해운대는 아름다운 해변으로 유명하다. 여름이면 전국에서 많은 관광객들이 해변을 즐기러 온다. 최근에는 외국인들도 많이 오고 있다. 나는 해운대에 사는 것이 자랑스럽다.

· **be famous for** ~로 유명하다　**tourist** 관광객　**foreigner** 외국인　**proud** 자랑스러운

- 내가 사는 곳은 사과가 유명하다.

  The town that I live in is famous for apples.

- 우리 고장 특산물은 잣이다.

  Pine nuts are a specialty of my town.

  → pine nut 잣   specialty 특산물

- 우리 고장은 해변과 리조트가 많은 유명한
  휴양지다.

  My town is a famous vacation spot with a
  lot of beaches and resorts.

  → vacation spot 휴양지

- 우리 고장은 바닷가여서 싱싱한 생선을 많이
  먹을 수 있다.

  Because my town is on the coast, I can eat
  a lot of fresh fish.

  → coast 해안 (지방)

- 우리 동네는 가까이에 산이 있다.

  There is a mountain near my town.

- 우리 고장은 공기가 좋다.

  My town has fresh air. /
  The air is very fresh in my town.

- 우리 동네 주변에는 공원이 많다.

  There are many parks around my town.

- 우리 고장은 인구가 아주 적다.

  The population of my town is pretty small.

  → population 인구

- 나와 내 친구들은 우리 동네 뒷동산에서
  매일 논다.

  My friends and I hang out on a hill in our
  town every day.

  → hang out 어울려 다니다, 어울려 놀다

- 우리 고장에서는 매년 나비 축제가 열린다.

  There is a butterfly festival in our town
  every year.

- 우리 고장에는 5일장이 선다.

  In my town, the farmers' market opens
  once every 5 days.

- 우리 동네는 언덕에 있어서 오르막길이 많다.

  My town is located on a hill, so there are
  many uphill roads.

  → be located on/in ~에 위치하다   uphill road 오르막길

430

음식점 ★ Restaurants

우리 동네는 맛있는 식당이 많다.

There are so many delicious restaurants in my town.

우리 동네는 맛집이 별로 없다.

There are not many good restaurants in my town.

시내 스파게티집은 엄청 유명하다.

The pasta restaurant downtown is really famous.

그 식당 앞에는 항상 사람들이 줄 서서 기다리고 있다.

People are always waiting in line in front of that restaurant.

우리 동네 빵집은 슈크림빵이 정말 맛있다.

My town's bakery has perfect creampuffs.

→ creampuff 슈크림빵

우리 동네에 피자집이 새로 생겼다.

A new pizza restaurant just opened up in my town.

우리 식구는 주로 삼겹살집에 간다.

My family usually goes to a *samgyeopsal* (grilled pork strips) restaurant.

문구점 ★ Stationery Stores

집 근처에 문구점이 없어서 무척 불편하다.

It is very inconvenient not having a stationery store near my house.

→ inconvenient 불편한   stationery store 문구점

우리 학교 앞에 문구점이 있다.

There is a stationery store in front of my school.

내일 미술시간에 쓸 준비물을 사러 문방구에 갔다.

I went to the stationery store to buy some materials for tomorrow's art class.

→ material 재료, 준비물

- 문구점에 가서 친구 선물을 샀다.

  I went to the stationery store and bought a present for my friend.

- 칭찬스티커를 다 모아서 엄마가 문방구에서 장난감을 사 주셨다.

  Mom bought me a toy at the stationery store because I completed my collection of reward stickers.

  → complete 완성하다, 끝내다

- 우리 동네 문방구에는 예쁜 학용품이 아주 많다.

  The stationery store in my town has so many pretty school supplies.

  → school supplies 학용품

- 우리 동네 문방구 주인은 무척 친절하다.

  The owner of my town's stationery store is really kind.

도서관/서점 ★ Libraries / Bookstores

- 우리 집 근처에는 시립도서관이 있다.

  The city library is near my house. / There is a city library in my neighborhood.

- 우리 집 근처에는 도서관이 몇 개 있다.

  There are a few libraries around my house.

- 도서관은 우리 집에서 꽤 멀다.

  The library is really far from my house.

  → far from ∼에서 먼

- 도서관에 가려면 차 타고 20분이 걸린다.

  It takes us 20 minutes to drive to the library.

- 우리 동네 도서관은 한 번에 책을 3권씩 빌릴 수 있다.

  You can borrow 3 books at once from the library in my town.

  → borrow 빌리다

- 우리 가족은 모두 4명이어서 총 12권을 빌릴 수 있다.

  There are 4 people in my family, so we can borrow a total of 12 books.

- 시험 기간이어서 도서관에 사람이 엄청 많았다.

There were so many people in the library because it was an exam period.
→ exam period 시험 기간

- 우리 가족은 주말이면 도서관에 자주 간다.

My family often visits the library on weekends.

- 서점에 가려면 시내에 가야 한다.

I have to go downtown if I want to go to the bookstore.

- 주말에 아빠랑 서점에 갔다.

On the weekend, I went to the bookstore with my father.

- 서점에 가서 참고서를 샀다.

I went to the bookstore and bought a reference book.
→ reference book 참고서

- 책은 주로 온라인 서점에서 구입한다.

I usually buy books through an online bookstore.

슈퍼마켓 / 재래시장 ★ Supermarkets / Traditional Markets

- 슈퍼에 가서 과자를 샀다.

I went to a supermarket and bought some goodies.
→ '과자'는 종류별로 이름이 다르므로, 이럴 때는 군것질로 먹는 goodies나 snacks 가 적당합니다.

- 우리 동네 슈퍼는 물건을 배달해 준다.

The supermarket in my neighborhood offers a delivery service.
→ delivery service 배달 서비스

- 슈퍼에서 수박을 세일 중이다.

Watermelons are on sale at the supermarket.
→ on sale 세일 중인

- 우리 동네 슈퍼들은 밤 10시까지 연다.

The supermarkets in my town stay open until 10 p.m.

- 집 앞 마트가 문을 닫아 편의점에 가서 현장학습 간식을 샀다.

The grocery store in front of my house was closed, so I bought some snacks for my field trip at the convenience store.

→ convenience store 편의점

- 우리 집은 주말에 마트에서 장을 본다.

My family goes grocery shopping at the supermarket on weekends.

→ go grocery shopping 장을 보다

- 아빠랑 마트 시식 코너를 돌았더니 배가 불렀다.

My father and I went around to taste all of the samples in the grocery store, so I was really full.

→ taste 맛보다

- 큰 마트에는 시식 코너가 있어서 좋다.

I love big supermarkets because they have sample food stands.

→ stand 가판대, 좌판

- 우리 동네에는 재래식 시장이 있다.

There is a traditional market in my town.

→ traditional 재래의, 전통의

- 재래시장에는 재미있는 볼거리가 많다.

There are so many interesting things to see at the traditional market.

- 할머니랑 시장에 가서 샌들을 샀다.

I went to the traditional market with my grandmother and bought some sandals.

학교 ★ Schools

- 우리 학교는 집에서 걸어서 20분 거리다.

My school is twenty minutes' walking distance from my home.

→ distance 거리

• 우리 학교는 버스로 10분 걸린다.	It takes ten minutes to get to school by bus.
• 내가 다니는 초등학교는 바로 우리 집 앞이다.	The elementary school that I am attending is right in front of my house.
• 우리 아파트와 마주 보고 있는 중학교가 있다.	There is a middle school directly facing my apartment building.

→ directly 바로, 직접

• 학교가 멀어서 나는 스쿨버스를 타고 다닌다.	Because my school is far away, I have to take the school bus.
• 내가 다니는 학교는 도로변에 있다.	The school that I go to is located on the roadside.
• 우리 학교는 언덕 꼭대기에 있다.	My school is on top of a hill.
• 누나가 다니는 고등학교 근처에 경찰서가 있다.	There is a police station around the high school that my sister goes to.
• 언니는 학교에 가려면 지하철을 타고 네 정거장을 가야 한다.	My older sister has to take the subway and go 4 stops in order to go to school.

→ stop 정거장

• 초등학교와 중학교가 바로 붙어 있다.	An elementary school and a middle school are right beside one another.
• 내 동생이 다니는 유치원은 아파트 단지 안에 있다.	The kindergarten that my younger brother attends is inside the apartment complex.
• 나는 섬에 사는데 매일 배를 타고 학교에 간다.	I live on an island, and I ride on a ship to go to school every day.

BOOK 2

Book Report
Expression
Dictionary

영어독후감 표현사전

Intro

영어독후감
핵심패턴 20

20 Useful Patterns for Your Book Reports

영어로 독후감을 쓸 때 유용한 패턴들을 상황별로 정리했습니다.

전체적인 개요부터 구체적인 설명이나 소감까지 표현할 수 있는 패턴들입니다.

독후감은 내용을 요약하고 생각을 쓰는 자유로운 작문이기 때문에

이 패턴으로 사람들의 다양한 생각을 모두 표현하기는 어렵겠지만,

영어독후감에 익숙하지 않다면 글을 쓰는 데 큰 도움이 될 겁니다.

유의사항

- 책의 내용을 전달할 때 문장의 시제는 현재와 과거 모두 사용할 수 있지만,
  한 독후감 안에서는 시제가 통일되어야 합니다.

- 패턴에 있는 that은 생략이 가능한 경우가 많지만, 문어체이므로 대체로 쓰는 것이 좋습니다.

~ 책을 읽었다

I read ~

read는 동사변화가 read-read-read로 철자는 변하지 않지만, 발음은 [ri:d]-[réd]-[réd]로 달라지는 것에 유의하세요. 이 패턴에서는 과거형 read[réd]를 쓴 겁니다. '~가 쓴'은 간단히 'by+작가명'으로 표현하면 됩니다.

- 로알드 달의 〈요술 손가락〉이란 책을 읽었다.

  I read Roald Dahl's *The Magic Finger*.

- 오늘 헬렌 켈러에 관한 책을 읽었다.

  I read a book about Helen Keller.

- 오늘 로이스 로리가 쓴 〈기억 전달자〉를 읽었다.

  Today, **I read** *The Giver* by Lois Lowry.

한 걸음 더! 이렇게 표현해도 좋아요

- 책 제목은 〈찰리와 초콜릿 공장〉이다.

  The title of the book is *Charlie and the Chocolate Factory.*

- 오늘 내가 읽은 책은 앤드루 클레멘츠가 쓴 〈프린들〉이었다.

  The book I read today was *Frindle* by Andrew Clements.

이 책의 작가는 ~이다

The author of the story is ~

'작가, 저자'는 author 또는 writer라고 하면 됩니다. 또는 동사 write(쓰다)를 써서 작가를 표현할 수도 있습니다.

- 이 책의 저자는 메리 포프 어즈번이다.

  The author of the story is Mary Pope Osborne.

- 〈실리 샐리〉의 저자는 오드리 우드다.

  The author of *Silly Sally* **is** Audrey Wood.

- 이 책의 작가는 조이 카울리다.

  The writer of the story is Joy Cowley.

한 걸음 더! 이렇게 표현해도 좋아요

- 〈요술 손가락〉은 로알드 달이 썼다.

  The Magic Finger **was written by** Roald Dahl.

- 메리 포프 어즈번이 이 책을 썼다.

  Mary Pope Osborne **wrote** the story.

Pattern 03 · 이 책의 삽화가는 ~이다 ★ 삽화가 소개하기
The illustrator of the story is ~

'삽화가'는 영어로 illustrator라고 하는데, 어미가 -or로 끝나는 것에 주의하세요. 또는 be illustrated by ~(~에 의해 그려지다, ~가 그리다)를 써서 '~가 …을 그렸다'라는 식으로 설명해도 됩니다.

- 이 책의 삽화가는 퀜틴 블레이크이다.

  The illustrator of the story is Quentin Blake.

- 〈배고픈 애벌레〉의 삽화가는 에릭 칼이다.

  The illustrator of *The Very Hungry Caterpillar* **is** Eric Carle.

- 이 책의 삽화가는 돈 우드이다.

  The illustrator of the story is Don Wood.

- 〈안녕 달님〉은 클레멘츠 허드가 삽화를 그렸다.

  Good Night Moon **was illustrated by** Clement Hurd.

- 이 책은 토미 드파올라가 글을 쓰고 그림을 그렸다.

  It **was written and illustrated by** Tomie dePaola.

Pattern
04

이 책은 ~에 관한 내용이다

★ 한 줄 개요 말하기

This is a story about ~

책이 '누구' 또는 '무엇'에 관한 이야기인지 소개할 때 쓸 수 있는 패턴입니다. 흔히 '누구/무엇'에 해당하는 명사 뒤에 who/that으로 시작하는 관계대명사절이 오는 경우가 많습니다.

- 이 책은 그리스와 로마 신들에 관한 이야기다.

  This is a story about the Greek and Roman gods.

- 이 책은 우리를 웃게 만드는 학교에 관한 이야기다.

  This is a story about a school **that** makes us laugh.

- 이 책은 우리가 목격해 온 기후 변화에 관한 이야기다.

  This is a story about climate changes **that** we have witnessed.

- 〈프린들〉은 새로운 이름을 잘 만들어 내는 남자아이에 관한 이야기다.

  Frindle **is a story about** a boy **who** is good at making new names.

- 이 책은 인생을 어떻게 계획할 것인가에 관해 말해 준다.

  This tells us about how to plan your lives.

~ 때문에 이 책을 읽었다

★ 책을 읽은 이유 말하기

I read this book because ~

책을 읽게 된 이유나 동기를 because 뒤에 넣어서 표현하면 됩니다.

- 친구들이 이 책을 많이 읽어서 읽게 되었다.

  I read this book because many of my friends read it.

- 뉴베리 수상작이어서 이 책을 읽었다.

  I read this book because it received the Newbery Medal.

- 선생님께서 추천해 주셔서 이 책을 읽었다.

  I read this book because my teacher recommended it.

✏ **한 걸음 더!** 이렇게 표현해도 좋아요

- 제목이 흥미로워 보여서 이 책을 읽고 싶었다.

  I wanted to read this book because the title looked interesting.

- 그림이 웃겨서 이 책을 선택했다.

  I chose this book because the pictures were funny.

이것은 ~이다

★ 도서의 종류 밝히기

This is a(an) ~

'소설', '시', '공상과학' 등 책의 장르(genre)를 말할 때도 쓰고, '그림책', '챕터북', '종이책' 등 책의 종류를 설명할 때도 씁니다.

- 이것은 그림책이다.

  This is a picture book.

- 이것은 추리소설이다.

  This is a mystery novel.

- 이것은 논픽션이다.

  This is a nonfiction book.

- 〈마법의 시간 여행〉은 챕터북이다.

  Magic Tree House **is a** chapter book.

- 셜록 홈즈의 장르는 추리소설이다.

  The genre of *Sherlock Holmes* **is** mystery.

Pattern **07** 이야기의 배경은 ~이다 ★ 배경 소개하기

The setting of the story is ~

setting은 '(연극·소설 등의) 배경'을 가리키는 말로, '이야기가 발생한 시간과 장소'를 말합니다. 참고로 '~년대'라는 표현은 in the 1930s(1930년대)처럼 해당 연대에 -s를 붙여서 표현하고, '2000년대'는 in the 2000s라고 하면 됩니다.

- 이야기의 배경은 1930년대다.

  The setting of the story is in the 1930s.

- 이야기의 배경은 바다 위에 있는 배 안이다.

  The setting of the story is on a ship at sea.

- 이 책의 배경은 제2차 세계대전이 발생했을 때다.

  The book's setting is when World War II broke out.

- 이야기의 사건은 펜실베이니아 프로그 크릭의 숲 속에서 발생한다.

  The story takes place in the woods of Frog Creek, Pennsylvania.

- 〈안젤리나 발레리나〉는 칩핑 체다라고 하는 작은 마을을 배경으로 한다.

  Angelina Ballerina **is set in** a small village called Chipping Cheddar.

Pattern
08
이야기의 주인공은 ~이다   ★ 주인공 소개하기

The main character of the story is ~

보통 등장인물은 여러 명이므로 등장인물을 소개할 때는 복수형으로 characters란 표현을 씁니다. 이 중에서 '주인공'은 main character라고 하며, 주인공이 두 명 이상이면 main characters 라고 하면 됩니다.

- 이 이야기의 주인공은 안젤리나다.

  The main character of this story is Angelina.

- 이 책의 주인공은 개구리와 두꺼비입니다.

  The main characters of this book are a frog and a toad.

- 이 이야기의 주인공은 베렌스타인이라는 곰 가족입니다.

  The main characters of this story are the Berenstain Bears.

- 이 책의 주인공은 엘로이즈라고 하는 여섯 살짜리 여자아이입니다.

  This book's main character is a six-year-old girl named Eloise.

- 〈구덩이〉의 주인공은 스탠리 옐내츠 4세다.

  The main character of *Holes* **is** Stanley Yelnats IV.

조연은 ~이다

★ 조연 소개하기

The supporting character is ~

주인공을 도와 이야기를 전개하는 사람, 즉 '조연 인물'은 supporting character(s)라고 합니다.

- 조연은 아서의 여동생 D.W.다.

  The supporting character is D.W., Arthur's little sister.

- 조역은 사나운 개의 주인인 애니다.

  The supporting character is Annie, the owner of a fierce dog.

- 조연 인물은 마빈의 절친한 친구들인 닉과 스튜어트다.

  The supporting characters are Nick and Stuart, Marvin's best friends.

한 걸음 더! 이렇게 표현해도 좋아요

- 다른 등장인물로는 제로와 엑스레이가 있다.

  There are also other characters like Zero and X-ray.

- 다른 주요 인물은 샘과 세레나다.

  Other important characters are Sam and Serena.

Pattern
10

~는 …한 남자아이다

★ 등장인물의 특징 설명하기

~ is a boy who...

등장인물을 소개할 때 a person/a boy/a girl 등의 명사 뒤에 who 관계대명사절을 연결하여 명사를 설명해 주세요. 한층 구체적이고 생동감 있는 글이 됩니다.

- 주인공은 항상 말썽을 부리는 남자아이다.

  The main character **is a boy who** always makes trouble.

- 카레나는 어린 소녀인데 어떤 섬에 수년 간 고립되었다.

  Karana is a young girl who was stranded on an island for years.

- 조지는 호기심 많은 원숭이인데 뭐든지 배우는 걸 좋아한다.

  George is a curious monkey who likes to learn everything.

한 걸음 더! 이렇게 표현해도 좋아요

- 주인공 마빈은 나머지 가족들과 다르게 생겼다.

  Marvin, the main character, doesn't look like the rest of his family.

- 조역인 버스터는 아서의 가장 친한 친구이다.

  Buster, a supporting character, is Arthur's best friend.

Pattern
11 처음에는 ~ (~으로 이야기가 시작된다)   ★ 도입부 설명하기
In the beginning, ~

줄거리 소개를 시작할 때 유용한 표현입니다. 줄거리를 요약할 때는 이야기의 짜임새(plot)에 맞춰 정리해야 하는데, 이때 who, when, where, what, how, why의 육하원칙(5W1H)을 떠올리면 수월합니다.

- 랫번 선생님께서 아서네 반에게 재미있는 이야기를 써 오라고 하시면서 얘기가 시작된다.

  In the beginning, Mr. Ratburn told Arthur's class to write an interesting story.

- 안젤리나가 오래된 자전거를 타고 심부름을 가면서 얘기가 시작된다.

  In the beginning, Angelina went on an errand by riding her old bike.

- 이야기 초반에 가족 모두가 해야 할 활동이 너무나 많다는 내용이 나온다.

  In the beginning, the whole family was involved in too many activities.

- 이야기는 너무나 바빠서 잘 기억하지 못하는 엄마 얘기로 시작한다.

  The story begins with Mama, who is too busy to remember things.

- 이야기는 화자가 마을의 수수께끼를 설명하는 것으로 시작된다.

  The story begins with a narrator explaining the mystery of the town.

Pattern **12**	중반에는 ~ **In the middle, ~**	★ 중반부 설명하기

이야기의 중반부를 소개할 때 유용한 패턴입니다. 동사의 시제는 현재와 과거 모두 가능합니다. 다만 도입부(In the beginning, ~)에서 시작한 시제와 일치해야 합니다.

- 이야기 중반에서 아서는 좋은 이야기를 쓰고 싶은데 방법을 몰랐다. 그래서 아서는 주변 사람들과 얘기를 나눠 본 후 새로 고쳐 쓰기를 반복했다.

  In the middle, Arthur wanted to write a good story, but he did not know how. So he tried to write again and again after talking to people around him.

- 이야기가 진행되면서 안젤리나는 앨리스와 경주를 하다가 자전거를 고장 냈다. 새 자전거를 사기 위해 안젤리나는 이웃들을 도우면서 돈을 모으려고 노력했다.

  In the middle, Angelina broke her bike while racing her friend Alice. To buy a new bike, she tried to earn some money by helping her neighbors.

- 이야기가 중반에 다다르자, 마마 베어는 너무 스트레스가 쌓여 그만 울어 버렸다. 자기가 너무나 압박을 느끼고 있음을 알게 된 것이다. 그래서 가족들은 우선 할 일을 고르기로 결정했다.

  In the middle, Mama Bear got stressed out and cried. She found she was feeling too much pressure. So the bears decided to choose what to do first.

Pattern **13** 결국에는 ~ (결말은 ~했다) ★ 결말 설명하기

In the end, ~

마지막으로 갈등이 해결되고 이야기가 어떻게 끝이 났는지 설명합니다. In the end, ~ 뒤의 문장은 시작과 중간에서 사용했던 시제와 같은 시제를 씁니다.

- 결국, 랫번 선생님께서는 정말 좋은 이야기를 쓰도록 아서에게 다시 기회를 주셨다.

  In the end, Mr. Ratburn gave him a second chance to write a truly good story.

- 끝에 가서, 조부모님께서 안젤리나의 생일 선물로 멋진 자전거를 사 주셨다.

  In the end, Angelina's grandparents bought a beautiful bike for her birthday present.

- 베렌스타인 베어즈 가족이 정상 생활로 돌아옴으로써 끝이 난다.

  In the end, the Berenstain Bears went back to their normal lives.

> **한 걸음 더!** 이렇게 표현해도 좋아요

- 이야기는 주인공이 가족에게 돌아오면서 끝이 난다.

  The story ends when the main character went back to his family.

- 이야기는 아이들이 산책하며 완다를 생각하는 장면으로 끝난다.

  The story ends with the children taking a walk and thinking of Wanda.

Pattern **14** 처음에는, 그런 다음, 그 다음, 나중에, 마침내 ★ 전체 요약하기

At first, ~ / Then, ~ / Next, ~ / Later, ~ / Finally, ~

줄거리 전체를 시간 순서대로 나열할 때 쓰는 부사구들입니다. 처음(At first, ~)과 끝(Finally, ~)만 정해져 있고, 다른 부사는 생략하거나 반복하는 등 글의 길이나 내용에 따라 자유롭게 선택

하세요. 이때 부사 뒤에 쉼표를 찍고 문장을 씁니다. First, Second, Third... Last 식으로 서수를 써도 됩니다.

- 랫번 선생님은 아서 반에게 재미있는 이야기를 써 오라고 하셨다.

  Mr. Ratburn told Arthur's class to write an interesting story.

- 처음에 아서는 좋은 이야기를 쓰고 싶은데 방법을 몰랐다.

  At first, Arthur wanted to write a good story, but he did not know how.

- 그 다음 아서는 글쓰기에 대해 많은 사람들과 얘기를 나눴다.

  Next, he talked about writing with many people.

- 그러고 나서 아서는 그 사람들의 아이디어를 따라서 몇 번이고 다시 썼다.

  Then, he followed their ideas and rewrote his story again and again.

- 나중에 이야기가 이상하게 변질되자 랫번 선생님은 아서에게 다시 기회를 주셨다.

  Later, his story turned out weird, so Mr. Ratburn gave him a second chance.

- 결국 아서는 스스로 좋은 이야기를 만들어 내었다.

  Finally, Arthur came up with a very good story on his own.

Pattern
15

문제는 ~이다
The problem is (that) ~

★ 갈등 설명하기

이야기가 흥미로운가 아닌가는 주인공이 어떤 '문제(problem)'를 겪고, 그 문제가 해결되는 과정에 달려 있습니다. 이를 '갈등(conflict)'이라고도 합니다.

- 문제는 그 풀이 너무나 강력해 의자가 아이들에게 달라 붙었다는 것이다.

  The problem is that the glue is so strong that the chairs get stuck to the kids.

• 문제는 못된 공주가 다른 공주들을 계속 괴롭힌다는 것이었다.

The problem is the mean princess always bullied the other princesses.

• 주인공이 뜻하지 않게 불행한 사건에 휘말리게 된 것이 문제였다.

The problem was that the main character accidently got involved in an unfortunate event.

✏️**한 걸음 더!** 이렇게 표현해도 좋아요

• 이야기의 갈등은 아이비와 언니가 사이가 좋지 않은 데서 시작된다.

The conflict starts when Ivy and her sister are not on good terms.

• 이야기의 갈등은 주인공이 도둑질을 했다는 누명을 쓰면서 시작됐다.

The conflict started when the main character was falsely accused of stealing.

Pattern
16

문제는 ~할 때 해결된다

★ 해결 방법 설명하기

The problem is solved when ~

문제점을 서술한 뒤 그것이 해결되는 과정을 얘기할 때 씁니다. be solved(풀리다, 해결되다) 대신 be resolved(해결되다, 해소되다)를 써도 됩니다.

• 문제는 소피가 친구에게 사과를 하자 해결된다.

The problem is solved when Soffie apologizes to her friend.

• 문제는 네이트가 그림에서 중요한 단서를 찾아낼 때 해결된다.

The problem is solved when Nate finds an important clue from the picture.

• 문제는 그가 목표를 달성하는 데 마침내 성공하자 해결됐다.

The problem was resolved when he eventually succeeded in reaching his goal.

- 그들은 벨 아저씨께 선물을 가져다 주면서 문제를 해결하였다.

  They solved their problem by bringing some presents to Mr. Bell.

- 그들은 엄마의 충고를 따르면서 문제를 해결했다.

  They solved their problem by following their mom's advice.

Pattern
17 My favorite part of the story is when ~

이 이야기에서 내가 제일 좋아하는 장면은 ~이다   ★ 좋아하는 장면 소개하기

책 내용 중에 가장 인상 깊은 장면을 적어 보세요. 이야기에서 흥미로웠던 점을 말하는 것은 단순히 내용을 기억하는 차원을 넘어, 자신의 생각을 정리하여 좋아하는 것을 선택하는 것이므로 중요한 활동입니다.

- 내가 좋아하는 부분은 용이 공주들을 태워다 주는 장면이다.

  My favorite part of the story is when the dragon gave a ride to the princesses.

- 내가 좋아하는 부분은 피노키오가 거짓말할 때 코가 점점 길어지는 장면이다.

  My favorite part is when Pinocchio's nose grows long as he tells lies.

- 내가 좋아하는 부분은 앨리스가 물약을 먹고 몸이 점점 작아지는 장면이다.

  My favorite part is when Alice got smaller after drinking some liquid.

한 걸음 더! 이렇게 표현해도 좋아요

- 나는 해리가 경기를 하기 위해 하늘 높이 날아오르는 장면이 제일 좋았다.

  I liked the story best when Harry flew high in the sky to play the game.

- 가장 흥미로운 부분은 해리가 볼드모트와 죽음을 먹는 자들과 싸울 때였다.

The most interesting part was when Harry fought against Voldemort and his Death Eaters.

책에서 ~을 배웠다

★ 책에서 배운 점 정리하기

From the story, I learned that ~

책에서 배운 것을 정리하는 활동입니다. 누구나 생각할 수 있는 보편적인 교훈을 써도 좋고, 창의적이고 독자적인 생각을 써도 좋습니다.

- 이야기를 통해 우리는 항상 규칙을 지켜야 한다는 것을 배웠다.

From the story, I learned that we should follow the rules all the time.

- 이야기에서 포기하지 않으면 꿈을 이룰 수 있다는 점을 배웠다.

From the story, I learned that your dream will come true if you don't give up.

- 이야기를 읽고 인생의 어느 한때 모험을 하는 것은 행운이라는 것을 알게 되었다.

From the story, I learned that you are lucky to have an adventure sometime in your life.

 한 걸음 더! 이렇게 표현해도 좋아요

- 이야기의 교훈은 욕심쟁이는 결국 벌을 받는다는 것이다.

The lesson of the story is that a greedy man gets punished in the end.

- 내가 배운 점은 인생에서 우정의 중요함이다.

What I learned is the importance of friendship in our lives.

나는 ~ 때문에 이 이야기가 좋다
★ 책이 좋은 이유 밝히기

I like the story because ~

독후감을 쓸 때는 단순히 '재미있었다'라고 쓰면 너무 심심합니다. 사소한 이유라도 왜 좋다고 생각했는지 그 이유를 자꾸 써 보는 것이 중요합니다.

• 나는 재미있는 등장인물이 많아서 이 이야기를 좋아한다.

I like the story because there are many fun characters.

• 그림이 참 아름다워서 나는 이 이야기가 좋았다.

I liked the story because the pictures were very beautiful.

• 주인공이 나처럼 생각하고 행동해서 나는 이 이야기를 좋아한다.

I like this story because the main character thinks and acts just like I do.

한 걸음 더! 이렇게 표현해도 좋아요

• 매우 용감한 주인공 때문에 이 책이 마음에 들었다.

The very brave main character **made me like the story**.

• 흥미로운 배경 때문에 이 책을 계속 읽고 싶었다.

The interesting setting **made me want to keep reading**.

~에게 이 책을 추천하고 싶다
★ 책 추천하기

I want to recommend this book to ~

recommend A to B는 'A를 B에게 추천하다'라는 뜻입니다. 책을 추천할 때는 because 등을 써서 추천의 이유까지 밝혀 주면 더욱 좋습니다.

- 이 책은 우리에게 많은 것을 가르쳐 주기 때문에 나는 이 책을 친구들에게 권하고 싶다.

  I want to recommend this book to my friends **because** it teaches us many things.

- 늘 왕족들에 관한 이야기 읽기를 좋아하는 세란이에게 이것을 추천하고 싶다.

  I want to recommend this to Seran, who always likes to read about royal families.

- 좋은 동생이 되는 법을 알게 하려고 민희에게 이 책을 추천하고 싶다.

  I want to recommend this to Minhee to let her know how to be a good sister.

  한 걸음 더! 이렇게 표현해도 좋아요

- 내 동생은 모험 이야기를 좋아하기 때문에 이 책을 읽어야 한다.

  My brother **should read this book because** he likes adventure stories.

- 많이 웃고 싶은 사람은 이 책을 꼭 읽어야 한다.

  A person who wants to laugh a lot **must read this book**.

책 소개

Introducing Books

A Great Fan of Robert Munsch

I read *Something Good* by Robert Munsch to my little sister. I love all of his books because the illustrations are full of humor. His books are fun just when looking at the illustrations. I also like his writing because it is easy to read. He is good at describing how the characters feel. I am also amazed by the author's brilliant imagination. My sister is not good at English, but she liked the story. I think a great writer makes even little children enjoy the story.

로버트 먼치의 열렬한 팬

로버트 먼치의 〈좋은 것〉을 동생에게 읽어 줬다. 유머가 넘치는 그림 때문에 나는 이 작가의 작품을 모두 좋아한다. 그의 책들은 그림만 봐도 재미있다. 나는 읽기가 쉬워서 이 작가의 글도 좋아한다. 그는 등장인물의 감정을 뛰어나게 묘사한다. 또한 작가의 뛰어난 상상력에 감탄하게 된다. 내 동생은 영어를 잘 못하는데도 이야기를 좋아했다. 위대한 작가는 어린아이조차도 이야기를 즐기게 만드는 것 같다.

- **illustration** 삽화 **be good at** ~에 능숙하다 **describe** 묘사하다, 서술하다 **character** 등장 인물 **be amazed by** ~에 놀라다 **brilliant** 훌륭한, 멋진 **imagination** 상상(력)

책의 제목 ★ Book Titles

- 내가 읽은 책의 제목은 〈샬롯의 거미줄〉이다.

  The title of the book that I read is *Charlotte's Web*.

- 오늘 내가 소개할 책은 〈프래니〉다. 프래니는 내가 가장 좋아하는 시리즈다.

  The book that I'll be introducing today is *Franny*. It is my favorite story series.

  → introduce 소개하다

- 오늘 〈책 먹는 여우〉라는 책을 읽었다.

  Today, I read a book called *The Fox Who Ate Books*.

- 오늘 로알드 달의 〈요술 손가락〉을 읽었다.

  Today, I read Roald Dahl's *The Magic Finger*.

- 오늘 학교 숙제로 〈마법의 시간여행〉을 읽었다.

  For today's school homework, I read *The Magic Tree House*.

- 오늘 도서관에서 〈제로니모의 환상모험〉 제20권을 읽었다.

  At the library today, I read the 20th volume of *Geronimo Stilton*.

  → volume (시리즈로 된 책의) 권

- 이 책은 내가 가장 좋아하는 〈제로니모의 환상모험〉 시리즈의 신간이다.

  This is the newest volume of my favorite book series, *Geronimo Stilton*.

  → newest 최신의

- 도서관에서 〈캡틴 언더팬츠〉 완결판을 빌려 와서 읽었다.

  I borrowed the final volume of *Captain Underpants* from the library and read it.

  → borrow 빌리다

- 〈딩크 던컨과 미스터리 수사대〉 시리즈를 학교 도서관에서 빌려 봤는데 너무 재미있었다.

  I borrowed the *A to Z Mysteries* series from the school library, and it was so much fun to read.

- 오늘 헬렌 켈러에 관한 책을 읽었다.

  Today, I read a book about Helen Keller.

- 오늘 왕따 이야기를 다룬 책을 읽었다.

  Today, I read a book discussing bullying.

  → discuss 논의하다, 다루다   bullying 집단 괴롭힘, 따돌림

- 〈꼬마 탐정 네이트〉는 한 꼬마가 탐정 노릇을 하는 이야기다.

  Nate the Great is a story about a young boy working as a detective.

  → detective 탐정

- 〈샬롯의 거미줄〉은 아기 돼지와 거미의 우정을 다룬 책이다.

  Charlotte's Web is a book about a friendship between a baby pig and a spider.

- 〈제로니모의 환상모험〉은 제로니모라는 쥐의 모험에 대한 책이다.

  Geronimo Stilton is about the adventures of a mouse named Geronimo.

  → adventure 모험

- 〈개구리와 두꺼비〉 시리즈는 절친한 두 친구인 개구리와 두꺼비의 일상 이야기다.

  The *Frog and Toad* series is about the daily lives of two best friends, Frog and Toad.

  → daily life 일상 생활

- 〈마법의 시간여행〉은 시공을 넘나드는 남매의 모험 이야기다.

  The Magic Tree House is about an adventure of siblings across time and space.

  → sibling 형제자매   across 건너서, 가로질러

- 〈I SPY〉 시리즈는 독자들이 페이지에 숨은 그림들을 찾아 내는 책이다.

  The *I SPY* series is a book in which the readers find the hidden pictures on pages.

  → hidden 숨겨진

- 〈호기심 많은 조지〉 시리즈는 주인공인 조지라는 원숭이의 흥미로운 경험을 바탕으로 한 다양한 이야기로 이루어져 있다.

  The *Curious George* series is made up of a variety of stories based on the interesting experiences of the main character George, a monkey.

  → based on ~에 기초한, 바탕으로 하는   main character 주인공

- 〈호기심 대장 헨리〉는 악동 중의 악동인 헨리의 이야기다.

  Horrid Henry is about Henry, the most mischievous boy of all.

  → mischievous 장난꾸러기의, 짓궂은

- 이 책은 왕따를 당하게 된 주인공의 학교 생활을 보여 준다.

  This book shows the school life of the main character who is being bullied.

  → bully (약자를) 괴롭히다, 왕따시키다

- 이 책에서 주인공은 가족의 사랑을 한 몸에 받다가 동생의 등장으로 변화를 겪게 된다.

  In the story, the main character gets all of the attention from his family and goes through some changes with the arrival of a younger sibling.

  → attention 관심, 흥미   arrival 등장, 출현

- 이 책은 상상 속의 친구를 둔 주인공의 이야기다.

  This book is about the main character who has an imaginary friend.

  → imaginary 상상에만 존재하는, 가상의

- 〈위키드〉는 〈오즈의 마법사〉에 나오는 서쪽 나라의 마녀에 대한 속편 이야기다.

  Wicked is a spin-off story about the Wicked Witch of the West from *The Wizard of Oz*.

  → spin-off 파생(상품)의

- 〈늑대가 들려 주는 아기 돼지 삼형제〉는 〈아기 돼지 삼형제〉를 늑대의 입장에서 쓴 이야기다.

  The True Story of the Three Little Pigs is the story *The Three Little Pigs* told from the wolf's perspective.

  → perspective 관점

- 이 책은 〈개구리 왕자〉의 후속 이야기로 과연 개구리 왕자는 공주와 영원히 행복하게 살았는지에 대한 이야기다.

  This book is a sequence of the *Frog Prince* and tells about the happily ever after of the frog prince and the princess.

  → sequence 속편

- 이 책은 호기심 많은 원숭이 조지가 겪게 되는 다양한 사건들을 다루고 있다.

  This book deals with various events that a curious monkey named George goes through.

  → deal with ~을 다루다   event (중요한) 사건, 일   go through 겪다

- 이 책에서는 한 신문사의 유명한 편집장이 전 세계로의 생생한 모험과 여행으로 인도한다.

  In this book, a famous editor leads readers on vivid adventures and trips around the world.

  → vivid 생생한

- 이 책은 독자들이 세 명의 꼬마 탐정들과 함께 미스터리를 풀어 나가는 추리 동화다.

  This book is a detective story in which readers solve mysteries together with three young detectives.

- 이 책은 비밀요원 잭이 전 세계에서 비밀 임무를 수행하는 스릴 넘치는 모험 이야기다.

  This book is about a secret agent, Jack, and his thrilling adventures on secret missions all over the world.

  → thrilling 스릴 있는, 흥분되는

- 이 책은 실천의 중요성을 강조한 인성교육 동화다.

  This is a character education book emphasizing the importance of taking action.

  → character education 인성교육   emphasize 강조하다   take action 실행하다, 실천하다

- 이 책은 청소년들의 학교생활 이야기를 다룬 코믹 스토리이다.

  This book is a comical story of teenagers' school life.

  → teenager 십대

- 이 책은 위인전이다.

This book is a biography.

- 이 책은 소설이다.

This book is a novel.

- 이 책은 역사소설이다.

This book is a historical novel.

- 이 책은 탐정소설이다.

This book is a detective novel.

- 이 책은 추리소설이다.

This book is a mystery novel.

- 이 책은 만화책이다.

This book is a comic book.

- 이 책은 동시집이다.

This book is a poetry book.

- 이 책은 공상과학소설이다.

This book is a work of science fiction.

- 이 책은 판타지 소설이다.

This book is a fantasy novel.

- 이 책은 로맨스 소설이다.

This book is a romance novel.

- 이 책은 미국 소설이다.

This novel is from the USA.

- 이 책은 일본 소설이다.

  This book is from Japan.

- 이 책은 자서전이다.

  This book is an autobiography.

- 이 책은 자기개발서이다.

  This book is a self-help book.

- 이 책은 실화를 바탕으로 했다.

  This book is based on a real story.

- 이 책은 동화책이다.

  This book is a fairy tale.

- 이 책은 과학 에세이를 담고 있다.

  This book has essays on science in it.

- 이 책은 정보를 주는 책이다.

  This is an informational book.

  → informational 정보를 주는

- 이 책은 고전(소설)이다.

  This book is a classic novel.

- 이 책은 명작을 각색한 작품이다.

  This book is an adaptation of a classic novel.

  → adaptation 각색

- 이 책은 무협소설이다.

  This book is a martial arts novel.

  → martial arts 무술

- 이 책은 0~3세용 책이다.

  This book is for children from 0 to 3 years old.

- 이 책은 어린 유아용 책이다.

  This book is for toddlers.

  → toddler 걸음마를 배우는 아이 (보통 0~3세 아이를 말함)

- 이 책은 초등학생들을 위한 책이다.

  This book is for elementary school students.

- 이 책은 중학생 이상이 보는 책이다.

  This book is for readers older than middle school students.

- 이 소설은 가족에 관한 이야기다.

  This novel is about a family.

- 이 책은 제3세계 어린이들에 대한 보고서이다.

  This book is a report about children from the 3rd world countries.

  → the 3rd world countries 제3세계 국가들

- 이 책은 점성술에 관한 논픽션이다.

  This is a nonfiction book about horoscopes.

  → horoscope 점성술

제목에 대한 느낌 ★ About Book Titles

- 제목을 보니 책이 재미있을 것 같았다.

  Based on the book title, I imagined the book might be interesting.

- 〈잔소리 없는 날〉이라는 제목이 참 마음에 든다.

  I love the title *A Day without Mom's Nagging*.

- 책 제목을 보니 읽고 싶어졌다.

  After seeing the title, I really wanted to read it. /
  The title made me want to read the book.

- 내가 읽은 책은 제목이 〈칠판 앞에 나가기 싫어〉인데 이야기에 딱 맞는 제목이다.

  The book that I read is titled *I Don't Want to Stand in Front of the Blackboard*. It is perfect for the story.

- 제목을 보고 재미있을 것 같아 골랐는데 실제 내용은 별로였다.

  I chose the book based on the interesting title, but the actual story was not so good.

  → actual 실제의, 사실상의

- 책의 제목과 내용이 모두 아주 재미있었다.

  Both the book title and the plot were really interesting.

  → plot 줄거리

- 작가는 어떻게 이런 제목을 생각해 냈을까?

  How did the author come up with such title?

  → come up with ~을 생각해 내다

- 작가는 왜 〈시간의 주름〉이라고 제목을 지었을까?

  I wonder why the author created the title *A Wrinkle in Time*.

  → wonder 궁금하다, 의아해하다

- 책을 읽으면서 작가가 제목을 왜 이렇게 붙였는지 궁금했다.

  While I was reading the book, I was wondering why the author gave it such a title.

- 제목을 보고 책을 골랐는데 실제 내용은 내가 생각했던 것과 달랐다.

  I chose the book based on the title, but the actual plot was different from what I had imagined.

- 나라면 이런 제목으로 정하지 않았을 것이다.

  If it were me, I wouldn't have put such a title.

- 제목을 봤을 때는 어려운 책일 것 같았는데, 내용은 의외로 재미있고 흥미로웠다.

  When I looked at the title, the book seemed like a difficult story. However, it was actually fun and interesting.

작가 소개하기 ★ Introduction of Authors

START

- 이 책의 작가는 에릭 칼이다.

  The author of this book is Eric Carle.

- 이 책은 에릭 칼이 쓴 것이다.

  This book was written by Eric Carle.

  → be written by ~에 의해 쓰여지다

- 이 작가는 칼데콧 상을 받았다고 한다.

  I heard that this author is a winner of the Caldecott Medal. /
  I heard this author was awarded a Caldecott Medal.

  → be awarded 상을 받다

- 이 책은 로알드 달이 쓰고, 퀜틴 블레이크가 그린 책이다.

  This book was written by Roald Dahl and illustrated by Quentin Blake. /
  The author of this book is Roald Dahl, and the illustrator is Quentin Blake.

  → illustrate 삽화를 넣다   illustrator 삽화가

- 앤서니 브라운은 〈돼지책〉을 쓴 작가다.

  Anthony Brown is the person who wrote *Piggybook*.

- 앤서니 브라운은 〈윌리〉 시리즈로 유명한 작가다.

  Anthony Brown is an author who is famous for the *Willy* series.

- 로알드 달의 대표작은 〈찰리와 초콜릿 공장〉이다.

  Roald Dahl is known for his work *Charlie and the Chocolate Factory*.

- 로알드 달은 애드가 앨런 포 상을 두 차례나 받았다고 한다.

  It is said that Roald Dahl was awarded the Edger Allen Poe Prize two times.

- 나는 로알드 달의 책은 거의 다 읽었다.

  I've read most of Roald Dahl's books.

- 앤서니 브라운이 쓴 책은 모두 아주 재미있다.

  All of the books written by Anthony Brown are so much fun.

- 이 책의 저자는 작가이자 삽화가다.

  The author of this book is both a writer and illustrator.

- 이 책은 작가가 글만 쓴 게 아니라 그림도 그렸다고 한다.

  I heard that the author not only wrote the story but also drew the pictures for this book.

- 로이스 로리는 뉴베리 상을 받은 작가다.

  Royce Lorry is an author who has received a Newbery Medal.

- 로이스 로리는 〈기억 전달자〉라는 책으로 뉴베리 상을 받았다.

  Royce Lorry won a Newbery Medal for his book *The Giver*.

- 나는 이 작가의 책은 무조건 읽는다. 재미가 보장되기 때문이다.

  I read all of the books by this author. They are guaranteed to be fun and interesting.

  → be guaranteed 보장되다

- 이 저자는 원래 학교 선생님이셨는데 동화를 쓰게 되었다고 한다.

  I heard that this author used to be a teacher, but she came to write children's stories.

  → used to 한때는 ~이었다

- 저자는 자신의 경험들을 바탕으로 이 책을 썼다고 한다.

  The author said that he wrote this book based on his own experiences.

- 책 내용 중에 저자가 태어나고 자란 곳에 대한 부분이 많이 나온다.

  A lot of the parts in the book are about the place where the author was born and grew up.

- 나도 자라서 그분 같은 작가가 되고 싶다.

  When I grow up, I want to be an author like him.

좋아하는 작가 ★ Favorite Authors

• 앤서니 브라운은 내가 가장 좋아하는 작가다.

Anthony Brown is my favorite author.

• 나는 이 저자를 좋아해서 그의 책은 거의 다 읽었다.

I love this author, so I've read most of his works.

• 로버트 먼치의 책들은 그림만 봐도 참 재미있다.

Robert Munsch's books are fun just by looking at the illustrations.

• 로버드 먼치의 작품들은 모두 무척 감동적이다.

All of Robert Munsch's stories are very touching.

→ touching 감동적인

• 이 작가는 주인공의 감정을 아주 잘 묘사한다.

This author is good at describing the main character's emotions. /
The author is good at describing how the main character feels.

→ describe 묘사하다, 설명하다   emotion 감정

• 이 작가의 그림은 유머가 넘치고 글은 읽기 쉽다.

This author's illustrations are full of humor, and his writing is easy to read.

• 이 작가의 책은 그림이 재미있어서 좋다.

I like this author's book because the illustrations are funny.

• 나는 이야기를 재미있게 쓰는 작가가 좋다.

I love authors who can write fun stories.

• 작가의 기발한 상상에 탄성이 나온다.

I am amazed at the author's brilliant imagination.

→ amazed (대단히) 놀란, 경탄한

- 이 작가는 웃음 속에 교훈을 전달한다.

  This author can deliver a message through humor.

  → deliver 전달하다   message 교훈, 메시지

- 이 작가를 좋아하는 이유는 항상 독특한 내용을 생각해 내기 때문이다.

  I like this author because he always comes up with a unique story.

  → come up with 생각해 내다, 떠올리다

- 이 작가의 이야기는 늘 흥미진진하다.

  This author's stories are always very interesting and exciting.

- 작품을 읽고 나면 존경하는 마음이 생기는 작가가 좋다.

  I like authors who make me admire them after reading their work.

  → admire 존경하다

- 이 작가는 다른 사람들이 보지 못하는 면을 포착해서 좋다.

  I like this author because she catches aspects that others fail to see.

  → aspect 측면

- 이 작가의 책을 읽으면 항상 마음이 따뜻해진다.

  Whenever I read this author's stories, my heart is filled with warmth.

  → warmth 따뜻함

- 이 작가는 단순한 문장으로 메시지를 잘 전달한다.

  This author successfully delivers his message through simple sentences.

  → successfully 성공적으로

삽화 ★ Illustrations

- 이 책은 삽화가 특히 재미있다.

  I find the book's illustrations to be especially fun.

  → especially 특히

- 이 책은 그림이 정말 예쁘다.

This book's illustrations are so pretty.

- 이 책은 그림이 좀 기괴하다/무섭다.

The illustrations in this book are somewhat gruesome/scary.

→ somewhat 약간, 다소   gruesome 기괴한

- 이 삽화가의 그림은 굉장히 독특하다.

This illustrator's pictures are very unique.

→ unique 독특한

- 그림만 봐도 무슨 내용인지 알 수 있다.

I can tell what the book is about just by looking at the illustrations.

→ tell 구별하다, 알아보다

- 이 책은 등장인물들을 익살스럽게 그려서 좋다.

I like this book because of the comical illustrations of the characters.

→ comical 웃기는, 재미있는

- 나는 책 속의 그림을 이해하기가 어려웠다.

It was difficult for me to understand the illustrations in the book.

- 이 책은 그림이 거의 없어서 처음에는 읽고 싶지 않았다.

This book has few illustrations, so I really didn't want to read it at first.

→ few 거의 없는   at first 처음에는

도서 정보 ★ Book Information

- 이 책은 100페이지다.

This book has 100 pages.

- 이 책은 무려 200페이지가 넘는다!

This book is over 200 pages long!

- 책이 길지 않아서 빨리 읽었다.

  I finished reading the book quickly because it was not long.

- 이 책은 페이지마다 그림이 많고 글밥이 적어서 빨리 읽을 수 있었다.

  I could read this book quickly because there were many illustrations and a few words on each page.

- 책이 두꺼웠지만 내용이 재미있어서 금세 읽을 수 있었다.

  Although the book was thick, I could finish it quickly because the story was interesting.

- 책이 너무 두꺼워서 읽기 싫었다.

  I didn't want to read the book because it was too thick.

- 책에 글이 너무 많아 읽기도 전에 지루했다.

  The text of the book is too long, so I felt bored even before reading it. / I did not feel like reading the book because of its lengthy text.

  → feel like -ing ~하고 싶다   lengthy 너무 긴, 지루한

- 책 속 글자가 좀 더 컸으면 좋겠다는 생각이 들었다.

  I wished that the size of letters on the book were a bit bigger.

  → letter 글자, 글씨

- 이 책은 페이퍼백이다.

  This book is a paperback.

  → paperback 종이 커버 책, 페이퍼백

- 이 책은 양장본이다.

  This book is a hardcover.

  → hardcover 딱딱한 표지로 제본한 책, 양장본

- 이 책은 팝업북이라 정말 신기했다.

  This book is a pop-up book, and it was really interesting.

- 이 책의 출판사는 랜덤하우스다.

  This book was published by Random House.

  → publish 출판하다

- 이 책은 랜덤하우스에서 나온 책이다.

This book is from Random House.

- 스콜라스틱은 미국의 유명한 출판사다.

Scholastics is one of the famous publishing companies in the USA.

→ publishing company 출판사

- 스콜라스틱은 아동문학서를 많이 출간하는 출판사다.

Scholastics is a publishing company producing plenty of children's literature.

→ produce 만들어 내다, 생산하다   literature 문학

You Can Count on the Newbery

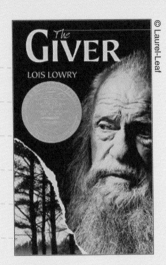

© Laurel-Leaf

I finished reading *The Giver* by Lois Lowry. I chose this book because it won the Newbery Medal in 1994. It is said that more than 10 million copies have been sold. I think all of the books with Newbery Medals are flawless. *The Giver* provides us with fun as well as important messages. Many of my friends read the book in Korean and are talking about it. I did not tell them I was reading it in English. I can't believe I finished a Newbery Medal-winning book in English!

믿고 읽는 뉴베리

로이스 라우리의 〈기억 전달자〉를 다 읽었다. 이 작품은 1994년에 뉴베리 메달을 수상했기에 선택했다. 총 천만 부 이상 팔렸다고 한다. 뉴베리 수상작은 모두 흠잡을 데가 없다고 생각한다. 〈기억 전달자〉는 재미와 더불어 중요한 메시지를 전하고 있다. 많은 친구들이 이 책을 한국어로 읽고 책 얘기를 하고 있다. 나는 영어로 읽고 있다는 말을 하지 않았다. 뉴베리 수상작을 영어로 다 읽어 내다니 믿기지가 않네!

- **count on** ~을 믿다 **choose** 고르다, 선택하다(choose-chose-chosen) **copy** (책) 한 부 **flawless** 흠 없는, 나무랄 데 없는 **provide A with B** A에게 B를 제공하다

주변인의 추천 ★ Recommendations from Others

- 이 책을 고른 이유는 친구 희서가 재미있다고 해서다.

  The reason why I chose the book is that my friend Heeseo said it was fun.

- 이 책은 희서가 추천해 준 책이다.

  This book was recommended to me by Heeseo.

  → recommend 추천하다

- 이 책은 희서가 재미있다며 빌려준 책이다.

  Heeseo lent this book to me and said it was fun.

  → lend 빌려주다(lend-lent-lent)

- 이 책은 친구들이 재미있다고 해서 읽게 되었다.

  I came to read this book because my friends said it was fun.

- 이 책을 읽게 된 동기는 우리 언니가 추천해서다.

  The reason why I am reading this book is that my older sister recommended it.

- 언니가 전에 읽었었는데 재미있다고 했다.

  My older sister had read this book before and told me that it was fun.

- 이 책은 언니 책인데 재미있어 보여 읽어 보았다.

  This book belongs to my older sister, and it looked fun. So I chose to read it.

  → belong to ~의 소유다

- 친구들 중에 이 책을 안 읽은 애가 없다.

  All of my friends have read this book.

- 이 책은 학교 도서관에서 가장 인기 있는 책이다.

  This is the most popular book in my school library.

- 지우가 내 생일에 이 책을 선물해 줘서 읽게 되었다.

  I read this book because Jiwoo gave it to me as a birthday present.

- 이 책은 아빠가 선물해 주신 책이다.

  This book is my father's present to me. /

  This book is a present from my father.

- 아빠는 이 책을 사다 주시면서 내게 도움이 될 거라고 하셨다.

  My father bought me this book and said it would be good for me.

- 선생님이 이 책을 꼭 읽어 보라고 하셨다.

  My teacher told me that I should read this book.

- 이 책은 선생님의 추천 덕분에 읽게 되었다.

  I read this book thanks to my teacher's recommendation.

  → thanks to ~ 덕분에   recommendation 추천

- 엄마가 이 책을 도서관에서 빌려다 주셨다.

  My mother borrowed this book from the library for me.

- 엄마가 사다 놓으셔서 이 책을 읽었다.

  I read this book because my mother bought it.

개인적인 선호 ★ Personal Preferences

- 이 책은 내가 가장 좋아하는 작가인 E.B. 화이트가 쓴 책이어서 읽게 되었다.

  I chose and read this book because it was written by my favorite author, E.B. White.

- 표지가 재미있어 보여서 이 책을 골랐다.

  I selected this book because the cover looked interesting.

  → select 고르다

- 제목이 흥미로워서 이 책을 골랐다.

  I chose this book because the title was interesting.

- 탐정소설이어서 이 책을 골랐다.

  I chose this book because it is a detective novel.

  → detective 탐정, 형사

- 이 책을 고른 이유는 그림이 예뻐서였다.

  The reason I chose this book was that it had pretty illustrations.

  → illustration 삽화

- 내가 좋아하는 주제인 공룡에 관한 책이어서 이 책에 관심이 갔다.

  I got interested in this book because it is about my favorite topic, dinosaurs.

- 표지가 눈에 띄어서 읽어 보게 되었다.

  I came to read this book because of its outstanding cover.

  → outstanding 눈에 띄는, 뛰어난

- 도서관에 갔다가 제목이 멋져서 이 책을 골랐다.

  I chose this book from the library because of the cool title.

- 제목을 보니 재미있을 것 같아 읽게 되었다.

  When I looked at the title, it seemed really interesting. That's how I came to read it.

- 제목을 보고 내용이 너무 궁금해서 읽기로 했다.

  I was so curious about what the book was about after looking at the title, so I decided to read it.

- 삽화가 재미있어서 읽게 되었다.

  I read the book because the illustrations were fun.

- 내가 좋아하는 시리즈의 신간이 막 나와서 바로 샀다.

  A new volume in my favorite series just came out, so I bought it right away.

  → right away 당장, 지금

- 이 책은 2학년 권장도서 목록에 있어서 읽게 되었다.

  I read this book because it was on the recommended reading list for grade 2.

  → reading list 읽을 목록, 도서 목록

- 이 책은 초등학생 권장도서다.

  This book is recommended for elementary school students.

- 이 책은 2학년 필독서 중 한 권이다.

  This book is one of the must-read books for 2nd graders.

  → must-read book 필독서

- 이 책은 도서관 추천도서 목록에 있다.

  This book is from the library's recommended reading list.

- 이 책은 칼데콧 상을 받은 책이어서 골랐다.

  I chose this book because it received the Caldecott Award.

- 칼데콧 상을 받은 책들은 그림이 너무나 아름답다.

  Books which received a Caldecott Award are filled with beautiful illustrations.

- 나는 책을 고를 때 상을 받은 작품을 먼저 보는 편이다.

  When I choose books, I tend to look for books that have received awards first.

- 이 책은 뉴베리 수상작이다.

  This book is a winner of the Newbery Medal.

- 이 책은 뉴베리 수상작가의 신간이다.

  This is the newest book by a Newbery Medal-winning author.

• 뉴베리 상을 받은 작품은 모두 흠잡을 데 없다.

All of the books that have received Newbery Medals are flawless.

→ flawless 결점 없는, 흠 없는

• 내가 뉴베리 수상작을 영어로 읽다니!

I can't believe I am reading a Newbery Medal-winning book in English!

• 이 책은 3학년 교과서에 수록된 작품이다.

This book is included in 3rd grade textbooks.

→ include 포함하다   textbook 교과서

• 이 책은 요즘 베스트셀러다.

This is a bestselling book these days.

→ bestselling book 베스트셀러

기타 ★ Qthers

• 숙제라서 그 책을 읽게 되었다.

I read the book because it was my homework.

• 개미에 대해 조사하는 게 숙제여서 그 책을 읽게 되었다.

I read the book because my homework was to research ants.

→ research 조사하다; 조사

• 이 책을 읽고 독후감을 쓰는 게 숙제다.

My homework is to read this book and to write a book report.

→ book report 독후감

• 이 책은 영어학원 숙제여서 읽게 되었다.

I read the book because it was my English hagwon's homework.

- 선생님이 이 책으로 독서 퀴즈 대회를 한다고 하셨다.

  My teacher told me that she is going to give us a reading quiz bowl based on this book.

  → quiz bowl 퀴즈 대회

- 이 책은 TV 드라마가 원작이다.

  This book is based on a TV drama.

- 나는 이 책을 읽기 전에 영화로 먼저 보았다.

  I watched the movie before I read the book.

- 이 책은 영화로도 만들어졌는데, 영화가 재미있어서 책도 읽어 보고 싶었다.

  This book was made into a movie. Because I liked the movie, I wanted to read the book, too.

- 이 책은 영화 〈헝거 게임〉의 원작 소설이라서 꼭 읽어 보고 싶었다.

  This book is the original story of the movie *The Hunger Games*, so I really wanted to read it.

  → original story (영화 등의) 원작

- 이 책은 한글판을 먼저 읽어서 영문판을 읽기로 했다.

  I read this book in Korean first, so I decided to read the English version.

  → English version 영문판

- 한글로 된 책을 먼저 읽어서 이미 내용을 알기 때문에 영문판을 읽을 수 있었다.

  I could read the English version because I knew the plot already after reading the Korean version earlier.

- 유명한 상을 받은 작품이라고 들었는데 과연 재미있었다.

  I heard that this book received a famous prize, and it was really fun.

- 나는 역사책은 다 좋아하는데, 이 책도 정말 재미있었다.

  I like all books about history, and this was also really fun for me.

• 학교에서 세종대왕에 대해 배웠는데, 더 자세히 알고 싶어서 이 책을 읽게 되었다.

I learned about King Sejong at school, and I wanted to know more about the king by reading this book.

Part 2

등장인물 및 줄거리 소개

Introducing the Characters & Plots

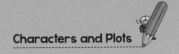
A Summary of *Earthquake in the Early Morning*

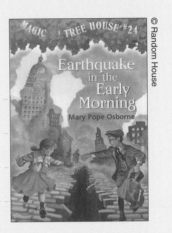

I read *Magic Tree House Earthquake in the Early Morning* by Pope Osborne. First, Jack and Annie went to San Francisco to find some special writings for Morgan's library. When they arrived, it was 1906. A big earthquake happened, so they had trouble finding the writings. Then, they helped a poor family by giving them their boots and received a writing in return. Finally, they got all of the necessary writings and went back to the tree house. They were glad to complete their adventure successfully.

〈샌프란시스코를 뒤흔든 대지진〉 요약

폽 어즈번 작 〈마법의 시간 여행: 샌프란시스코를 뒤흔든 대지진〉을 읽었다. 처음에 잭과 애니는 모간 도서관에 필요한 특별 문서를 찾으러 샌프란시스코로 갔다. 도착해 보니 때는 1906년. 대형 지진이 일어나서 그 문서를 찾기가 어려웠다. 그때 잭과 애니는 불쌍한 가족에게 자기들의 신발을 줘서 도왔는데 그 대신 한 문서를 받았다. 마침내 아이들은 필요한 문서를 다 찾아 나무집으로 돌아왔다. 그들은 모험을 성공적으로 수행해서 기뻤다.

· **have trouble -ing** ~하는 데 어려움을 겪다 **in return** 보답으로, 대신에 **necessary** 필요한 **complete** 완료하다, 끝마치다

주인공 소개하기 ★ Main Characters

- 이 책의 주인공은 헨리다.

  The main character of this story is Henry.

  → main character 주인공

- 개구리와 두꺼비가 이 책의 주인공이다.

  A frog and a toad are the main characters of this book.

  → toad 두꺼비

- 맥스와 루비라는 남매가 이 책의 주인공이다.

  A brother and a sister named Max and Ruby are the main characters of this book.

- 이 책은 베런스타인 베어스라는 곰 가족이 주인공이다.

  A bear family called the Berenstain Bears are the main characters of this story.

- 이 책의 주인공은 엘로이즈라는 6살짜리 여자아이다.

  This book's main character is a six-year-old girl named Eloise.

- 이 책의 주인공 아서는 3학년이다.

  This book's main character, Arthur, is in 3rd grade.

- 이야기 주인공 헨리는 늘 말썽을 부리는 남자아이다.

  Henry, the main character of the story, is a boy who always makes troubles.

  → make trouble 말썽을 부리다

- 〈마녀 위니〉의 위니는 무섭기보다는 웃기는 마녀다.

  Winnie, from *Winnie the Witch*, is a witch who is funny rather than scary.

  → rather than ~라기보다는 오히려

- 이 책의 주인공인 주니비는 나 같은 어린이다.

  This book's main character, Junie B, is a child just like me.

- 이 책의 주인공은 리틀 베어라는 꼬마곰이다.

  This book's main character is a baby bear called Little Bear.

- 아서는 좋은 친구가 많다.

  Arthur has a lot of good friends.

- 엘로이즈는 엉뚱하고 기발한 생각을 잘한다.

  Eloise always comes up with whimsical and creative ideas.

  → whimsical 엉뚱한, 기발한

- 네이트는 아주 똑똑해서 어려운 사건을 잘 해결한다.

  Nate solves difficult cases very well because he is really smart.

  → case 사건

- 제임스는 자라면서 어려움을 많이 겪는다.

  As James grows up, he goes through lots of difficulties.

  → go through 겪다

- 제임스는 아무리 어려운 일이 생겨도 용기를 잃지 않는다.

  James never gives up no matter how difficult the situation is. /
  James never gets frustrated whatever difficulties may come.

  → frustrated 불만스러워하는, 좌절하는

- 이 책의 주인공은 나처럼 소심한 아이다.

  This book's main character is a timid child just like me.

  → timid 소심한

- 이 책의 주인공은 매우 용감하다.

  This book's main character is very brave.

- 이 책의 주인공은 나와 비슷한 점이 많다.

  This book's main character and I have a lot in common.

  → in common 공통으로

- 이 책의 주인공은 엉뚱한 점이 내 동생이랑 비슷하다.

  This main character is similar to my younger sister in that both of
  them are weird.

  → be similar to ~와 비슷하다

- 제임스의 두 고모는 심술궂고 잔인하다.

  Both of James's aunts are mean and cruel.

  → cruel 잔인한

- 제임스에게는 심술궂은 두 고모가 있다.

  James has two mean aunts.

- 언니들은 주인공을 너무나 못살게 군다.

  The older sisters are so mean to the main character.

- 스크루지는 욕심 많은 노인이다.

  Scrooge is a greedy old man.

  → greedy 욕심 있는, 탐욕스러운

- 백설공주의 계모는 백설공주를 구박했다.

  Snow White's stepmother was really mean to Snow White.

  → stepmother 새어머니, 계모

- 〈마틸다〉에서는 '트런치불'이라는 못된 교장 선생님이 나온다.

  In *Matilda*, there is an evil principal called Ms. Trunchbull.

  → evil 못된, 사악한

- 트런치불 교장 선생님은 아이들을 정말 못살게 군다.

  Principal Trunchbull treats the children in a really horrible way.

  → horrible 끔찍한, 지독한

- 아서의 담임인 랫번 선생님은 숙제를 많이 내주는 걸로 악명 높다.

  Mr. Ratburn, Arthur's teacher, is notorious for giving out endless homework.

  → notorious 악명 높은

- 자파는 알라딘을 괴롭히는 나쁜 마법사다.

  Jafar is the evil wizard who torments Aladdin.

  → wizard 마법사   torment 괴롭히다, 고민하다

- 이 나쁜 마법사는 알라딘을 늘 곤경에 빠뜨린다.

  This evil wizard always causes trouble for Aladdin.

- 나는 늑대가 꼭 나쁘다고 생각하지 않는다.

  I don't think that the wolf was bad after all.

- 자세히 보면 악당도 선한 면이 있다.

  If we look closely, even the villains have good sides.

  → villain 악당, 악한   good side 좋은 면

- 나쁜 짓을 하는 사람을 잘 살펴보면 늘 그럴 만한 이유가 있다.

  When we look closely at a person who does something bad, there are always reasons behind his/her actions.

- 로알드 달의 책에서는 늘 어른들이 악당으로 나온다.

  In Roald Dahl's stories, it is always the adults that are the villains.
  There are always mean adults in Roald Dahl's books.

- 이 책에는 악당이 없다.

  There are no bad people in this story.

기타 등장인물 소개하기 ★ Supporting Characters

- 클로드는 잘난 척을 많이 한다.

  Claude is so arrogant. /
  Claude likes to show off.

  → arrogant 오만한   show off 과시하다, 자랑하다

- 찰스는 수줍음이 많다.

  Charles is a very shy boy.

- 그레이스는 얄미운 모범생이다.

  Grace is a model student who is not likable.

  → likable 호감이 가는, 마음에 드는   model student 모범생

- 프리츠는 과학을 좋아하는 엉뚱한 아이다.

  Fritz is a whimsical boy who likes science.

- 젠킨스 선생님은 아이들을 정말 잘 이해해 준다.

  Mrs. Jenkins understands children really well.

- 버스터는 아서의 단짝 친구다.

  Buster is Arthur's best friend.

- 네이트는 언제나 슬러지를 데리고 다닌다.

  Nate always travels together with Sludge.

- 맥스는 못된 아이는 아니지만, 루비를 늘 화나게 한다.

  Max is not a bad boy, but he always makes Ruby feel upset.

- 파란 요정은 피노키오를 도와주는 요정이다.

  The Blue Fairy is a fairy who helps Pinocchio.

- 찰리에게는 마음씨 착한 할머니, 할아버지가 계시다.

  Charley has kind grandparents.

- 리틀 베어의 엄마는 참 인자하다.

  Little Bear's mother is very gentle and kind.

- 아서 이야기에는 많은 친구들이 등장한다.

  A lot of different friends appear in Arthur's story.

  → appear 나타나다, 등장하다

- 〈까이유〉 책에는 까이유와 그의 가족들이 나온다.

  The book titled *Caillou* is a story about Caillou and his family.

- 이 책은 해리 포터와 친구들의 모험 이야기다.

  This book is about the adventures of Harry Potter and his friends.

- 이야기 속에는 곤경에 처한 주인공을 돕는 사람이 나온다.

  In this story, we see a person who helps the main character when he has some difficulties.

  → difficulty 어려움, 곤경

- 네이트는 슬러지의 도움으로 사건을 해결하게 된다.

Nate solves the case with the help of Sludge.

→ case 사건, 사례

이야기의 배경 – 시간·장소 ★ Setting – Time and Place

- 이 책은 중세 유럽을 배경으로 한다.

This book is set in medieval Europe. /
The setting of the book is medieval Europe.

→ set 배경을 설정하다   medieval 중세의   setting 배경

- 이 책의 배경은 고대 그리스다.

This book's setting is ancient Greece.

→ ancient 고대의

- 이 책의 배경은 제2차 세계대전이다.

This book's setting is the Second World War. /
The setting of the story is World War 2.

- 이 책은 1940년대 독일에서 일어났던 실제 사건을 바탕으로 한다.

This book is based on a true event that took place in Germany during the 1940s.

→ be based on ~을 토대로 하다   take place 일어나다, 발생하다

- 이 책은 한국전쟁을 배경으로 한 소설이다.

This book is a novel which is set during the Korean War.

- 이 이야기는 1930년대로 거슬러 올라간다.

This story takes us back to the 1930s. /
The story dates back to the 1930s.

→ date back to ~까지 거슬러 올라가다

- 이 책의 배경은 폴란드의 한 시골 마을이다.

A rural village in Poland is the setting of this story.

- 이 책은 미래 세계에 대해 쓴 공상과학소설이다.

This book is a work of science fiction written about the future world.

→ science fiction 공상과학소설

- 주인공들은 과거로 여행을 떠난다.

The main characters travel back in time.

- 이야기는 현재가 배경이지만 주인공들이 모험을 하러 과거로 여행을 떠난다.

The story is set in the present day, but the main characters travel back in time for their adventures.

- 주인공들이 먼 과거로, 또 먼 미래로 여행을 떠나는 이야기다.

It is a story about the main characters traveling far back into the past and ahead into the future.

- 각 에피소드는 역사적인 사건들을 토대로 한 것이다.

Each episode is based on a historical event.

→ historical 역사와 관련된, 역사적인

- 이 책은 어느 작은 마을에 사는 한 동물 가족의 이야기다.

This book is about one animal family living in a small village.

- 이 책은 어느 여름 날 일어난 이야기다.

This book is about what happened one summer day.

- 이 책의 배경은 미국의 한 초등학교다.

This book's setting is an elementary school in the United States of America.

- 인체 속으로 들어가 그 속에서 펼쳐지는 이야기다.

It is a story about going inside the human body and what happens there.

- 손자가 이웃 마을에 사는 할머니를 찾아가면서 이야기가 시작된다.

The story starts with a grandson visiting his grandmother in a neighboring village.

→ neighboring 이웃의, 근처의

- 이 책의 내용을 요약하자면 다음과 같다.

  Here is a summary of this book.

  → summary 요약, 줄거리

- 전체적인 이야기는 다음과 같다.

  The entire story happens like this.

  → entire 전체의, 온

- 주인공이 일련의 사건을 겪으면서 문제에 직면하게 된다.

  The main character runs into a series of events and faces problems.

  → run into (우연히) 마주치다   a series of 일련의 ~

- 주인공이 과거로 가서 벌어진 일이 이 책의 전체적인 이야기다.

  This book's overall story is what happens to the main character as he goes back in time.

  → overall 전반적인, 전체적인

- 갈등은 주인공이 운동화를 훔쳤다는 누명을 쓰게 되면서 시작된다.

  The conflict starts when the main character is falsely accused of stealing some sneakers.

  → conflict 갈등, 충돌   falsely 거짓으로, 잘못하여   be accused of ~로 고발 당하다, 비난 받다

- 주인공이 뜻하지 않게 불행한 사건에 휘말리게 되는 것이 문제였다.

  The problem was that the main character accidently gets involved in an unfortunate event.

  → get involved 관련되다, 연관짓다

- 문제는 주인공이 처음에는 고생을 하지만 결국에는 성공을 함으로써 해결된다.

  The problem is solved when the main character eventually succeeds though he struggles at first.

  → struggle 고생하다, 몸부림치다

- 그 과정에서 주인공은 제로라는 아이와 친구가 된다.

During the process, the main character becomes friends with a child named Zero.

→ process 과정

- 주인공이 무사히 집으로 돌아가면서 이야기가 끝난다.

The story ends with the main character safely returning home.

시간 순서에 따른 사건 ★ Timeline / Events

- 처음에는 프랑스 파리로 갔다.

First, they went to Paris, France.

- 그 다음에는 이집트의 수에즈로 갔다.

Next, they went to Suez, Egypt.

- 그리고 나서 인도에서 추장의 아내를 구해 주었다.

Then, they saved the chief's wife in India.

- 그 다음에는 미국에 가서 인디언들의 습격을 받고 겨우겨우 탈출했다.

Next, they went to America and were attacked by Indians. They barely escaped.

→ attack 공격하다   barely 겨우   escape 탈출하다

- 그러더니 다시 영국으로 돌아왔다.

After that, they returned to Britain.

- 끝으로 시간이 다 되기 3초 전에 약속 장소로 돌아갈 수 있었다.

Finally, they were able to go back to the agreed place 3 seconds before time ran out.

→ agreed 합의한, 협정된   run out 다 쓰다, 떨어지다

- 처음에 소년은 심심해서 늑대가 나타났다고 거짓말을 했다.

First, the boy lied that there was a wolf because he was bored.

- 그 다음에 또 늑대가 나타났다고 거짓말을 했다.

  Then, he lied again that there was a wolf.

- 그 다음날도 똑같은 장난을 반복했다.

  He repeated the same joke the next day.

- 그러더니 다음날 진짜 늑대가 나타났다!

  Then, the next day, there was a real wolf!

- 결국 아무도 도와주러 오지 않아 양들이 모두 죽고 말았다.

  Finally, no one came to help, so all of the sheep were killed.

이야기 전개 방식 ★ Story Structures

- 이 이야기는 유명 고전을 패러디한 작품이다.

  This book is a parody of a famous classical piece.

  → parody 패러디   classical 고전의

- 고전을 바탕으로 하지만 시대 배경은 현재다.

  Although it is based on a classic, its time setting is present.

  → classic 고전(작품)   present 현재

- 전래동화를 유머러스하게 풀어서 재탄생시켰다.

  It recreated the folk tale by telling it in a humorous way.

  → recreate 다시 만들다   folk tale 전래동화

- 과거로 가면서 이야기가 펼쳐진다.

  The story unfolds/begins by going back in time.

  → unfold 펼치다. 펼쳐지다

- 이 이야기는 두 사건이 어떻게 진행되는지, 그리고 어떻게 연관되어 있는지를 보여 준다.

  The story shows how the two events progress and how they are related.

  → related 관련된, 관계 있는

- 이 책은 주인공이 자기가 겪은 일을 들려 주는 형태로 구성되어 있다.

The story is written in the form of the main character telling his experiences.

- 글의 중간중간에 주인공의 내면을 그린 삽화가 있다.

In the middle of the text, there are illustrations portraying the main character's inner side.

→ portray 그리다, 묘사하다　inner side 내면

- 이 책은 동화와 만화의 즐거움을 모두 만끽할 수 있다는 점에서 독특하다.

This book is unique in that readers can enjoy the pleasure of a fairy tale and a comic book.

- 이 책은 일주일 동안 벌어진 이야기를 담고 있다.

This book is a story about what happened during one week.

- 이 책은 어려운 과학적 사실들을 일상생활 속 이야기를 통해 쉽게 설명하고 있다.

By using stories from our everyday lives, this book explains difficult science facts in easier ways.

- 누구나 경험하는 아주 평범한 일들을 재미있는 이야기로 바꿔 놓는다.

Very ordinary events that everyone has experienced are turned into a fun story.

→ ordinary 일상적인, 평범한　turn into ~로 변하다

- 어느 날 주인공이 상상해 오던 일이 실제로 벌어지게 된다.

One day, something that the main character has been imagining happens for real.

→ for real 실제로

- 과거의 비밀이 밝혀지는 과정이 무척 흥미진진하다.

How the secrets from the past are revealed is really fascinating.

→ reveal 드러나다, 밝혀지다　fascinating 대단히 흥미로운, 매력적인

Bad Parents in *Charlie and the Chocolate Factory*

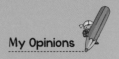

Let's think about the parents of the naughty children in *Charlie and the Chocolate Factory* by Roald Dahl. They all love their kids very much. I can see it when they worry when something happens to their kids. But giving unconditional love without discipline is not love. In the end, they cannot protect the bad children from danger because the children are out of control. In my opinion, Roald Dahl is saying that those parents don't know how to be good parents. Neglecting children without love is not right, but giving too much love is also foolish.

〈찰리와 초콜릿 공장〉에 나오는 나쁜 부모들

로알드 달의 〈찰리와 초콜릿 공장〉에 나오는 못된 아이들의 부모에 대해 생각해 보자. 그 사람들은 모두 자식을 무척 사랑한다. 자식들에게 일이 생기면 무척 걱정하는 걸 보면 알 수 있다. 그러나 훈육이 없는 무조건적인 사랑은 사랑이 아니다. 결국 부모들은 통제가 안 되는 못된 아이들을 위험으로부터 보호하지 못했다. 내 생각에 작가는 그 사람들은 좋은 부모가 되는 법을 모른다고 말하고 있다. 아이들을 사랑 없이 방치하는 것은 잘못된 일이지만, 사랑을 너무 퍼붓는 것도 역시 어리석은 일이다.

· **naughty** 버릇없는 **unconditional** 무조건적인 **discipline** 규율, 훈육 **out of control** 통제 불능의 **neglect** 방치하다

생각 말하기 – 근거 제시 ★ Opinions - Supporting Reasons

- 나는 빨간모자가 잘못했다고 생각한다. 왜냐하면 가지 말라는 길로 갔기 때문이다.

  I think Little Red Riding Hood was wrong because she took a path that she was not supposed to.

  → path (작은) 길   be supposed to ~하기로 되어 있다

- 나는 베짱이가 잘못한 게 전혀 없다고 생각한다.

  I think the grasshopper didn't do anything wrong.

- 첫째, 베짱이는 전혀 게으른 것이 아니다. 자기의 장기인 노래를 계속 불렀다.

  First, the grasshopper wasn't being lazy at all. He sang all the time, which was what he could do best.

- 둘째, 행복의 기준은 모두 다르다.

  Second, everyone has a different standard of happiness.

  → standard 기준

- 셋째, 농사만 중요하고 음악은 쓸모 없다고 생각하는 것은 옳지 않다.

  Third, saying that farming is important while playing music is useless is wrong.

  → useless 쓸모 없는

- 그러므로 베짱이는 사실 게으름뱅이가 아니라 아티스트였을 뿐이다.

  Therefore, the grasshopper wasn't actually a lazybones but was just an artist.

  → lazybones 게으름뱅이

생각 말하기 – 반론 ★ Opinions - Expressing Opposition

- 나는 주인공의 성격이 너무 우유부단하다고 생각한다.

  I think the main character is too indecisive.

  → indecisive 우유부단한

- 이 책의 주인공은 너무 착하기만 해서 답답하다.

  The book's main character is too nice, which frustrates me. /
  I am upset when I see the main character who is being too nice.

- 나는 주인공의 행동이 이해되지 않는다.

  I don't understand the main character's actions. /
  I don't understand why the main character acts like that.

- 나는 주인공의 행동이 참 마음에 안 든다.

  I don't like how the main character acts.

- 이 책의 주인공은 착하기는 하지만 현명하지는 않은 것 같다.

  I think the book's main character is nice but not wise.

- 나는 심청이의 결정이 옳지 않다고 생각한다.

  I don't think that Shim Chung made the right decision.

- 심청이는 아버지 곁에 남았어야 했다고 생각한다.

  I believe that Shim Chung should have stayed with her father.

- 눈 먼 아버지를 혼자 두는 건 옳지 못한 행동이라고 생각한다.

  I think it was wrong to leave her blind father alone.

  → blind 눈이 먼

- 아버지가 알게 되면 얼마나 슬퍼할지 생각해 봐야 했다.

  She should have thought about how sad her father would be when
  he found out.

- 결국 눈을 뜨게 될 때 아버지가 과연 행복할까?

  Will her father be happy when he can finally open his eyes?

- 무조건 자신을 희생하는 것이 효도라고 생각하지는 않는다.

  Being a good daughter does not mean one has to sacrifice herself no
  matter what.

  → sacrifice 희생하다

- 심청이의 행동이 진정한 효도였을까 의문이 든다.

I am puzzled to call Shim Chung's action being a good daughter.

→ puzzled 혼란스러운, 당혹스러운

- 사랑해서가 아니라 임금이라서 결혼을 한다는 것은 말이 안 된다.

It is nonsense that she marries someone not because she loves him but because he is a king.

→ nonsense 터무니없는 생각

- 또한 눈 먼 사람들만 대상으로 잔치를 하는 것은 공평하지 않다.

It is also unfair to throw a party only for blind people.

→ throw a party 파티를 하다, 잔치를 하다

좋아하는 장면 ★ Favorite Parts

- 피노키오가 진짜 사람이 되는 장면이 가장 인상 깊은 부분이다.

The most impressive part is when Pinocchio becomes an actual human being.

→ impressive 인상적인, 인상 깊은   human being 사람, 인간

- 가장 기억에 남는 장면은 엄마가 체스터에게 뽀뽀손을 선물하는 장면이다.

The most memorable part is when Mother gives a kissing hand to Chester as a gift.

→ memorable 기억에 남는

- 나는 종이봉투 공주가 왕자를 떠나 버리는 장면이 가장 마음에 들었다.

The scene that I liked the most is when the Paper Bag Princess leaves the prince.

- 나는 이 책의 결말이 정말 마음에 든다.

I really love the ending of this book.

- 마지막 장면은 정말 대단한 반전이었다.

  The ending scene was a real twist to the story.

  → twist 반전, 전환

- 선생님이 고릴라에게 잡혀가는 장면은 정말 대단한 반전이었다.

  The scene where the teacher was captured by the gorilla was a real twist.

  → capture 포로로 잡다, 억류하다

- 나는 아들이 어머니를 안아 주는 장면을 읽을 때 눈물이 났다.

  Tears came to my eyes when I was reading the part where the son gave a hug to his mother.

  → give a hug 안아 주다

- 〈무지개 물고기〉의 결말은 감동적이다.

  The ending of *Rainbow Fish* is really moving/touching.

- 나는 프로기가 결국 잠을 자게 되는 결말이 너무 웃겼다.

  I found the ending so funny when Froggy finally falls asleep.

- 〈꽃들에게 희망을〉의 결말은 많은 교훈을 준다.

  The last part of *Hope for the Flowers* teaches a lot of lessons.

  → lesson 교훈, 가르침

- 〈눈사람 아저씨〉의 결말은 조금 슬프다.

  The ending of *The Snow Man* is a bit sad.

기억에 남는 문구 ★ Memorable Quotes

- 가장 기억에 남는 문구는 "정말 중요한 것은 눈에 보이지 않아."이다.

  The quote that I remember the most is "What is essential is invisible to the eye."

  → quote 인용구   essential 극히 중요한, 필수적인   invisible 보이지 않는

- "정말 중요한 것은 눈에 보이지 않아."라는 문구가 그 책에서 가장 인상적이었다.

  The quote "What's essential is invisible to the eye" was the most impressive idea from the book.

  → impressive 인상적인

- "정말 중요한 것은 눈에 보이지 않아."라는 말이 가장 기억에 남는다.

  The quote "What's essential is invisible to the eye" is the most memorable saying from the book.

  → memorable 기억에 남는

- 이 책에는 "정말 중요한 것은 눈에 보이지 않아."라는 문구가 나오는데 정말 마음에 와 닿았다.

  In this book there is a quote saying, "What's essential is invisible to the eye." It really touched my heart.

  → touch 감동시키다

- "나는 어제로 돌아갈 수 없어. 왜냐하면 난 어제와 다른 사람이니까." 이것은 앨리스가 한 말인데 정말 멋있는 것 같다.

  "I can't go back to yesterday because I was a different person then." This is a quote said by Alice, and I think it is really wonderful.

- 이 책을 읽고 가장 인상 깊은 문구는 앨리스가 이렇게 말할 때였다. "나는 어제로 돌아갈 수 없어. 왜냐하면 난 어제와 다른 사람이니까."

  After reading this book, the most memorable quote was when Alice said, "I can't go back to yesterday because I was a different person then."

- 이 책에 보면 다음과 같은 구절이 나오는데, 너무 좋아서 적어 놓았다.

  I wrote down the following quote from the book because I love it so much.

  → write down ~을 적다

- "진정한 사랑은 네 자신보다 누군가를 먼저 생각하는 거야."라는 말을 보니 과거의 많은 일들을 반성하고 내가 한 행동들을 후회하게 되었다.

  After looking at the expression "True love is putting someone else before yourself," I came to reflect on many things from the past and regretted what I had done.

  → expression 표현   reflect 반성하다, 곰곰이 생각하다   regret 후회하다

- 힘든 시기를 겪을 때마다 "끝날 때까지 끝난 게 아니다."라는 말을 떠올리면 많은 도움이 될 것이다.

  Whenever you are going through a hard time, think about the quote "It is not over until it is over." It will help you a lot.

- 나는 "끝날 때까지 끝난 게 아니다."라는 말을 친구들에게 해 주고 싶다. 왜냐하면 마지막까지 최선을 다하면 결과는 얼마든지 달라질 수 있기 때문이다.

  I want to share the quote "It is not over until it is over" with my friends because if we try hard till the very end, everything can turn out differently.

  → the very end 맨 끝 turn out 바뀌다

내가 만약 OO라면 – 가정하기 ★ Rewriting the Story

- 내가 만약 이 책의 주인공이라면 어떻게 행동했을까?

  If I were the main character of the book, how would I have reacted?

  → react 반응하다

- 내가 만약 주인공과 같은 상황에 처했다면 어떻게 행동했을까?

  How would I have reacted if I had been in the same situation as the main character?

- 내가 만약 이런 환경에서 자랐다면 어떻게 행동했을까?

  How would I have behaved if I had been brought up in this kind of environment?

  → behave 행동하다 bring up 기르다, 양육하다

- 내가 만약 이 책의 주인공이었다면 나는 선생님을 구해 줬을 것이다.

  Supposing I were the main character of this book, I would have saved the teacher.

  → suppose 가정하다, 추정하다

- 내가 만약 조선시대에 태어났다면 어떤 삶을 살았을까?

  If I had been born during the Chosun Dynasty, what kind of life would I have lived?

• 내가 만약 마틸다의 부모님 같은 분들을 만났더라면 너무 불행했을 것이다.

If I had met parents like Matilda's, I would have been so miserable.

→ miserable 비참한

• 나에게 맥스 같은 동생이 있다면 무척 재미있을 것 같다.

I think it will be really fun to have a younger brother like Max.

• 내가 만약 해리 포터라면 나는 볼드모트와 맞서 싸울 용기가 있었을까?

If I were Harry Potter, would I have the courage to stand up against Voldemort?

→ courage 용기   stand up against ~에 맞서다

• 만약 헬렌 켈러가 설리번 선생님 같은 훌륭한 스승을 못 만났더라면 어떻게 되었을까?

What would have happened to Helen Keller if she had not met a great teacher like Sullivan?

• 나도 마틸다처럼 마법을 부릴 수 있었으면 좋겠다.

I wish I could work magic like Matilda.

→ work magic 마술을 걸다, 마법을 부리다

• 내가 만약 작가라면 인어공주를 죽게 하지 않았을 것이다. 절대!

If I were the author, I would not have let the Little Mermaid die. Never!

• 내가 만약 이 책의 주인공을 실제로 만난다면 그의 용기를 칭찬해 주고 싶다.

If I were to meet the main character in this book for real, I want to praise him for his courage.

→ praise 칭찬하다; 칭찬

• 내가 작가라면 이야기를 그런 식으로 끝내지는 않았을 것이다.

If I were the author, I would not have ended the story that way.

- 피노키오에게,
  난 네가 진짜 사람이 되었을 때 너의 기분을 알고 싶어.

Dear Pinocchio,
I want to know how you felt when you became an actual human being.

→ human being 사람, 인간

- 나는 시험 공부가 무척 힘들단다. 네가 나라면 어떻게 하겠니?

To me, studying for exams is really hard. What would you do if you were me?

- 네가 말썽을 부렸을 때 나는 네가 전혀 밉지 않았어. 너를 이해할 수 있었거든.

When you were causing trouble, I didn't hate you at all because I could understand you.

→ cause trouble 말썽을 일으키다

- 하지만 학교에 가지 않은 건 잘못이야.

But it is still wrong for you not to go to school.

- 그래도 모든 어려움을 용기 있게 헤쳐 나가다니 넌 정말 훌륭해.

However, it is still great of you to overcome all of your difficulties through your courage.

→ overcome 극복하다

- 나도 너같은 친구를 갖고 싶어.

I want to have a friend like you.

- 잎싹아, 닭장을 뛰쳐나온 너는 정말 대단하다고 생각해.

Leafie, I really admire you for escaping from the henhouse.

→ admire 존경하다   escape 도망가다, 탈출하다   henhouse 닭장

- 친구를 돕다니 너는 정말 대단하다고 생각해.

I admire you a lot for helping your friend.

504

- 난 끝까지 용기를 잃지 않은 네가 정말 대단하다고 생각해.

  I really think you are great for not losing your courage till the end.

  → till the end 끝까지

- 설리반 선생님, 저는 이 책을 읽고 많은 것을 배웠어요.

  Miss Sullivan, I learned a lot by reading this book.

- 설리반 선생님, 저도 당신과 같은 선생님을 갖고 싶어요.

  Miss Sullivan, I want to have a teacher like you.

- 헬렌 켈러를 도와주셔서 감사해요.

  Thank you very much for helping Helen Keller.

- 저도 선생님처럼 다른 이들을 도울 수 있는 사람이 될게요.

  Like you, I will be a person who can help others.

- 저는 힘들면 징징거리고 당장 포기하고 싶어져요.

  When things get difficult, I become whiney and want to give up right away.

  → whiney 우는 소리 하는   right away 당장

- 헬렌 켈러를 생각하니 제 자신이 무척 부끄러웠어요.

  I felt so ashamed of myself after thinking about Helen Keller.

  → ashamed of ～이 부끄러운

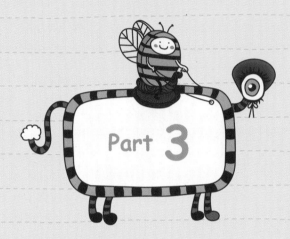

Part 3

맺음말 쓰기

Writing Conclusions

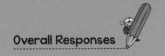

The Hundred Dresses: A Sad But Beautiful Story

I read *The Hundred Dresses* by Eleanor Estes. I cried while reading the book. In the story the kids made fun of Wanda because she wore the same blue dress every day. I was heartbroken when Wanda kept saying she had one hundred dresses at home. The truth was she drew one hundred dresses. I also felt bad for Maddie who did not speak up for Wanda. She thought teasing Wanda was wrong but she was not brave enough. After Wanda left the town, the kids found Wanda was a talented artist. They felt guilty. Later, they were glad Wanda wrote a nice letter to the class. It is a beautiful story that teaches us the importance of respect for others.

〈내겐 드레스 백 벌이 있어〉: 슬프고도 아름다운 이야기

엘레노아 에스테스가 쓴 〈내겐 드레스 백 벌이 있어〉를 읽었다. 책을 읽다가 울고 말았다. 이야기 속 아이들은 완다가 매일 똑같은 파란 드레스만 입는다고 놀려댔다. 완다가 자기 집에는 드레스가 백 벌이 있다고 계속 말하는 장면에서 나는 가슴이 아팠다. 사실은 완다가 백 벌의 드레스를 그린 것이었다. 완다를 옹호해 주지 못하는 매디도 안쓰러웠다. 매디는 완다를 놀리는 것이 잘못이라는 걸 알았지만 용기가 없었다. 완다가 마을을 떠난 뒤 아이들은 완다가 대단한 화가였음을 알게 되고 죄책감을 느꼈다. 나중에 완다의 상냥한 편지를 받고 아이들은 기뻐하게 된다. 이 작품은 타인을 존중하는 것이 중요하다고 알려주는 아름다운 이야기다.

· make fun of ~을 놀리다 heartbroken 가슴이 아픈 speak up for ~을 강력하게 옹호하다 respect 존경, 존중

느낀 점 쓰기 ① 재미있었다 ★ It was so fun.

- 책이 너무 재미있어서 시간 가는 줄 모르고 읽었다.

The book was so fun that I hardly noticed time passing by.

→ hardly 거의 ~ 않다   notice 알아채다

- 너무 재미있어서 책을 금방 다 읽었다.

It was so fun that I finished the book very fast.

- 너무 재미있어서 밥도 안 먹고 책만 읽었다.

The book was so fun that I even skipped my meals and kept reading.

→ skip 건너뛰다, 거르다   meal 끼니, 식사   keep -ing 계속 ~하다

- 너무 재미있어서 꼼짝 않고 앉아서 단숨에 읽어 버렸다.

The book was so fun that I finished it in one sitting.

→ in one sitting 한 번에, 단숨에

- 책이 너무 재미있어서 또 읽고 싶다.

The book was so fun that I want to read it again.

- 이야기가 너무 흥미진진해서 푹 빠져서 읽었다.

The story was so interesting that I fell in love with it.

- 이 책의 삽화는 정말 재미있다.

The book's illustrations are so funny.

- 앉은 자리에서 책 한 권을 다 읽어 버렸다.

I read one book in a single sitting.

- 결말이 너무 궁금해서 책을 놓을 수가 없었다.

I was so curious about the ending that I could not let go of the book.

→ let go of ~을 놓다

- 절반 정도 읽은 것 같았는데 어느새 다 읽어 버렸다.

I thought I had read about half, but I had already finished it.

- 얘기가 너무 짧다는 느낌이 들 정도였다.

  It almost felt as if the story was too short.

- 마지막 책장을 덮기가 아쉬운 책이었다.

  I really didn't want to close the last page of the book.

- 책 읽는 속도가 느린 편인데 이 책은 정말 빨리 읽었다. 그만큼 정말 재미있는 책이었다.

  I am usually a slow reader, but I finished this book really quickly. It was that much fun.

- 세상에 이런 아름다운 이야기가 있다니 놀랍다.

  I am amazed at such a beautiful story.

- 이야기가 빠르게 전개되어 지루할 틈이 없었다.

  The story moved so quickly that there was no time to be bored.

- 사건이 꼬리에 꼬리를 물고 이어져서 잠시도 한눈을 팔 수가 없었다.

  One event was immediately followed by another so I could not even blink my eyes.

  → immediately 즉시   blink 눈을 깜빡이다

- 지금까지 내가 읽었던 책 중 가장 재미있는 책이다.

  So far, this is the most fun book that I've ever read.

- 책이 인기 있는 데는 역시 이유가 있다.

  There are always reasons for a book's popularity.

  → popularity 인기

- 그 책은 인기가 꽤 많다더니 왜인지 알겠다. 듣던 대로 재미있었다.

  I heard that the book was pretty popular, and I can see why. It was fun like I had heard.

- 과연 로알드 달이다!

  No wonder! It is Roald Dahl.

  → no wonder 놀랄 일이 아니다, 당연하다

- 이 작가는 분명 천재인가 보다.

  I am pretty sure that this author is a genius.

- 저자는 어른인데도 아이들의 심리를 어떻게 이렇게 잘 알까?

How does the author know so much about children's emotions even though he is an adult?

느낀 점 쓰기 ❷ 웃겼다 ★ It was so funny.

- 주인공이 엉뚱하고 웃겼다.

The main character was whimsical and funny.

→ whimsical 엉뚱한, 기발한

- 주인공의 행동은 정말 우스웠다.

The main character's actions were really silly.

- 주인공의 모든 행동이 정말 황당하다.

All of the main character's actions are so absurd.

→ absurd 불합리한, 황당한

- 실제로는 말도 안 되는 이야기지만 정말 웃기다.

It is highly unlikely to happen for real, but the story is really funny.

→ unlikely ~할 것 같지 않은

- 책을 읽다가 웃음이 빵 터졌다.

I burst into laughter when I was reading the book.

→ burst into (눈물, 웃음이) 폭발하다   cannot help -ing ~하지 않을 수 없다

- 책을 읽다가 너무 많이 웃어서 배꼽이 빠지는 줄 알았다.

I was laughing so hard while reading that I felt like I was suffocating.

→ suffocate 숨이 막히다

- 너무 많이 웃어서 눈물이 날 지경이었다.

I laughed so hard that I almost cried.

- 책 보면서 웃다가 울기는 처음이었다.

It was my first time to cry while laughing when reading a book.

- 이야기의 엉뚱한 반전 때문에 정말 많이 웃었다.

  The whimsical twist in the story made me laugh so hard.

  → twist 반전, 꼬임

- 꼭 한 편의 코미디 영화를 본 것 같았다.

  I felt as if I had watched a comedy movie.

- 오랜만에 실컷 웃었다.

  I haven't laughed that hard for a while.

- 실컷 웃었더니 기분이 상쾌해졌다.

  After laughing so hard, I felt so refreshed.

  → refreshed 상쾌한

- 내가 읽었던 책 중 단연 최고로 웃긴 책이다.

  It is by far the funniest book that I've ever read.

  → by far 훨씬, 단연코

- 이 책의 작가는 유머 감각이 아주 뛰어나다.

  This book's author has a very good sense of humor.

  → sense of humor 유머 감각

- 이 책은 웃기면서 동시에 감동을 준다.

  This book is funny and moving at the same time.

  → moving 감동적인

느낀 점 쓰기 ❸ 지루했다 ★ It was so boring.

- 내용이 너무 뻔해서 지루했다.

  The plot was so common that it was boring. /
  The plot was so predicable that it was boring.

  → common 흔한   predicable 예상할 수 있는, 너무 뻔한

- 책이 너무 지루해서 읽다가 잠이 들었다.

  The book was so boring that I fell asleep while reading it.

- 이 책은 내 취향이 아니다.

  This book is not my style.

- 나도 모르게 자꾸 하품을 하고 있었다.

  I kept yawning unintentionally. /
  I found myself yawning while reading it.

  → yawn 하품하다   unintentionally 고의 아니게, 무심코

- 대화가 거의 없고 설명과 묘사로 가득하다.

  There are hardly any dialogues, and it is full of descriptions.

  → dialogue 대화   description 서술, 묘사

- 흥미로운 부분이 하나도 없다.

  There is not even one part that is interesting. /
  I can't find anything interesting in the story.

- 내용이 지루해서 책을 끝까지 읽기가 정말 힘들었다.

  The plot was so boring that it was really hard just to finish the book.

- 추천글을 읽고 선택했는데 생각보다 별로였다.

  I selected the book based on a recommendation, but it was not what
  I had expected.

  → select 선택하다   recommendation 추천

- 워낙 유명한 책이라 무척 기대했는데 너무 재미가 없었다.

  Since the book was so famous, I had expected a lot, but it was so
  boring.

- 다들 재미있다고 했는데 난 생각만큼 재미있지 않았다.

  Everyone said it was fun, but I found it was not as much fun as I had
  thought.

- 전에 영화로 본 적이 있어서 읽어 보았는데 생각보다 재미가 없었다.

  I read the book because I've seen the movie before, but it was not as fun as I had expected.

- 이야기가 너무 단순하다.

  The plot is too simple.

- 예술적인 책 표지를 보고 골랐는데 실제 내용은 너무 유치했다.

  I chose the book by looking at the artistic cover, but the actual story was too childish.

  → childish 유치한

느낀 점 쓰기 ④ 쉬웠다/어려웠다 ★ It was easy/difficult to read.

- 단어가 많이 어렵지 않아 쉽게 읽을 수 있었다.

  The words were not so difficult, so I could read the book easily.

- 이 책은 문장이 단순하고 짧아 읽기 쉽다.

  The sentences are short and simple, so the book is easy to read. / The book is easy to read because the sentences are short and simple.

- AR 3점대 책이라 어려울 것 같았는데 생각보다 읽을 만했다.

  The book seemed difficult since it was an AR 3 book, but it was more readable than I had thought.

  → AR 3은 미국 초등학교 3학년이 읽기에 적당한 도서라는 뜻이에요.   readable 읽기 쉬운

- 지난번에 읽을 때는 무슨 말인지 모르겠더니 이번에는 대체로 이해가 되었다.

  When I read the book the last time, I could not understand it. But this time, I understood most of it.

- 어렸을 땐 이 책이 너무 어려워서 못 읽었는데 지금 읽어 보니 쉽다.

  I felt this book was too difficult to read when I was younger, but it is easy for me now.

- 두꺼운 책이라 긴장했는데 실제로는 읽기 쉬웠다.

I was nervous because the book was thick, but it was actually easy to read.

- 책은 두껍지만 쉬운 영어로 쓰여 있어서 이해하기 쉬웠다.

Although the book was thick, it was written in plain English, which made it easy to understand.

→ plain 보통의, 평범한

- 글이 그렇게 많지 않아 책장이 술술 넘어갔다.

The text was not that long, so I could flip through the pages pretty quickly.

→ flip through (책장을) 휙휙 넘기다

- 글씨가 작아서 책이 어려워 보였는데 생각보다 쉬웠다.

Written in small font, the book looked difficult, but it was easier than I had thought.

→ font 서체

- 지식 전달 책이지만 내가 이미 아는 내용이어서 이해하기 쉬웠다.

Although it was an informational book, I could understand it easily because it talked about something I already knew.

→ informational 정보를 제공하는

- 내용이 너무 어려웠다.

The content/story was too difficult.

→ content 내용

- 책을 펼치자 마자 머리가 아파 왔다.

The moment that I opened the book, my head started to ache.

→ ache 아프다

- 모르는 단어가 너무 많았다.

There were too many words that I did not know.

- 모르는 어휘가 대부분이어서 읽기가 너무 어려웠다.

Since I did not know most of words, it was too difficult to read.

- 읽긴 읽었는데 무슨 말인지 하나도 모르겠다.

  I somehow read the book, but I had no idea what it was about.

- 간신히 다 읽긴 했는데 완전히 이해가 되지는 않았다.

  I managed to finish the book, but I don't believe I fully understood it.

  → manage to 겨우 ~하다   fully 완전히

- 책의 내용이 너무 어려워서 지루했다.

  The book's plot was so difficult that it was boring.

- 내용이 이해하기 너무 어렵고 지루했다.

  The plot was too difficult to understand and was boring.

- 이 책은 그림이 하나도 없고 순 글씨만 있다.

  There are no illustrations in this book, but it is just full of words.

- 내 수준에 맞지 않는 책인 것 같다.

  I don't think this book is good for my level.

- 이렇게 어려운 책을 다 읽었다니 내 자신이 참 대견했다.

  I was so proud of myself for finishing such a difficult book.

- 한 번 읽어서는 이해하기 힘든 책이다. 언젠가 다시 읽어 봐야겠다.

  This book is impossible to understand just by reading it once. I will read it again someday.

- 등장인물이 너무 많아서 누가 누군지 자꾸 헷갈렸다.

  I often got mixed up trying to figure out the characters because there were too many people in the story.

  → get mixed up 헷갈리다   figure out 이해하다, 알아내다

- 이 책은 고전이라 어휘도 어렵고 문장도 길다.

  Because the book is a classic novel, its words are difficult, and the sentences are long.

- 과학용어에 익숙하지 않아서인지 어려웠다.

  I wasn't used to the scientific terms, so it was difficult for me. /

The book was difficult because I was not familiar with the scientific terms.

→ be used to ~에 익숙하다   scientific 과학적인   term (전문) 용어   be familiar with ~에 익숙하다

- 의학용어들이 너무 낯설었다.

  The medical terms were too foreign to me. /

  The medical terms sounded very unusual to me.

  → foreign 이질적인, 생소한

- 내가 배경지식이 없어서인지 내용 이해가 잘 안 됐다.

  I could not understand the plot maybe because I didn't have any background knowledge.

  → background knowledge 배경지식

- 이해가 안 돼서 반복해서 읽고 또 읽었다. 그랬더니 무슨 뜻인지 이해가 됐다.

  I read it over and over because I couldn't understand it. Then, I got what it meant.

  → over and over 반복해서

- 한글책을 먼저 읽고 영어책을 나중에 다시 읽어야겠다.

  I will read the book in the Korean version first, and then the English version later again.

느낀 점 쓰기 ⑤ 슬펐다/감동적이었다 ★ It was sad/touching.

- 책을 다 읽고 울 뻔했다.

  I almost cried after finishing the book.

- 책을 읽으면서 눈물이 주룩 흘렀다.

  Tears rolled down my face while I was reading the book.

  → roll down (눈물 등이) 흘러내리다

- 책 읽으면서 울기는 처음이었다.

  It was my first time to cry while reading a book.

- 책을 읽는 내내 울음을 그칠 수가 없었다.

  I couldn't stop crying while reading the book.

- 주인공의 마지막 말에 나는 울고 말았다.

  The main character's last words made me cry.

- 이 책은 내가 읽은 책 중 가장 슬픈 책이다.

  This is the saddest book that I've ever read.

- 이 책을 읽고 나니 내가 행복한 아이라는 것을 깨달았다.

  I realized that I am a happy child after reading this book.

  → realize 깨닫다

- 주인공이 여동생이랑 헤어지는 장면에서 마음이 너무 아팠다.

  I was heartbroken while reading the part when the main character and her younger sister parted ways.

  → part ways 헤어지다

- 나는 푸른 수염이 불쌍했다.

  I felt bad for Bluebeard.

- 실컷 울고 났더니 오히려 마음이 개운했다.

  After crying my heart out, I actually felt refreshed.

  → cry one's heart out 마음껏/실컷 울다   refreshed 생쾌한, 개운한

- 슬픈 책을 읽고 나니 기운이 빠진다.

  After reading a sad story, my spirits went down, too.

  → spirit 기분, 마음

- 나는 아직 어려서인지 슬픈 이야기는 싫다.

  I just don't like sad stories maybe because I am still young.

- 이 책은 정말 감동적이다.

  This book is so moving/touching.

- 이 책은 좋은 교훈을 알려 준다.

  This book teaches a good lesson.

• 이 책을 통해 우리의 역사를 소중히 해야 한다는 것을 배웠다.

Through this book, I've learned that we should cherish our history.

→ cherish 소중히 여기다, 아끼다

• 결말이 정말 뭉클하다.

The ending is really touching.

• 비극이지만 아름다운 내용이다.

Although it is a tragedy, it is beautiful.

→ tragedy 비극

• 나무의 사랑이 정말 감동적이다.

The love of the tree is so moving.

느낀 점 쓰기 ❻ 무서웠다/잔인했다 ★ It was scary/cruel.

• 이 책은 내용이 좀 잔인한 것 같다.

I think the book is a bit violent.

• 이 책은 결말이 진짜 무섭다.

The book's ending is really scary.

• 이 책의 그림은 진짜 섬뜩하다.

The book's illustrations are really terrifying.

→ terrifying 무서운, 겁나게 하는

• 결말에 대해 생각하면 할수록 더 무서워진다.

About the conclusion, the more I think about it, the more scared I get.

→ the 비교급, the 비교급 ~할수록 더욱 ~하다

• 무서운 책인지 몰랐는데 내용이 너무 끔찍했다.

I did not know it was a horror story, but it was too gruesome.

→ horror 공포   gruesome 섬뜩한

- 이렇게 무서운 책일 줄은 꿈에도 몰랐다!

  I had no idea that the book would be this scary!

- 책을 덮는 순간 등골이 오싹했다.

  The moment I closed the book, I felt scary.

- 이 책의 무서운 장면들이 아직도 생각난다.

  I can still remember the scary scenes from this book.

- 책을 읽고 나니 혼자 화장실에 가기가 무섭다.

  After reading the book, I am scared to go to the bathroom alone.

- 이 책에서 다룬 전쟁 이야기는 너무 참혹하고 무서웠다.

  The war story that the book told was too horrific and scary.

  → horrific 끔찍한, 무시무시한

- 이 책의 내용이 실화라고 하니 더 무서운 것 같다.

  It seems scarier since the book is actually a true story.

- 친구들은 하나도 안 무섭다는데 나는 정말 많이 무서웠다.

  My friends said they were not scared at all, but I was really scared.

- 너무 무서워서 뒤의 두 권은 안 읽을 거다.

  I am not going to read the next two volumes because this is too scary.

- 책을 읽고 나니 어디선가 귀신이 나올 것만 같다.

  After reading the book, I felt as if a ghost might appear somewhere.

- 당분간 공포물은 읽지 말아야겠다.

  I will not read horror stories for a while.

- 오늘은 혼자 못 잘 것 같다.

  I don't think I can't sleep alone tonight.

- 괜히 읽었다.

  I shouldn't have read it.

  → should not have+과거분사 ~하지 말았어야 했다

Book Recommendation: *Frindle*

© Harcourt School Publishers

I would like to recommend *Frindle* by Andrew Clements because it is very funny. I've read this book three times, and I hope others will read it, too. If you want to laugh a lot, then you should read this. It is even more fun than any comic books. You will be amazed to see how a boy named Nick comes with brilliant ideas. You will love the ending when Nick becomes rich and gives Mrs. Granger a gold frindle, actually a pen. My favorite part is when Nick turns the classroom into a beach resort. How much I wish I also could do that! That is why I love *Frindle* and I wish all of my classmates read it.

〈프린들〉 추천문

나는 앤드류 클레멘츠의 〈프린들〉이 너무나 웃겨서 추천하고 싶다. 이 책을 세 번이나 읽었는데 다른 사람들도 읽었으면 좋겠다. 많이 웃고 싶으면 꼭 이 책을 읽어야 한다. 어떤 만화책보다 훨씬 재미있다. 닉이라는 아이가 얼마나 기발한 생각을 하는지 보면 놀라울 것이다. 닉이 부자가 돼서 그랜거 선생님께 금 프린들, 사실은 펜을 선물하는 마지막 장면도 마음에 들 것이다. 내가 제일 좋아하는 장면은 닉이 교실을 바닷가 휴양지로 돌변시킬 때다. 나 역시 그렇게 할 수 있다면 얼마나 좋을까! 그래서 나는 〈프린들〉이 좋고 우리 반 애들이 다 읽었으면 좋겠다.

· recommendation 추천 Frindle 필기구, 펜 amazed 놀란 named ~라는 이름의 turn A into B A를 B로 바꾸다, 변신시키다

- 이 책의 주제는 지구 온난화의 심각한 영향이라고 생각한다.

  I think the theme of the story is the serious effects of global warming.

  → theme 주제   global warming 지구 온난화

- 이 책을 읽고 가족의 소중함을 깨닫게 되었다.

  After reading this book, I realized the importance of family.

  → importance 중요성, 소중함

- 이 책은 자유의 소중함에 대해 생각해 보는 계기가 되었다.

  This book gave me an opportunity to think about the importance of freedom.

  → opportunity 기회   freedom 자유

- 이 책을 읽고 전쟁의 참혹함을 알게 되었다.

  This book taught me about the cruelty of war.

  → cruelty 잔인함, 참혹함

- 이 세상에는 남을 돕는 분들이 많다는 것을 알게 되었다.

  I learned that there are many people in the world who are helping others.

- 이 책의 주제는 자신의 목숨을 걸고 나라를 지킨 위인들에게 감사해야 한다는 것이다.

  The theme is we should appreciate the great people who defended our country at the cost of their lives.

  → appreciate 고마워하다   defend 방어하다, 지키다   at the cost of ~의 비용을 지불하고, ~을 희생하고

- 나라를 위해 자신을 희생한 위대한 분들 때문에 오늘날 우리가 존재한다는 것을 새삼 깨닫게 되었다.

  I realized yet again that we can exist today because of the great men who sacrificed themselves for our nation.

  → yet again 다시 한 번   sacrifice 희생하다

- 앞으로는 에너지를 아껴 쓰기 위해 노력하기로 했다.

  I've decided to do my best to save energy.

- 주인공의 도전 정신을 본받고 싶다.

  I want to take after the main character's spirit of challenge.

  → take after ~을 닮다   spirit of challenge 도전 정신

- 세상에는 굶주림에 시달리는 아이들이 많다는 것을 알게 되었다.

  I've learned that there are many children in the world who are suffering from starvation.

  → starvation 굶주림, 기아

- 부모님께 새 핸드폰을 사 달라고 졸랐던 일을 반성하게 되었다.

  I've come to regret pestering my parents for a new cell phone.

  → pester 조르다, 성가시게 하다

- 힘들면 쉽게 짜증을 내던 나 자신이 부끄러워진다.

  I feel ashamed of myself for being easily irritated when things get difficult.

  → ashamed of ~을 부끄러워하는

- 나쁜 사람은 항상 벌을 받는다. 그러니까 착하게 살아야 한다.

  Bad people always get punished. So we have to be good.

  → get punished 벌 받다

- 앞으로는 착한 아들/딸이 되어야겠다.

  From now on, I will be a good son/daughter.

- 앞으로는 형제들과 사이 좋게 지내야겠다.

  From now on, I will get along with my siblings.

- 나도 친구가 힘들 때면 도와줘야겠다.

  When my friend is having a hard time, I will help him/her.

  → have a hard time 힘든 시간을 보내다

- 용기 있게 행동한 주인공처럼 나도 용기를 내야겠다.

  Just like the main character who acted bravely, I will be courageous.

  → courageous 용기 있는

- 나도 책에 나오는 사람처럼 목표를 세우고 그것을 이루기 위해 노력해야겠다.

I will set a goal and do my best to achieve it just like the person in the story.

→ set a goal 목표를 세우다   achieve 성취하다

후속권에 대한 기대 ★ Anticipation on the Next Volume

- 시리즈 다음 권을 손꼽아 기다리는 중이다.

I am looking forward to the next book in the series.

→ look forward to ~을 고대하다

- 빨리 다음 권이 출간되었으면 좋겠다!

I hope the next volume comes out soon!

- 책을 읽고 나니 다음 책이 어서 나오면 좋겠다.

Now that I have read the book, I can't wait for the next volume to come out.

→ now that (이제) ~하니까

- 이 책은 다섯 권이 세트인데 모두 빨리 읽고 싶다.

This story is made up of 5 books. I want to read everything already.

→ be made up of ~로 구성되다

- 이야기 결말이 황당했는데 알고 보니 다음 권이 있었다.

I was surprised at the ending, but I found out that there was a next volume.

- 다음 내용이 어떻게 전개될지 너무나 궁금하다.

I am so curious as to what will happen next.

→ as to ~에 관해서

- 주인공이 어떻게 될까 정말 궁금하다.

I wonder what will happen to the main character.

- 다음 권에서 주인공이 행복해졌으면 좋겠다.

In the next book, I hope the main character becomes happy.

- 범인의 정체가 무엇인지 정말 궁금하다.

I am so curious about the true identity of the criminal.

→ identity 정체   criminal 범인

- 작가님, 다음 권 빨리 좀 써 주세요!

Writer, please hurry with the next book in the series!

책 권유하기 ★ Books Recommendations

- 나는 이 책을 꼭 읽어 보라고 추천하고 싶다.

I really want to recommend this book as a must-read.

→ must-read 필독서

- 이 책을 아직 읽지 않은 친구가 있다면 읽어 볼 것을 추천한다.

If there is anyone who hasn't read this book, I recommend it to that person.

- 읽으면 읽을수록 더 재미있는 책이어서 강력 추천한다.

You will find the book gets more fun as you read it, so I strongly recommend it.

- 나는 이 책을 세 번 읽었는데, 다른 친구들도 읽어 봤으면 좋겠다.

I've read this book three times, and I hope others will read it, too.

- 이 책은 어떤 만화책보다도 더 재미있다.

It is even more fun than any comic books.

- 평소 책 읽는 걸 재미없어 하는 친구들도 재미있어 할 거라고 생각한다.

I believe it is fun even for people who don't usually find reading fun.

- 이 책은 나이에 상관없이 누구나 읽어도 좋을 책이다.

  This book is good for anyone regardless of age.

  → regardless of ~에 관계없이

- 이 책은 어린이용이지만 어른들에게도 좋은 책이라고 생각한다.

  Although the book is for children, I think it is a good book for adults as well.

  → as well ~도 또한

- 이 책을 우리 부모님도 읽으셨으면 좋겠다.

  I wish my parents would read this book, too.

- 이 책은 탐정소설을 좋아하는 친구라면 꼭 읽어야 할 책이다.

  This book is a must-read for children who like detective stories.

- 과학자가 되는 게 꿈인 친구라면 꼭 읽어야 할 책이다.

  If you are dreaming of becoming a scientist, then you should read this book.

- 이 책은 과학을 좋아하는 친구라면 읽어 볼 만한 책이다.

  If you like science, then this book will be good for you.

- 웃기고 황당한 이야기를 좋아한다면 이 책이 딱이다.

  If you like funny and whimsical stories, this is the book for you.

- 역사가 어렵다면 이 책이 도움이 많이 될 것이다.

  If you find history difficult, then this book will help you a lot.

- 친구 관계가 고민인 아이들에게 권하고 싶다.

  I want to recommend this book to those who are having troubles with their friends.

- 자신의 꿈을 찾기 위해 고민중인 친구들에게 적극 권한다.

  I strongly recommend this book to those who are struggling to find their dreams.

  → struggle 몸부림치다, 투쟁하다

- 나는 이 책을 나처럼 부끄러움이 엄청 많은 친구들에게 추천하고 싶다.

I want to recommend this book to people who are extremely shy, just like me.

→ extremely 매우, 심하게

- 감동적인 이야기를 원한다면 이 책을 추천한다.

If you want a touching story, then I recommend this book to you.

- 형제애가 무엇인지 알고 싶다면 꼭 읽어야 하는 작품이다.

If you want to know what brotherhood is, then you should read this book.

→ brotherhood 형제애, 인류애

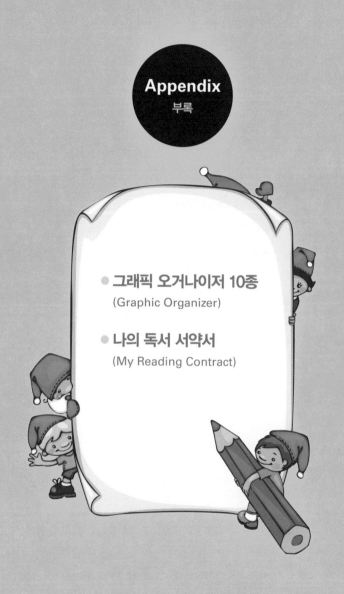

Appendix
부록

- **그래픽 오거나이저 10종**
  (Graphic Organizer)

- **나의 독서 서약서**
  (My Reading Contract)

About the Book

Tip About the Book(Introduction)은 책의 제목, 작가 이름, 삽화가 이름 등을 기록하고 책이 무엇에 관한 내용인지 간략하게 설명합니다.

Title (제목):

Date (작성 날짜):

I like it!	It's okay!	I don't like it!
😄	🙂	😣

● Draw the cover of the story.

The title of the book is

The author is

I   reading this book.

(enjoyed / didn't enjoy)

About People

Tip About People(Character Map)은 등장인물의 외모, 성격, 행동, 생각, 업적 등을 분석하여 한눈에 등장인물의 관계를 알 수 있도록 합니다.

Title (제목):

Date (작성 날짜):

I like it!	It's okay!	I don't like it!
😄	🙂	😣

● Who do you like most? Draw your favorite character.

● Write about your favorite character.

My favorite character is

He/She

He/She

I Guess...

Tip I Guess...(Prediction)는 내용이 어떤 식으로 전개될지 예측해 보고 실제 이야기와 비교해 봅니다.

Title (제목):

Date (작성 날짜):

I like it!	It's okay!	I don't like it!
😄	🙂	😖

● Before reading, draw and write what might happen.
  After reading, draw and write what really happened.

Before reading

I think

After reading

I Found...

Title (제목): _____

Date (작성 날짜): _____

I like it!	It's okay!	I don't like it!
😄	🙂	😞

◉ Draw and write about the problem and its solution.

Problem

_____

_____

Solution

_____

_____

The Story Goes...

Tip The Story Goes...(Timeline)는 이야기에 나오는 중요한 일을 시간의 순서에 따라 나열하여 사건 간의 관계를 잘 이해할 수 있게 합니다.

Title (제목):

Date (작성 날짜):

I like it!	It's okay!	I don't like it!
😄	☺	😣

● Write the important events in order.

First

Second

Third

Last

Story Map

Tip Story Map은 이야기의 필수 구성 요소인 글의 배경, 등장인물의 관계, 사건 해결 등을 한눈에 알 수 있어 글의 요점 정리가 쉬워집니다.

Title (제목):

Author (작가):

Illustrator (삽화가):

Date (작성 날짜):

I like it!	It's okay!	I don't like it!
😄	🙂	😣

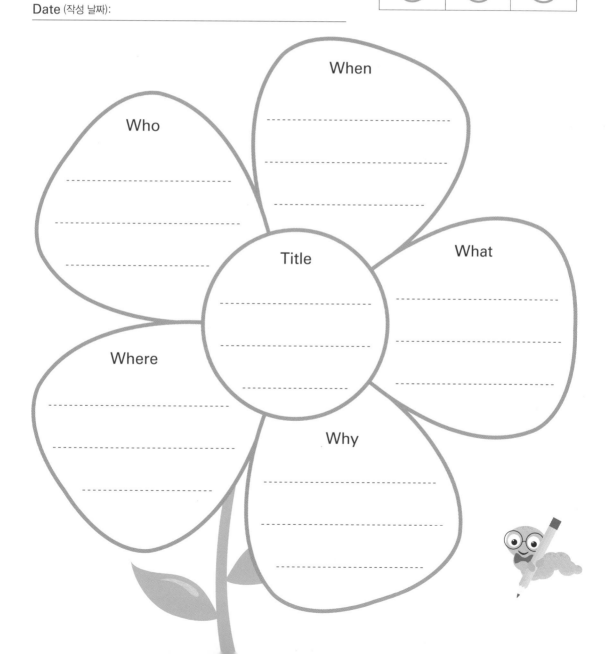

When

Who

Title

What

Where

Why

Summary Chart

Tip **Summary Chart**는 이야기의 내용을 서론, 본론, 결론으로 정리하여 다른 사람에게 책 내용을 요약 전달할 수 있게 합니다.

Title (제목):

Author (작가):

Illustrator (삽화가):

Date (작성 날짜):

I like it!	It's okay!	I don't like it!
😄	☺	😞

Title:

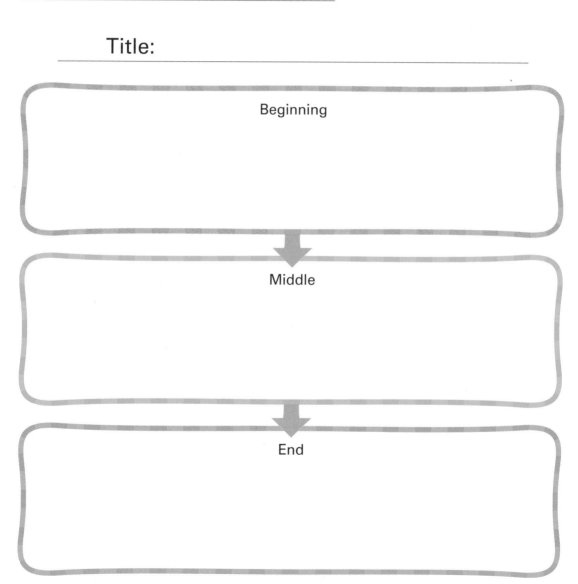

Beginning

Middle

End

Compare & Contrast

Tip Compare & Contrast는 글의 개념, 주제, 인물 등을 관찰한 뒤 공통점과 차이점을 분석함으로써 글의 내용을 파악하는 데 도움이 됩니다.

Title (제목):

Author (작가):

Illustrator (삽화가):

Date (작성 날짜):

I like it!	It's okay!	I don't like it!
😄	🙂	😦

Character 1	Me	Character 2

Similarities

Differences

Problem & Solution

Tip Problem & Solution은 이야기의 구성에서 중요한 요소인 갈등과 문제 해결 방법을 파악하는 과정으로 글의 구성을 쉽게 이해하도록 합니다.

Title (제목):

Author (작가):

Illustrator (삽화가):

Date (작성 날짜):

I like it!	It's okay!	I don't like it!
😄	☺	😣

What was the problem?

Why did it happen?

Who made the problem?

How was the problem solved?

KWL

Tip KWL은 Know, Want to know, Learned의 줄임말로, 자신이 가지고 있는 배경지식을 통해 논픽션 글을 더 잘 이해할 수 있게 도와줍니다.

Title (제목):

Author (작가):

Illustrator (삽화가):

Date (작성 날짜):

I like it!	It's okay!	I don't like it!
😆	🙂	😣

Before Reading	After Previewing	After Reading
K	**W**	**L**
What do I already know?	What do I want to know?	What did I learn?
1.	1.	1.
2.	2.	2.
3.	3.	3.
4.	4.	4.
5.	5.	5.

My Reading Contract

나의 독서 서약서

Date _____

I, _____ agree to read,

_____ minutes a day.

After I read the book,

I will finish a book note.

Student's Signature: _____

_____   _____

Parent   Teacher